U0915966

唯实求是
素志永笃

纪念蒋南翔同志诞辰110周年

向波涛　主编

清華大學出版社
北　京

图书在版编目 (CIP) 数据

唯实求是　素志永笃 : 纪念蒋南翔同志诞辰 110 周年 / 向波涛主编 . 北京 : 清华大学出版社 , 2025. 4. --ISBN 978-7-302-67633-1

Ⅰ. K825.46-53

中国国家版本馆 CIP 数据核字第 2024FC0674 号

责任编辑：杨爱臣
封面设计：王红卫　李明山
版式设计：方加青
责任校对：王荣静
责任印制：杨　艳

出版发行：清华大学出版社
网　　址：https://www.tup.com.cn，https://www.wqxuetang.com
地　　址：北京清华大学学研大厦 A 座　　邮　　编：100084
社 总 机：010-83470000　　邮　　购：010-62786544
投稿与读者服务：010-62776969，c-service@tup.tsinghua.edu.cn
质 量 反 馈：010-62772015，zhiliang@tup.tsinghua.edu.cn
印 装 者：涿州汇美亿浓印刷有限公司
经　　销：全国新华书店
开　　本：185mm×260mm　　印　　张：21.5　　字　　数：287 千字
版　　次：2025 年 4 月第 1 版　　印　　次：2025 年 4 月第 1 次印刷
定　　价：80.00 元

产品编号：109914-01

序：唯实求是　素志永笃[①]

邱　勇

今天，我们怀着十分崇敬的心情召开座谈会，纪念敬爱的蒋南翔同志诞辰110周年，一起缅怀他为清华大学、为党和国家事业发展作出的卓越贡献，学习和继承他为祖国、为人民永久奋斗、赤诚奉献的崇高风范，激励全校师生员工在全面贯彻党的二十大精神的开局之年，踔厉奋发、勇毅前行，努力开拓中国特色世界一流大学高质量发展新局面。

蒋南翔同志离开我们35年了，但在清华园中，一直流传着他的故事；在清华人心中，他永远是受人尊敬的“老校长”。

蒋南翔同志是忠诚的共产主义战士、无产阶级革命家、马克思主义教育家、我国青年运动的著名领导者，是新中国高等教育的主要奠基人之一。蒋南翔同志曾任清华大学校长和党委书记、教育部部长、中共中央党校第一副校长，中国高等教育学会首任会长等职务，是第十一、十二届中央委员。蒋南翔同志是新中国成立以来政治家办教育的典范，他为清华大学的事业发展作出了不可磨灭的贡献，对清华大学鲜明培养特色和优良文化传统的形成发挥了不可替代的作用，为开拓中国特色社会主义教育发展道路作出了卓越贡献。

1913年9月，蒋南翔同志出生于江苏宜兴，1932年考入清华大学中国文学系，1933年加入中国共产党。从青年时代起，蒋南翔同志就积极投身到反帝爱国运动和民族解放斗争的革命浪潮中。1935年，作为

① 本文系清华大学党委书记邱勇于2023年11月10日在纪念蒋南翔同志诞辰110周年座谈会上的讲话。

“一二·九”运动的重要领导人之一，蒋南翔同志起草了《清华大学救国委员会告全国民众书》，向全国发出了“华北之大，已经安放不得一张平静的书桌了”的悲愤呐喊，在中华民族面临生死存亡的危难时刻写就了振聋发聩的抗日救亡宣言书。1937年抗战爆发后，蒋南翔同志根据组织安排在各地从事青年工作，曾任南方局青委书记、中共中央青委委员、辽北分省委委员等职务，将无悔的青春奉献给了民族独立和人民解放事业。1949年，蒋南翔同志当选为团中央副书记，后任书记处书记，主持创办了《中国青年报》，为新中国初期团的组织建设和思想建设作出了重要贡献。

1952年12月，39岁的蒋南翔同志被任命为清华大学校长，1956年当选为清华大学党委书记。他在主持清华工作的14年中，坚持实事求是的思想路线，坚决贯彻党的教育方针，带领全校师生积极探索适合我国国情的社会主义办学道路，让新中国成立后的清华在人才培养、科学研究和校园建设等各方面都取得了巨大成就。蒋南翔同志提出“又红又专、全面发展”，创立“双肩挑”政治辅导员制度，建设政治、业务、文艺和体育“三支代表队”。坚持“教学、科研、生产三结合”，创办了原子能、自动控制、计算机等一批国家急需的前沿尖端专业，推动清华积极参与“两弹一星”等重大工程并取得了我国第一座屏蔽试验核反应堆、第一台数控机床等重要创新成果，为社会主义工业化建设发挥了重要作用。蒋南翔同志正确执行党的知识分子政策，倡导“团结百分之百”“两种人会师”，锻造出一支为社会主义服务的高水平教师队伍。他重视校园规划，主持建设学校主楼和一批教学科研大楼，校园面积比新中国成立初扩大了一倍，为学校长远发展预留了宝贵空间。蒋南翔同志善于用生动凝练的语言阐释富有哲理的教育思想，他提出的“上三层楼”“争取至少为祖国健康地工作五十年”等经典话语，影响了一代又一代清华人的人生追求和精神风貌。

1960年年初，蒋南翔同志被任命为教育部副部长，1965年年初被任命为高等教育部部长。在教育部、高教部担任领导职务期间，他主持起草了“高教六十条”“中学五十条”“小学四十条”三个工作条例，规范了各级各类学校改革发展的具体章法，为我国社会主义教育体系的建立打下重要基础。“文革”结束后，蒋南翔同志离开清华，先后在天津市委、国家科委、教育部、中央党校担任领导职务，为党的事业呕心沥血、忘我工作，为推动我国教育现代化做出了突出功绩。蒋南翔同志始终对清华充满深厚感情，十分关心清华的发展。为表达全体清华人对老校长的追忆和怀念，学校于1989年设立蒋南翔奖学金；2022年设立蒋南翔辅导员奖，表彰“又红又专、全面发展”的优秀学生和表现突出的“双肩挑”政治辅导员，激励一代代清华学子肩负使命、追求卓越，努力成为堪当民族复兴重任的时代新人。

蒋南翔同志的一生，是为真理而不懈奋斗的一生，是与人民、与青年同呼吸共命运的一生，是为人民、为教育鞠躬尽瘁的一生。他把教育事业当作革命事业的重要组成部分，忠诚地把办教育和实现共产主义理想结合起来，研究解决中国社会主义教育中的重大理论和实践问题，体现出一位社会主义政治家、教育家的精神风范和远见卓识。他的教育思想是清华大学教育理论宝库的瑰宝，他的光辉业绩和卓越贡献将与水木清华同在！

当前，我们正站在加快建设教育强国、坚定迈向世界一流大学前列的新征程上，迫切需要把握战略主动、遵循教育规律，坚定走好中国特色社会主义教育发展道路。学校第十五次党代会确立了高质量发展的主题，学校党委又制定了《全面贯彻落实党的二十大精神行动方案》，对接党的二十大作出的重大决策和学校一系列2030中长期规划，对新百年新阶段学校重点工作作出了全面部署。我们要学习蒋南翔同志的坚定信念、高尚品格、办学智慧、优良作风，从中汲取砥砺奋进的不竭力量，更好地担当新使命、展现新面貌，推动学校事业发展迈上新台阶、取得新成效。

蒋南翔同志矢志不渝忠诚党的教育事业，始终坚持正确办学方向，为我们树立了光辉榜样。他来校工作第一天就强调“加强党的领导”是办好社会主义大学的关键，并在之后的工作中反复强调，离开了社会主义的教育方针就像“离开了正确的航线一样危险”。他把党组织比作推动学校前进的发动机，强调“发动机不能漏气”，推动形成校、系、教研组各级党政团结的好传统。蒋南翔同志认为加强党的领导，首先要提高党的领导水平和领导艺术。从1961年暑假开始，他每年都主持召开清华党委工作会议，统一思想、部署任务，充分发挥党组织的集体领导作用。他主张旗帜鲜明地开展思想政治工作，组织学校主要干部开展政治理论学习并担任组长。他亲自兼任哲学教研组主任，为教师讲解实践论、矛盾论，为学生讲授哲学课，使得全校师生干部的理论水平都有了很大提高。在“文革”中，他身陷囹圄、饱受折磨，但决不说一句有损社会主义教育的话，决不做一件有损社会主义教育的事。他说，“个人的安危是微不足道的，可教育事业是关系党和国家命运、前途的大事，正确的我就要坚持”。他以“清寒自守、素志永笃”明志，展现出一个彻底的唯物主义者对党的教育事业高度负责、无限忠诚的大无畏情怀。

今天，我们学习蒋南翔同志，就是要坚定不移加强党的全面领导，以高质量党建引领高质量发展。加强党的政治建设，落实“旗帜”“标杆”要求，把习近平总书记对清华大学的重要讲话重要指示精神落实在办学治校全方位各领域。强化党委把方向、管大局、作决策、抓班子、带队伍、保落实职责，坚持和完善党委领导下的校长负责制。按照社会主义政治家、教育家标准锻造坚强有力的学校领导班子，做到“三个认识一致”，打造“不漏气的发动机”。坚持不懈用党的创新理论凝心铸魂，发挥综合学科优势，深入研究阐释习近平新时代中国特色社会主义思想。增强党组织政治功能和组织功能，深入实施“对标争先”计划。加强党校建设，强化干部政治训练和履职能力提升。我们要把加强党的建设作为坚强保证，持续巩固主题教育成果，让党的旗帜永远在清华园高高飘扬。

蒋南翔同志创造性地贯彻党的教育方针，深刻把握人才培养规律，为我们探索了成功经验。他鲜明提出清华要为国家培养“红色工程师”，强调“保证学生既有高度的政治觉悟，又完成了学习任务，有高度的业务水平和健康的身体”是学校最大的政治任务。他多次讲马克思主义理论教育“要自立立人”，必须提高马克思主义理论课的教学质量。他支持学校的政治理论课教师队伍由16人发展壮大到1954年的40人，并要求“逐渐地在各项课程中贯穿马克思列宁主义的思想观点”。他主张在业务上严格要求学生，重视知识、能力、素质培养的统一，倡导不仅要给学生“干粮”，还要给学生“猎枪”，鼓励“真刀真枪做毕业设计”。他选拔出一批“万字号”学生探索因材施教，并强调“如果我们不能主要依靠自己来培养在科学文化方面的‘登山队’，那么严格来说就是教育不能独立”。他为学校体育工作确立了普及与提高相结合的方针，提出要努力争取将来也有清华大学的学生出现在奥运会的运动场上。他认为“文艺创作是教育青年最有力的手段之一”，对文艺社团的演出，他有请必到，多次帮学生修改歌词和戏剧台词。他组织学生到近春园荒岛参加义务劳动，和学生一起挖淤泥。对于研究生的培养，他强调“导师个别指导”要同“学校、教研室集体培养相结合”，要让师生“建立密切的合作关系，达到可以自由探讨、促膝谈心的程度”。他对毕业生讲：“不是人选择工作，而是工作选择人”。鼓励同学们到祖国最需要的地方去建功立业。他对社会主义教育始终葆有坚定信心，指出新中国的高等教育能够大量培养出党和国家事业发展需要的优秀人才，这充分体现了社会主义教育制度的优越性。他强调要振奋精神、增强信心，“代代相传地培养又红又专的共产主义新人”。

今天，我们学习蒋南翔同志，就是要坚持把立德树人成效作为检验学校一切工作的根本标准，坚定走好人才自主培养之路。坚守红的育人底色，落实“八个相统一”和“六要”要求，推进思想政治理论课改革创新，优化课程思政建设机制。坚持和完善“双肩挑”政治辅导员制度，健全导学思政工作体系。坚持价值塑造、能力培养、知识传授“三位一体”教育理念，全面提高课程质量，扎实推进清华特色中国书院制发展，突破常规、创新模式，加强拔尖创新人才自主培养。创新科教融汇、产教融合培养机制，加快培养急需领域高层次人才。扎实推进五育并举，落实体育、美育、劳动教育实施方案。构建面向国家重大战略需要的人才输送体系，引导青年学生“立大志、入主流、上大舞台、干大事业”。我们要坚定“中国教育是能够培养出大师来的”自信，弘扬“又红又专、全面发展”的教书育人特色，源源不断培养德智体美劳全面发展的社会主义建设者和接班人，培养在社会主义现代化建设中可堪大用、能担重任的栋梁之材，确保党的事业和社会主义现代化强国建设后继有人。

蒋南翔同志坚持实事求是、一切从实际出发，在建设高水平社会主义大学的实践中勇于开拓，为我们带来了深刻启示。他提出正确地学习苏联经验要与中国实际相结合，克服教条主义。他实事求是地分析院系调整对高校办学的影响，提出“工科和理科是密切联系的，当代最新的技术科学都需要坚实的理论基础”。他积极推进理工结合，战略性地谋划部署了工程物理、工程力学数学、工程化学等一批应用理科专业，为清华改革开放后理科的复建和综合性学科布局的完善奠定了坚实基础。他用“三阶段、两点论”正确分析清华不同历史阶段的发展，强调对老清华的好传统“首先是要善于继承，只有善于继承，才能更好地发展”，提出“要采取批判的态度吸收一切国家有用的东西”，不仅要学习模仿，还要敢于超越，开创我们自己新的道路。他注重处理好教学和科研的关系，指出科学研究工作是高等学校的一项重要任务，但不能把科学研究与提高教学质量对立起来，强调必须在提高教学质量的前提下开展科研工作，否则就会欲速则不达。他认为，“在高等教育中，提高质量比发展数量更困难，可是更重要”。他向中央提出的加强重点学校建设的建议得到了采纳，在教育部工作期间，他多次强调重点大学的主要任务就是要不断地提高教育质量和学术水平。他主持起草的“高教六十条”系统总结了新中国成立以来学校教育建设正反两方面的经验，明确提出“高等学校必须以教学为主，努力提高教学质量”。蒋南翔同志逝世后，陈云同志曾为他题词，高度评价他“一生唯实求是献身党的事业”。

今天，我们学习蒋南翔同志，就是要坚持守正创新，持续深化改革，把高质量发展作为学校事业发展的生命线。坚持走内涵式发展道路，尊重办学规律，全面增强改革的系统性、整体性、协同性，破除一切制约高质量发展的体制机制弊端。坚持以创新为引领，主动服务国家重大发展战略，提升对高质量发展的支撑力、贡献力。始终保持开放的姿态，高水平做好“引进来”和“走出去”两篇大文章，持续提升学校的社会影响力和全球声誉。统筹发展和安全，增强风险意识，树立底线思维，以高水平安全保障学校高质量发展。推进制度建设和文化建设，持续提升大学治理体系和治理能力现代化水平。我们要把深化改革作为强大动力，奋发进取、追求卓越，坚定迈向世界一流大学前列。

蒋南翔同志坚持深入基层、深入群众，模范践行党的群众路线，为我们做出了示范表率。他把新中国成立初期学校的教授、副教授比作“一百单八将”，称他们是学校的稳定因素。他十分尊重老教师，鼓励大家在“神仙会”上畅所欲言，同时有计划地培养新一代师资力量。他主张让师生在政治、业务、健康等方面“各按步伐、共同前进”。他亲自做一些著名老教授入党的培养和发展工作，提出“共产党是先进科学家的光荣归宿”。他重视依靠群众力量办好学校的事，努力建设又红又专的教师队伍和又红又专的职工队伍，提出“两个车轮相辅而行，缺一不可”。他坚持基层出经验、基层出政策，鼓励干部向基层找经验、找办法，敏锐抓住“先进集体”、《团支部工作方法》“五十条”等基层典型经验并予以推广。他要求党员“不要凭党票称号办事，要有好的作风，凭政策办事，起模范作用”。在师生眼中，他是平易近人、耐心慈祥的敦厚长者。他常常说，“对人处事要谦虚谨慎，虚心和群众打成一片”，“我们没有架子，就越有最大的优越性”。1958年，面对土木系房82班同学要求与他比赛为学校提意见的“挑战书”，他当天亲笔复信，既肯定热情又讲清道理。后来，他经常到房82班参加讨论，与同学们在室外席地而坐、无拘无束，展现出真诚民主、谦逊务实的过硬作风。

今天，我们学习蒋南翔同志，就是要传承弘扬清华优良作风，走好新时代党的群众路线，推进作风建设常态化长效化。坚持以人民为中心的发展思想，充分发挥师生员工的积极性、主动性和创造性，带领全校师生员工在党的旗帜下团结成“一块坚硬的钢铁”，凝心聚力推进学校事业发展。大兴调查研究之风，健全“我为群众办实事”长效机制，不断提升广大师生员工的获得感、幸福感、安全感。贯彻落实中央八项规定及其实施细则精神，力戒形式主义、官僚主义。健全全面从严治党体系，加强巡视整改和成果运用，加强重点领域关键岗位风险管控。我们要坚持严是唯一标准，严字当头、一严到底，让清华园永葆风清气正、永远欣欣向荣。

蒋南翔同志曾说，“作风、传统是一种无形的力量”，“是精神力量”。好大学一定有好传统，一流大学一定有自己独特的文化。老一辈清华人为我们开创了“爱国真情，坚定信念，崇高理想；联系群众，代表群众，关心群众；艰苦卓绝，坚持斗争，善于斗争；服从纪律，严守机密，保持气节”的光荣革命传统。清华党组织在长期奋斗中形成了“爱国奉献、又红又专、实事求是、深入群众”的优良传统。清华在110余年的办学实践中积累了深厚的文化传统，这些文化传统是我们最可宝贵的精神财富，为我们提供了丰富的文化滋养。带着深厚的文化自信、坚定的教育自信，清华大学一定能够在建设中国特色世界一流大学的新征程上自强奋进、阔步前行。

唯真求实创事业，丹心向党；

素志笃行育人才，祖国以光。

蒋南翔同志是我们永远怀念、尊敬、学习的“老校长”，在清华人心中永远占据一个重要的位置！

今年是全面贯彻党的二十大精神的开局之年。我们要坚持以习近平新时代中国特色社会主义思想为指导，深刻领悟“两个确立”的决定性意义，不断增强“四个意识”、坚定“四个自信”、做到“两个维护”，全面贯彻党的教育方针，坚持为党育人、为国育才，强化“旗帜”“标杆”意识，主动发挥龙头作用，牢记嘱托、乘势而上，努力开拓学校高质量发展新局面，为加快建设教育强国作出新的更大贡献！

目　录

继承发扬蒋南翔马克思主义教育家风范
为建设中国式现代化教育强国作贡献

张慕葏

在南翔同志诞辰110周年之际，又重新学习了《蒋南翔文集》，其中很多报告讲话我都在场聆听过。哲人虽逝，言犹在耳，他的音容笑貌不时地在我的头脑中涌现。70年后再次学习领会，倍感亲切和深受教育。有两点认识体会如下。

一、蒋南翔同志是杰出的马克思主义教育家

古今中外关于教育和办学思想流派甚多，理论观点各异，而南翔同志既是一位无产阶级革命家，更是当之无愧杰出的马克思主义教育家。

马克思、恩格斯、列宁提出了一系列无产阶级教育基本原则和重要观点。关于教育本质属性是社会性，在阶级社会具有阶级性的观点；关于新型教育的社会功能是改造社会强有力手段的观点；关于通过实施全面教育促进人的自由而全面的发展的观点；关于教育与生产劳动相结合的观点；以及对人类文化、教育继承与发展的观点等奠定了马克思主义教育思想的基本理论。中国共产党人在马克思主义中国化时代化过程中也提出了中国特色的党的教育方针和理论。

南翔同志的教育思想和实践是以马克思主义唯物论、辩证法和马克思主义教育理论为指导，与中国国情和清华大学校情实际相结合，丰富发展了马克思主义教育思想和党的教育方针，为构建中国特色社会主义教育体系作出了重要贡献，是马克思主义中国化时代化在教育

方面的创新成果，也为清华大学提供了宝贵的精神财富，至今仍有重要的现实指导意义，需要大力继承和发扬。

（一）关于教育与社会的关系，教育的使命作用

马克思、恩格斯对人类社会发展的研究指出，社会或社会关系决定教育。一定的社会关系制约教育的发展、教育的社会性质以及教育社会功能的实现，同时也要求教育为维护发展一定社会的经济、政治、文化服务，发挥教育的社会功能。在阶级社会中，生产关系表现为一定的阶级关系，反映的教育也有阶级性，但是教育还受到多重因素的制约，教育对社会关系具有相对的独立性和继承性。马克思曾经讲过："生产劳动和教育的早期结合是改造现代社会的最强有力的手段之一。"①这是马克思主义教育思想的一个重要论点，对于今天进一步认识我国社会主义教育的地位作用仍然有着现实指导意义。

南翔同志对此阐述说："作为改造社会的有力手段的教育，从根本上说，它的作用就在于通过它所培养的一代又一代又红又专的社会主义和共产主义的新人，为完善和发展社会主义制度、逐步实现共产主义的远大理想服务。只有从这样的高度看问题，才能充分认识社会主义教育的使命，也才能明确教育改革的根本指导思想，使教育的改革和发展同这个总的要求和方向相适应。"②他肯定了早期共产党人"按照无产阶级的思想，根据中国革命的需要，探索和开拓着改造旧教育、创建新教育的道路"的宝贵实践。③他提出，在社会主义的新中国，要在改造旧教育的基础上"我们的目标是实现中国式的社会主义的现代化，因而必须建立一个中国式的社会主义的教育体系"。④他强调，"我们现在办的清华大学，也应该是中国式的社会主义的清华大学"。⑤

进入新时代，在推进中国式现代化进程中，党的十九大提出了

① 马克思恩格斯全集（第3卷）[M]. 北京：人民出版社，1972：24.
② 中国高等教育学会，清华大学. 蒋南翔文集（下）[M]. 北京：清华大学出版社，1998：1071-1072.
③ 中国高等教育学会，清华大学. 蒋南翔文集（下）[M]. 北京：清华大学出版社，1998：1083.
④ 中国高等教育学会，清华大学. 蒋南翔文集（下）[M]. 北京：清华大学出版社，1998：998.
⑤ 中国高等教育学会，清华大学. 蒋南翔文集（下）[M]. 北京：清华大学出版社，1998：986.

“建设教育强国”的奋斗目标。习近平总书记指出：“建设教育强国，是全面建成社会主义现代化强国的战略先导，是实现高水平科技自立自强的重要支撑，是促进全体人民共同富裕的有效途径，是以中国式现代化全面推进中华民族伟大复兴的基础工程”。2021年他在清华考察时希望清华大学要坚持把立德树人作为根本任务，把服务国家作为最高追求，把学科建设作为发展根基，把深化改革作为强大动力，把加强党的建设作为坚强保证，不忘初心、牢记使命，为党育人、为国育才，为实现第二个百年奋斗目标、实现中华民族伟大复兴的中国梦、推动人类文明进步作出新的更大的贡献。为贯彻落实习近平总书记要求，清华大学在2022年第十五次党代会提出：必须探索走出一条建设中国特色世界一流大学的新路，总结了“八个必须”“六个坚持”的继承清华优秀历史传统和具有清华特色的办学经验，提出了“2030年迈入世界一流大学前列，2050年前后成为世界顶尖大学”的奋斗目标，为建设中国式现代化的教育强国作出更大贡献。

（二）关于实施全面教育，促进人自由而全面的发展

每个人全面而自由发展，这既是马克思主义理想社会的奋斗目标，也是马克思教育理论的核心内容。马克思基于对人类社会不同历史形态发展规律的研究提出：未来新社会是“以每个人的全面而自由的发展为基本原则的社会形式”，①“个人的独创和自由的发展不再是一句空话的唯一的社会”。②马克思指出：“我们把教育理解为以下三件事：第一，智育；第二，体育；第三，技术教育。”③马克思也曾把“艺术教育与科学教育”并提。马克思主张的人的全面发展，不是千篇一律的发展，更不是平均发展，而是使人的潜能、个性全面充分自由的发展。

南翔同志对此阐述为：“社会主义需要全面发展的人才，也完全有可能培养出全面发展的人才。因此，我们这个时代的教育方针，

① 马克思恩格斯全集（第23卷）[M]. 北京：人民出版社，1972：649.

② 马克思恩格斯全集（第3卷）[M]. 北京：人民出版社，1960：516.

③ 马克思恩格斯全集（第16卷）[M]. 北京：人民出版社，1960：218.

就是大家所熟悉的——全面发展的方针，也就是培养个性全面发展的方针。关于这个方针，现在我们常常可以遇到各种不同的表达形式，例如：‘智、德、体、美’，‘才德兼备、体魄健全’，又如毛主席号召青年要‘三好’——‘身体好，学习好，工作好’，团章上规定的‘热爱祖国、忠于人民、有知识、守纪律、勇敢、勤劳、朝气勃勃、不怕任何困难’等等。它们所表达的形式，虽然不很一样，但是就它们所包括的思想内容来讲，基本上是相同的。”①他把党的教育方针和国情、校情相结合，提出了“又红又专、全面发展”的培养目标，强调德育“是解决为谁服务问题”，智育“是解决用什么去服务的问题”，体育则是“解决怎样更有效地为人民服务的问题”。在政治思想上，引导学生“上三层楼”（爱国主义、社会主义、共产主义），要“各按步伐，共同前进”；在业务学习上强调打好基础，注重能力培养，清华培养的学生应该是“金字塔”（基础深厚）而不是“电线杆”，要给学生“猎枪”（有独立工作能力，自主获取知识）而不只是“干粮”；在体育上提出“争取至少为祖国健康地工作五十年”著名口号；强调“对文学艺术的欣赏能力也是我们时代大学生应有的文化修养。我们应该有自己的爱好，多方面的兴趣，不要做‘干面包’。”他指出，实施全面发展的培养目标不是平均发展，而要鼓励支持学生个性（志向、特长、知识、能力、爱好、兴趣）自由的发展，实施因材施教。他提出：“工厂生产的成品没有个性，它们没有主观能动作用；相反，学校培养的学生，则是有思想、能劳动、能发展的人。因此，学校培养学生也就要运用一种不同于工厂生产成品的、特殊的规律。”②而不能把学生培养成都像一个模子里铸出来的一样。“这好比园丁经营花园，不要违反植物的生长规律去栽培花木。对青年也应该这样，不要用翻砂的办法去要求机械的统一，而是要像

① 中国高等教育学会，清华大学. 蒋南翔文集（下）[M]. 北京：清华大学出版社，1998：676.

② 中国高等教育学会，清华大学. 蒋南翔文集（上）[M]. 北京：清华大学出版社，1998：532.

园丁栽培花木那样，做到多样的统一。”[①]他在清华总结了政治辅导员、体育文艺代表队、科学登山队（学习拔尖学生）的实践经验，提出了“政治、文艺体育、业务三支代表队，殊途同归，全面发展”的教育理念，就体现了在德、智、体、美方面的因材施教教育思想。这些充满哲理又生动表达的教育理念，彰显了蒋南翔教育思想富有创造性的鲜明特色，使清华师生和校友终身受益和难忘。

进入新时代，习近平总书记强调，要培养德智体美劳全面发展的社会主义建设者和接班人。清华大学继承和发扬蒋南翔教育思想，将“价值塑造、能力培养和知识传授三位一体”的培养模式确立为教育理念。2022年清华第十五次党代会对人才培养提出了一系列部署。学校将始终坚持立德树人根本任务，坚定“中国教育是能够培养出大师来的”自信，弘扬清华又红又专全面发展人才培养特色，要更加重视人文素养、科学精神、创新能力、批判性思维的培养形成，把劳动教育纳入人才培养全过程，不断完善高水平人才培养体系，使“又红又专、全面发展”“无体育，不清华”“有美育，更清华”“爱劳动，最清华”在校园更加深入人心，蔚然成风，以促进高质量、创新型全面发展人才的培养。

（三）关于教育与生产劳动相结合

这是马克思主义教育理论的重要组成部分。马克思、恩格斯论述了教育与生产劳动相结合的原理，充分肯定教育与生产劳动相结合的意义和作用，认为它是“提高社会生产的一种方法”，是“改造现代社会的最强有力手段之一”，是“造就全面发展的人的唯一方法”。马克思、恩格斯也重视培养工人阶级自己的专家。恩格斯指出：为了工人阶级的解放需要培养“脑力劳动无产阶级”。[②]毛泽东同志也提出“教育必须为无产阶级政治服务，必须同生产劳动相结合”[③]“我们的

① 方惠坚.蒋南翔传（上）[M].北京：清华大学出版社，2005：235.

② 马克思恩格斯全集（第22卷）[M].北京：人民出版社，1972：487.

③ 中共中央文献研究室编.毛泽东著作专题摘编（下）[M].北京：中央文献出版社，2003：1639.

教育方针，应该使受教育者在德育、智育、体育几方面都得到发展，成为有社会主义觉悟的有文化的劳动者”。①

南翔同志曾为此作了阐述：“还要讲一讲教育与生产劳动相结合的问题。马克思主义的一条根本原理就是理论与实际相结合。由于物质生产活动是人类社会最基本的实践活动，要做到理论与实际结合，就应当使教育同生产劳动结合起来。马克思在《资本论》里说过，教育与生产劳动的早期结合，可以大大促进和提高教育效果……对这些论述，不都能作狭隘的理解，不能理解为单纯搞生产，单纯搞体力劳动，不读书。如果这样理解当然是错误的。”②他依据清华大学是非职业和技术教育的高等学校特殊性，创造性地提出以下教育理念：培养“劳动者”在清华就是培养“工人阶级知识分子”，“与工人阶级同甘苦共命运”，思想品质上“与经济上的剥削阶级及政治上的特权、与无目的无计划性、与脱离实际、与脱离集体不相容”；③教育模式应是“以学为主的教学、科研、生产（社会服务）三结合”；教学贯彻理论联系实践方针，要给学生“猎枪”，注重独立能力培养，实行“真刀真枪做毕业设计”；“必须建立学校与学校间，学校与企业间，学校与科学研究机构间的联系与合作”，更有效地为经济社会发展服务。1955年南翔同志提出在清华创办原子能、自动控制、电子计算机、电子学技术等10个新技术专业，为清华学科建设和国家科技、经济、国防建设作出了重要贡献。这些结合清华实际创造性贯彻教育与生产劳动相结合方针的教育理念，极大地促进了清华大学教育质量的提高。

进入新时代，习近平总书记提出“坚持教育为人民服务、为中国共产党治国理政服务、为巩固和发展中国特色社会主义制度服务、为改革开放和社会主义现代化建设服务”的社会主义办学方向。清华大

① 毛泽东文集（第七卷）[M]. 北京：人民出版社，1999：226.

② 中国高等教育学会，清华大学. 蒋南翔文集（下）[M]. 北京：清华大学出版社，1998：966.

③ 中国高等教育学会，清华大学. 蒋南翔文集（下）[M]. 北京：清华大学出版社，1998：695-698.

学近年来成立了公共卫生与健康学院、集成电路学院、碳中和研究院以服务国家需要；瞄准集成电路、智能制造、新能源、新材料、航空发动机等重要领域部署科研攻关，努力攻克一批战略性颠覆性技术；深化与国内外重点企业合作，构建一批产业基础前沿研究和关键核心技术攻关的创新联合体，推动产学研深度融合。这些都是当前贯彻党的教育方针，继承发扬蒋南翔教育思想的创新发展。

（四）关于文化、教育的继承与发展

马克思认为，无产阶级进行文化建设必须继承和弘扬全人类优秀文化遗产。他曾明确指出："人们自己创造自己的历史，但是他们并不是随心所欲地创造，并不是在他们自己选定的条件下创造，而是在直接碰到的、既定的、从过去承继下来的条件下创造"。① 列宁指出："只有确切地了解了人类全部发展过程中所创造的文化，只有对这种文化加以改造，才能建设无产阶级的文化。""无产阶级文化应当是人类在资本主义社会、地主社会和官僚社会压迫下创造出来的全部知识合乎规律的发展。""我们应当吸收旧学校中好的东西"。② 毛泽东也指出："从孔夫子到了孙中山，我们应当给以总结，继承这一份珍贵遗产"③"剔除其封建性的糟粕，吸收其民主性的精华"。④

南翔同志阐述说："文化就是继承性大，学术问题，科学问题，绝大部分是继承和接受遗产"。⑤"首先是要善于继承，只有善于继承，才能更好地发展"，⑥并把"对人类文化遗产采取虚无主义态度，只讲批判，不讲继承"列为"左"的错误在教育战线表现之一。⑦他主张"对国外一切有益的经验都要借鉴，但不能照搬，

① 马克思恩格斯选集（第一卷）[M]. 北京：人民出版社，1972：603.

② 列宁. 青年团的任务[M]//《列宁选集》（第4节）. 北京：人民出版社，1972：348.

③ 毛泽东选集（第二卷）[M]. 北京：人民出版社，1952：522.

④ 毛泽东选集（第二卷）[M]. 北京：人民出版社，1952：701.

⑤ 中国高等教育学会，清华大学. 蒋南翔文集（下）[M]. 北京：清华大学出版社，1998：814.

⑥ 中国高等教育学会，清华大学. 蒋南翔文集（下）[M]. 北京：清华大学出版社，1998：805.

⑦ 中国高等教育学会，清华大学. 蒋南翔文集（下）[M]. 北京：清华大学出版社，1998：1014.

要防止盲目性”，[①]更要总结自己的经验，强调“要在过去经验的基础上，摸索创造新经验”，“要敢于超越，开创我们自己新的道路”[②]。为此南翔同志提出了著名的“三阶段、两点论”教育的继承与发展的论断。[③]即第一阶段解放前的清华大学，以学习美国为主，既要改造半殖民地半封建性质的东西，也要继承其优良传统（如招生、教学严格，重视体育）。要团结和依靠从旧社会过来的广大教师。第二阶段（1952—1958年）以学习苏联为主，“这个工作总的说来也是做得好的”。[④]根据国家需要设置专业培养人才，增设了马列主义课程，加强了基础理论，加强了实践环节实习、设计等，但“也发生了相当普遍的教条主义倾向”。[⑤]第三阶段（1958年以来）“中央提出要创造我们自己的教育方针，教育为无产阶级政治服务，教育与生产劳动相结合，这个方针是对的。在实际工作中，铸九，水八真刀真枪搞毕业设计；工程物理系依靠苏联的参考资料，自己摸索搞起了反应堆；无线电系也搞起来了。应该承认有新的经验。但劳动过多，考试关不严，招生有问题，以学术批判为中心的教育革命，破体系，斗争批判过宽，这些是缺点”[⑥]。

南翔同志坚持在学习苏联的同时“也要向英美等资本主义国家学习有用的东西”“任何资本主义国家的新的科学技术，我们应该虚心学习；他们出版的好的教材和书籍，我们应该参考；他们如有好的工作经验，我们应该适当地加以采用”。[⑦]“但不可‘邯郸学步’，不加分析地把西方世界不适合社会主义国情和需要的东西，一概当作新思想、新经验来宣扬和模仿”。[⑧]为了借鉴国外教育经验，他任清华校

① 中国高等教育学会，清华大学.蒋南翔文集（下）[M].北京：清华大学出版社，1998：1020.
② 中国高等教育学会，清华大学.蒋南翔文集（下）[M].北京：清华大学出版社，1998：813.
③ 中国高等教育学会，清华大学.蒋南翔文集（下）[M].北京：清华大学出版社，1998：812.
④ 中国高等教育学会，清华大学.蒋南翔文集（下）[M].北京：清华大学出版社，1998：784.
⑤ 中国高等教育学会，清华大学.蒋南翔文集（下）[M].北京：清华大学出版社，1998：660.
⑥ 中国高等教育学会，清华大学.蒋南翔文集（下）[M].北京：清华大学出版社，1998：813.
⑦ 中国高等教育学会，清华大学.蒋南翔文集（下）[M].北京：清华大学出版社，1998：661.
⑧ 中国高等教育学会，清华大学.蒋南翔文集（下）[M].北京：清华大学出版社，1998：1075.

长和在教育部工作期间，曾经率团访问过苏联、联邦德国、美国、法国、意大利。1955年访问苏联时，考察了苏联的先进科学技术发展和学科建设，提出在清华建立原子能、无线电电子学等新专业，得到批准，为清华和国家作出了重要贡献。访问联邦德国后，1982年主持与联邦德国合作在中国建立建筑工业技术工人培训中心、小学师资培训中心和德语培训中心。

进入新时代，我国进一步扩大各领域高水平对外开放。2022年清华第十五次党代会提出“始终坚持文化传承……深入总结学校各个时期的教育理念和办学经验并不断赋予新的时代内涵”“要保持开放包容的姿态，学习借鉴人类文明的优秀成果和世界高等教育的有益经验”。成立了苏世民书院、全球创新学院、深圳国际研究生院、中意设计创新基地、东南亚中心、拉美中心等机构，与50个国家和地区的293所高校、研究机构及国际组织签署校级合作协议，为积极参与全球高等教育竞争与合作，为构建人类命运共同体发挥大学的独特作用。

实践是检验真理的唯一标准。“文革”前，南翔同志任清华校长的14年期间，共培养学生2万多人。据统计，在此期间清华学习的学生后来当选为中国科学院院士的有61人，工程院院士90人，担任省部级及以上党政干部的有170人（正部级及以上33人），最为突出的是中国共产党第十六届中央委员会政治局9名常委中，清华毕业的有4人。在科学研究方面，自1954年至1965年，全校进行了2500项课题研究，取得了丰硕成果，其中的原子反应堆、密云水库设计、程控铣床、数字电子计算机、电子感应加速器等成果，质量和水平赢得了高度评价和赞誉。①

蒋南翔创造性的教育思想以及其所体现的马克思主义教育思想和马克思主义的世界观方法论，因其符合中国教育的基本规律，又可以适应时代变化的潮流，对建设中国式现代化的教育强国仍然有着现实和深

① 李卓宝，吴丹，许甜，叶赋桂. 蒋南翔高等教育思想与实践研究[M]. 北京：清华大学出版社，2011：2.

远的指导意义。南翔同志也是当之无愧的杰出的马克思主义教育家。

二、继承发扬蒋南翔校长马克思主义教育家风范

为建设中国式现代化教育强国，我们需要继承发扬南翔同志马克思主义教育家风范。

（一）坚持理论学习，学懂会用马克思主义

作为马克思主义教育家的蒋南翔具有深厚的马克思主义理论修养。他曾说“政治学习，就是马列主义的学习，是极为重要的。这种学习将使我们取得辨别方向的能力，这是我们工作成就、个人前途的决定关键”。①他深厚的理论功底来源于刻苦学习，他本人堪称理论学习的模范。去北京市委开会也带几本书，一有空就拿出来看。有一年生病住院，在病房里学习《资本论》，出院时读了一半，回学校后又挤时间通读了全书。满负荷工作加挤时间学习几乎是他的全部生活。他还为学生讲“哲学课”，认真备课，深入浅出的讲课深受学生欢迎。

南翔同志强调，学习理论关键在于学会应用，他说，“马列主义、毛泽东思想给我们提供了政治上的望远镜和显微镜，而只有当我们善于应用这个望远镜和显微镜去考察研究三大革命运动中的实际斗争的时候，才能取得积极的成果”。②他一贯反对对待马克思主义应用时的教条主义和实用主义。他指出，“马克思主义是随着实践的发展而发展的”，③因而他旗帜鲜明地反对一度盛行的“顶峰论”，他也坚决反对滥用语录的实用主义，他曾说，“毛主席著作是马列主义科学，是革命的理论，不是白莲教的符咒，不能像符咒一样，以为什么东西都靠它念念有词就行”。④他强调对于马克思主义的应用要坚持唯物论推广辩证法，他说“遵循毛主席的教导：尊重唯物论，‘从客观存在的事实出发’，不是从抽象的定义或结论出发，推广辩证

① 中国高等教育学会，清华大学.蒋南翔文集（上）[M].北京：清华大学出版社，1998：476.
② 中国高等教育学会，清华大学.蒋南翔文集（下）[M].北京：清华大学出版社，1998：893.
③ 中国高等教育学会，清华大学.蒋南翔文集（下）[M].北京：清华大学出版社，1998：1068.
④ 中国高等教育学会，清华大学.蒋南翔文集（下）[M].北京：清华大学出版社，1998：885.

法。用一分为二的辩证观点分析现状和历史。只有这样，我们才能找出客观事物内部固有的而不是臆想的联系。我们才能正确地运用马列主义、毛泽东思想之矢，射中无产阶级教育革命之的”。[①]因此，他的一系列教育论述都闪耀着唯物辩证法的思维，如在办好社会主义大学上：如何处理旧清华与新清华之间的继承与改造，提出“三阶段、两点论”；如何处理好教学、科研、生产（社会服务）的关系，提出“以教学为主，教学、科研、生产三结合”；如何加强党对高校的领导，提出领导班子要成为“不漏气的发动机”；教师队伍建设和职工队伍建设关系，提出“学校中的职工和教师，如同车之两轮，鸟之双翼”；在人才培养上如何处理好政治与业务、理论与实践、知识与能力、个人与集体、全面发展与因材施教等问题的关系，提出了“又红又专、全面发展”“两个肩膀挑担子”“为祖国健康工作五十年”“给学生以猎枪，不仅要给干粮”“真刀真枪做毕业设计”“三支代表队，殊途同归，全面发展”。他还多次要求干部要坚持实践论，“从实践得出的结论，对的做，错的改，是个实践论”“彻底的唯物主义者是无所畏惧的”“基层出政策”“不要作墙头草随风倒”“不要作氢气球，要作恒温动物”，这些话几乎成了他的口头禅，使干部深受教育。这些理念和口号彰显了马克思主义教育家的哲思和文采，而又通俗易懂，成为蒋南翔教育思想的鲜明特色。

南翔同志应用马克思主义的又一特色是坚持理论指导和实践探索的辩证统一，实现理论创新和实践创新互动。丰富的教育实践正是蒋南翔教育思想形成的根基，他早年参加爱国学生运动与学校教育紧密相连，他既有对旧中国的教育一分为二的亲身感受，又有对新中国教育的发展探索，他既有清华大学长期系统实践经验，又有在全国范围内指导全局的实践经验，正是这些正面与反面、局部与全局的丰富实践成为了他的教育思想的源泉。在马克思主义指导下，由马克思主义基本理论和丰富实践相结合的创新互动所产生的蒋南翔教育思想，体

① 中国高等教育学会，清华大学. 蒋南翔文集（下）[M]. 北京：清华大学出版社，1998：893.

现了辩证唯物主义和历史唯物主义的科学世界观，具有令人信服的科学性，经得起实践和历史的检验。

（二）坚持唯实求是，遵循教育规律办教育

南翔同志也是贯彻实施共产党的实事求是思想路线的典范，陈云同志为《蒋南翔纪念文集》的题词——“蒋南翔同志一生唯实求是献身党的事业”，高度概括了他作为无产阶级革命家和马克思主义教育家的高尚品格。毛泽东同志指出：“‘实事’就是客观存在着一切事物，‘是’就是客观事物的内部联系，即规律性，‘求’就是我们去研究。”[①]南翔同志一生笃守“按客观规律办事”的原则，他在1942年、1950年写文章和1980年讲话对此曾经有过三次十分精辟的论述，他写道：“古今中外，没有任何一个人物，每一人物，没有任何一件事情，能够躲闪过他的敏锐的目光和秋毫不爽的裁判”“自然界的所有风云变化，人世界的一切是非得失，无不是在他的统治之下运动着、发展着”，“他是谁”？就是“事物本身的发展规律”。[②]他在所从事的教育工作中也一贯唯实求是，不唯上、不唯书、不唯洋，只唯实。1964年春节，毛主席对教育工作做了尖锐批评，南翔同志在传达时说：“这些指示，有些是极而言之，对理工科大学还要通过‘翻译’，要结合实际来贯彻，最后结果是提高质量。”“文革”期间，1970年迟群等人炮制的文章《为创办社会主义理工科大学而奋斗》发表，声称是经过毛主席批示肯定的，并以此划线。南翔同志在“监护”审查期间做了20多处批注，不仅面对面地驳斥迟群的错误论点，而且在铸工车间讨论会上做了系统发言，实事求是地捍卫了遵循教育规律办教育的正确方向。在1980年的一次讲话中他再次强调：“十年浩劫说明：在科学领域里，没有什么‘最高指示’。如果说有‘最高指示’，那就是客观规律，它冲破一切障碍，开辟自己的道路。实践证明：不尊重事实，不遵守客观规律，终将通不过历史的严正检

① 毛泽东选集（第三卷）[M]. 北京：人民出版社，1953：801.

② 中国高等教育学会，清华大学. 蒋南翔文集（上）[M]. 北京：清华大学出版社，1998：154-155.

验。”[①]南翔同志的教育思想中，非常强调“按照教育规律办教育”，他指出：“从教育工作的规律来看，教师在教学工作中是起主导作用的”[②]“教学、科研相辅相成，是高等教育的内在规律”[③]“学术有他学术本身的规律”[④]“‘自由’就是对客观规律的认识，就是能够自觉地适应客观规律”。[⑤]这些话都提示人们在教育工作中尊重客观规律的重要性。在他教育工作的丰富经历中，既有遵循教育规律的成功经验，也有违反教育规律失误的教训。对于新中国教育的成绩与缺点，他指出：“成功与失败事实上是‘双生子’，假如只有成功的经验，没有失败的经验，这种经验是不完全的”，[⑥]“马克思主义对缺点的态度是，一要正视，二要做历史唯物主义的分析。任何一种新的事物总有一段摸索过程”。[⑦]这种实事求是、一分为二的科学分析，正是一种对客观规律的认识和遵循客观规律的正确态度。1961年，他作为教育部副部长主持起草了“高校六十条”“中学五十条”“小学四十条”三个工作条例，经中央通过并批准执行。这三个工作条例系统地总结了新中国成立以来学校教育正反两方面的经验教训，具有鲜明的中国社会主义教育的特色，为中国特色社会主义教育体系的建立打下了基础。是体现蒋南翔一贯强调“按照教育规律办教育”的有说服力的例证。

2022年，清华第十五次党代会提出：“要深刻认识高等教育的本质特征，深入把握并遵循办学规律、教书育人规律、科技创新规律、学生成长规律”，正是南翔同志这一思想的继承和发展。要做到“按照教育规律办教育”，南翔同志强调“采取实事求是、切实可行的办法，有计划有步骤地学习政治理论，钻研有关的业务”。[⑧]南翔同志堪

① 中国高等教育学会，清华大学.蒋南翔文集（下）[M].北京：清华大学出版社，1998：989.

② 中国高等教育学会，清华大学.蒋南翔文集（下）[M].北京：清华大学出版社，1998：945.

③ 中国高等教育学会，清华大学.蒋南翔文集（下）[M].北京：清华大学出版社，1998：920.

④ 中国高等教育学会，清华大学.蒋南翔文集（下）[M].北京：清华大学出版社，1998：764.

⑤ 中国高等教育学会，清华大学.蒋南翔文集（下）[M].北京：清华大学出版社，1998：685.

⑥ 中国高等教育学会，清华大学.将南翔文集（下）[M].北京：清华大学出版社，1998：756.

⑦ 中国高等教育学会，清华大学.蒋南翔文集（下）[M].北京：清华大学出版社，1998：752.

⑧ 中国高等教育学会，清华大学.蒋南翔文集（上）[M].北京：清华大学出版社，1998：577-578.

称学习的典范和驾驭客观规律的能手。他对学习的重要性，对客观规律问题认识的深刻性，遵循“按照教育规律办教育”的自觉性，对要变“外行”为“内行”的要求，是值得我们认真学习和大力发扬的。

（三）勇于守正创新，为构建中国特色社会主义教育体系办教育

习近平总书记在党的二十大报告中指出：“必须坚持守正创新，我们从事的是前无古人的伟大事业，守正才能不迷失方向、不犯颠覆性错误，创新才能把握时代、引领时代。”南翔同志正是坚持守正与创新辩证统一、勇于守正创新的典范。他一贯坚定不移坚持教育的正确方向，在1985年发表了《高等教育要认真解决两个根本问题》重要文章，深刻指出：“办高等教育，必须优先考虑和解决两个根本性的问题，一个是方向问题，一个是质量问题。评价教育的成败优劣，归根到底，取决于这两个根本问题解决得如何。”他认为，方向问题“是解决为谁服务的问题，也是教育战线必须解决的首要问题”；质量问题“是解决怎样更好地为人民、为社会主义建设服务的问题”。①这两个问题，可以说是他强调和坚持的核心观点；他还多次强调：“高等学校要坚持社会主义方向，坚持党的领导”，“一个服务方向，一个领导权，决不能含糊。这样才能保证不断扩大马列主义的思想阵地”；②对于教育的作用是“为完善和发展社会主义制度，逐步实现共产主义的远大理想服务”。③这些教育理念形成了蒋南翔教育思想的底色和基础。

胡锦涛总书记在庆祝清华大学建校100周年大会上的讲话中有“蒋南翔校长富有创造性的教育思想”的评价，肯定了蒋南翔同志是一位公认的富有创造精神的马克思主义教育家。蒋南翔在清华任校长期间，十分强调在工作中发挥创造性。比如“要富有创造性地学习苏联先进经验”“要富有创造性地解决我国的理论问题和实际问题”“要

① 中国高等教育学会，清华大学.蒋南翔文集（下）[M].北京：清华大学出版社，1998：1129-1131.

② 中国高等教育学会，清华大学.蒋南翔文集（下）[M].北京：清华大学出版社，1998：1149-1150.

③ 中国高等教育学会，清华大学.蒋南翔文集（下）[M].北京：清华大学出版社，1998：1071.

创造性地贯彻党的方针政策”“要创造性服从领导”“要调动学生的主动性和创造性”等等。他经常讲“基层出政策”，鼓励提倡基层和群众的创新精神，而且善于把基层的实际经验作理论性的提高并加以推广。他在清华大学提出的一系列富有创见的教育思想，就是在任职14年期间的实践经验（包括同事和群众的实践）的基础上，在马克思主义基本理论的指导下而逐步形成的。

教育要创新必须坚持改革。南翔同志1980年在任教育部部长时就提出：“教育要进行必要的改革”①“要在十七年基础上前进，也就是要突破十七年的局限，要有更新的创造”③“教育改革的日的，不是崇尚新奇，而是要脚踏实地，逐步建立中国式的社会主义教育体系”。③

进入新时代，习近平总书记明确提出：“我国有独特的历史、独特的文化、独特的国情，决定了我国必须走自己的高等教育发展道路，扎实办好中国特色社会主义高校。”我们所要构建的中国特色社会主义教育体系，是前人从未做过的，因而我们必须不断创新。中国特色社会主义教育体系，不是简单套用马克思教育理论的模板，也不是中国封建社会教育的母版；不是国外教育的翻版，也不是旧中国教育的再版。而是对中国不同历史时期的教育和国外教育进行辩证取舍、取其精华、去其糟粕、择善而从，并与中国国情相结合的体现中国化、时代化的中国特色社会主义的教育体系，以实现中国式现代化的教育强国目标。

2023年，校党委书记邱勇在清华大学庆祝中国共产党成立102周年大会上的讲话中指出：“对于清华大学来讲，守正最重要的就是坚持党对学校的全面领导、巩固马克思主义的指导地位、把握社会主义办学方向；就是要落实立德树人根本任务，坚持又红又专、五育并举，擦亮‘红’这个清华人才培养最鲜亮的底色；就是要坚持清华讲

① 中国高等教育学会，清华大学.蒋南翔文集（下）[M].北京：清华大学出版社，1998：1019.

② 中国高等教育学会，清华大学.蒋南翔文集（下）[M].北京：清华大学出版社，1998：1006.

③ 中国高等教育学会，清华大学.蒋南翔文集（下）[M].北京：清华大学出版社，1998：1020.

团结、重实干的好传统、好作风，尊重、关心、爱护老同志，弘扬清华优良传统。”“新路之新在于不是跟在别人后面依样画葫芦，不是简单以国外大学作为标准和模式，而是基于中国独特的历史，独特的文化，独特的国情，扎根中国大地建设中国特色社会主义的一流大学。”这些理念正是对蒋南翔教育思想的继承与发扬。

（四）加强党的领导，团结依靠师生员工办教育

1952年12月31日，南翔同志初到清华，他在师生代表欢迎会上说：“加强党的领导，日益巩固和扩大马克思列宁主义在学校中的阵地，这是我们学校胜利完成教育改革的关键”。①在第二天的学校新年团拜会上他说：“我是把我的希望和信心，寄托在两个方面：一方面，是寄托在党和政府的领导上；另一方面，是寄托在全校师生员工尽心协力、共同努力上……我一定虚心向大家学习，共同把清华的事情办好。”②加强党的领导，依靠师生员工办好清华大学成为了他在今后清华工作所遵循的重要指导思想。

为加强党的领导，他多次指出：“保证党对学校的领导，最重要的是两条：一是保证学校工作的大方向；二是掌握党组织和共青团组织的工作，更好地进行党和共青团的建设。”③“党在高等学校工作的侧重点，应该是抓方针政策、思想工作和党的建设”④。为加强党的建设，南翔同志十分重视领导班子的团结和思想一致，发挥集体领导作用，他强调领导班子应该是“永不漏气的发动机”。他十分重视在教师职工中壮大党组织力量，鼓励支持学术水平高的老教师入党，对党内年轻教师，鼓励大家“两个肩膀挑担子”，做到又红又专，培养一批党内专家，实现“两种人会师”。为扩大马克思主义思想阵地，他亲自任组长的学校领导和系主任参加的政治理论学习组（也称“甲组”），成为全校政治理论学习的引领者。他十分重视学生马列主义

① 中国高等教育学会，清华大学.蒋南翔文集（上）[M].北京：清华大学出版社，1998：433.

② 中国高等教育学会，清华大学.蒋南翔文集（上）[M].北京：清华大学出版社，1998：435.

③ 中国高等教育学会，清华大学.蒋南翔文集（下）[M].北京：清华大学出版社，1998：1150.

④ 中国高等教育学会，清华大学.蒋南翔文集（下）[M].北京：清华大学出版社，1998：789.

的政治理论课的教学工作，他亲自兼任哲学教研室主任，为学生讲授《马克思主义原理》，为研究生讲授《自然辩证法》。他十分重视支持共青团组织在学生工作中发挥重要作用。他多次听取团委工作汇报，指导团委工作，参加团委有关活动几乎是“有求必应”。而且两次从全校抽调各十名优秀年轻干部参加团委领导班子，增强团委领导班子力量。

南翔同志一生最爱是青年，他在清华任校长14年间像园丁培育每一棵花木一样对青年学子精心培育和深情关爱，真可谓呕心沥血，无微不至，这是全校师生校友对南翔同志最深切的感受和最难忘的印象。他对学生的关爱体现在“又红又专、全面发展”的高标准严要求，他不仅广泛参加学生的各种活动，特别是对于一些学习突出以及优秀的体育代表队员和文工团员，他都能叫出名字，连代表队员创造的运动会纪录，他也能如数家珍，脱口而出。他对新生和毕业生的讲话内容生动又充满哲理，打动人心，使学子们终生难忘，有些对毕业生的临别赠言，被学生当作“座右铭”。他对学生健康也特别关心，经常注意减轻学习负担，他经过调查，由于物价上涨，学生的伙食营养下降，反映到中央，伙食费的助学金由每月12.5元提高到15.5元。他还特别关心女同学的身心健康，对被错划为“右派”的学生提出“望子成龙，学校希望团结百分之百”。他对学生的关心爱护，使许多学生终生难忘。

南翔同志一贯尊重、依靠和关心广大教师，他经常讲“一百单八将是学校的稳定因素”，对教师要“团结百分之百”。他提出“培养教师必须业务政治并重，数量质量兼顾，理论与实际结合”；①并强调“新老知识分子要团结互助，取长补短，共同提高”。②南翔同志对广大职工也非常关心重视，比喻为“鸟之双翼”、推动学校前进的“两个车轮”，并亲自制定了“为教学服务，为科研生产服务、为师生员工服务”的后勤服务方针。1953年，他到学校不久就召开了炊事员、

① 中国高等教育学会，清华大学.蒋南翔文集（上）[M].北京：清华大学出版社，1998：494.

② 中国高等教育学会，清华大学.蒋南翔文集（上）[M].北京：清华大学出版社，1998：602.

清洁工两个代表会，亲自到会讲话。他指导开展了评选职工先进集体和个人的活动，多次表彰大会，他都参加讲话，并和大家合影留念。职工反映蒋校长平易近人、不摆架子，深受职工拥护。

南翔同志深刻指出："只有依靠全校师生员工的团结一致，发扬集体主义精神，充分发挥我校每个同志的积极性，才能克服缺点，推动工作。团结过去是，今后也是，做好学校工作的关键。"①

（五）牢记理想信念，鞠躬尽瘁为教育

1984年1月，南翔同志在《纪念我国无产阶级教育家吴玉章同志》一文中指出："吴玉章同志既是一位革命家，又是一位教育家，而他之所以成为卓越的无产阶级教育家，正因为他首先是一位无产阶级革命家""他与同时代许多进步的教育家不同之处，在于他自始至终把教育当作革命事业的一部分"。②这段含义深刻的讲话也完全可以用来评价蒋南翔本人，这也是南翔同志教育思想的出发点和最基本的原则。他在1985年中央党校开学典礼上的讲话："具有坚定的共产主义信念，不惜牺牲个人的一切，为实现共产主义崇高理想而奋斗终身，这就是我们要求的共产党员的党性。"③这也正是他坚守的理想信念和为之奋斗终身的写照。甚至在"文革"期间1969年中秋节，他被"监护"在北京卫戍区时，仍然坚守理想，不忘初心。"身虽囚，心如旧，'俯首甘为孺子牛'。傲霜菊，耐萧肃，清寒自守，素志永笃。乐！乐！乐！"④这首《钗头凤》正是一个无产阶级革命家的坚守理想永不动摇的体现。

南翔同志工作十分勤奋敬业，从来没有什么节假日休息，工作紧张时也不分白天和黑夜。他到清华后，就建立了每周日晚上召开校长书记会的工作制度。60年代起，他在教育部担任领导职务后，工作更忙了，但仍然坚持在周日晚上召开书记校长联席会，一直到"文革"开始

① 中国高等教育学会，清华大学.蒋南翔文集（上）[M].北京：清华大学出版社，1998：530.

② 中国高等教育学会，清华大学.蒋南翔文集（下）[M].北京：清华大学出版社，1998：1083.

③ 中国高等教育学会，清华大学.蒋南翔文集（下）[M].北京：清华大学出版社，1998：1159.

④ 中国高等教育学会，清华大学.蒋南翔文集（下）[M].北京：清华大学出版社，1998：889.

从未中断。与他工作上异常刻苦勤奋相对照，他在生活上却异常简朴清廉，从不搞特殊，从不向组织提额外要求，而且他对清华所取得的成绩和经验非常清醒和谨慎，并告诫自己和大家不要推销“清华香肠”。[①]

他在生病期间仍然坚持工作，一次团委汇报学生红专大辩论情况请他做总结，他就是躺在病床上听取汇报和听录音的。1986年他因积劳成疾，突发心脏病，住院治疗，后又查出胃癌晚期。在住院期间他以惊人的坚强意志和顽强的毅力继续工作，一边与疾病作斗争，一边整理编写重任教育部部长后的文章和讲话稿，以《坚持社会主义教育方向》为名，成书出版。他又将在中央党校工作期间的文章讲话汇编成《党校工作正规化的探索与实践》一书出版。在生命的最后几年，他以年逾古稀的病弱身躯，仍然坚持为党的教育事业呕心沥血，奋斗不息，并作出了最后的贡献，真正做到了鞠躬尽瘁为教育。胡乔木同志对南翔同志评价说：“从不计较个人的得失，从不放松党和人民的得失，默默地奋斗了一生的蒋南翔同志是共产党员的好榜样。”南翔同志是一个值得我们努力学习、永远怀念的真正当之无愧的优秀的共产党员。

蒋南翔校长作为无产阶级革命家和马克思主义教育家的高尚风范，已经深深扎根于水木清华之中，成为清华大学优秀传统和清华精神的重要组成部分，它定会作为清华的宝贵精神财富在一代代“清华人”中传承和发扬。

作者简介：张慕葏，1950年考入清华大学电机工程系，毕业后留校工作。曾任清华大学副校长，研究员。

① “不要推销‘清华香肠’”是流行于清华园的一句俗语，主要意指要谦虚谨慎。

南翔同志和党校教育正规化

辛守良

南翔同志是我国青年运动的领导人，也是我国著名的马克思主义教育家。他的人生历程的晚年，是在中共中央党校度过的，他作为中央党校第一副校长，协助校长王震同志，为实现党校教育正规化不倦工作、呕心沥血，对党校事业发展作出了重大贡献。

我和南翔同志有直接接触是1984年我由北京大学调到中央党校担任教务办公室副主任，后任主任，在他领导下负责全校教学的组织、运行和管理工作。其间我受到他多方面的指导和教育，受益终生。

1984年，北京大学党委书记找我谈话，说要调我到中央党校工作，通知我按约定时间到中央党校主楼与蒋南翔同志见面。党校是一个十分神圣的学府，我去工作不知能否胜任，有点犹豫。到党校见南翔同志时，党校副教育长兼教务办公室主任邢家鲤同志在座。南翔同志非常和蔼可亲，他先问了一些我的基本情况，然后开门见山地说，现在党校教育要实行正规化，需要借鉴北京大学一些经验，想调你来党校负责教学组织管理。他以商量的口气，要我想一想做出回答。第一次见面，南翔同志给我的印象非常好，我很快做出决定，来到中央党校工作。

一、南翔同志非常善于从战略上思考和决断问题

1982年，南翔同志担任中央党校第一副校长后，协助王震校长，深入研究国家形势和党校实际，以开阔的视野、长远的目光，鲜明提

出实现党校教育正规化。为推动这项事业，他协助王震校长采取了几个大动作、大举措。第一，1982年，在深入细致调查研究基础上，就今后中央党校教学工作提出意见，上报中央。当年12月11日，党中央批准王震、蒋南翔关于《中央党校今后教学工作的意见》并下发中发（82）53号文件。第二，1983年2—3月，中组部、中宣部和中央党校受中央委托召开第二次全国党校工作会议。会议集中讨论了全国各级党校如何贯彻党的十二大精神和中发（82）53号文件精神，实现党校教育正规化，开创党校工作新局面问题，并且认真讨论了《中共中央关于实现党校教育正规化的决定（草稿）》（以下简称《决定》）。会后中央颁发了中发（83）14号文件，即《中共中央关于印发〈中共中央关于实现党校教育正规化的决定〉和〈关于第二次全国党校工作会议的情况的报告〉的通知》。《决定》明确指出，各级党校在基本完成以拨乱反正为主要内容的干部轮训任务后，要根据党的十二大精神，逐步转向正规化培训干部为主。《决定》强调，党校的基本任务是为党培训具有共产主义思想觉悟、党性强、作风好，又有现代化建设知识的领导干部。第三，1985年2月，召开全国党校工作座谈会。当年11月5日党中央批转《全国党校工作座谈会纪要》和王震、蒋南翔《关于中央党校培训对象问题的请示报告》的通知，即中发（85）24号文件。党中央颁发的上述三个文件，阐明了党校教育正规化的根本指导思想。南翔同志在多个场合包括在第二次全国党校工作会议上的报告和总结报告、在中央党校多次开学典礼上的讲话、在为中央党校培训部（正规）第一期学员讲的党课中，对实现党校教育正规化做了全面深入的阐述，有力地推动了全国党校教育向正规化方向发展。这些讲话后来汇集成《党校教育正规化的探索和实践》一书，由北京师范大学出版社出版。全国各级党校迅速采取多方面措施贯彻落实，整个党校工作出现欣欣向荣的局面。

二、南翔同志十分重视党校教育正规化的具体实施

南翔同志认为，党校教育正规化是一个新课题，没有先例可循，只能在总结党校历史经验的基础上，根据新形势、新任务的要求，边设计、边实践、边总结，逐步地加以完善，形成党校教育自己的特色。为此需要做许多细致的工作：确定招收学员格局，科学安排教学内容，推动教学方法改革，掌握全校教学动态，规划各科教材编写，加强学科建设，促进教师队伍建设，组织外请报告，研究党校教育规律，统筹推进全校教学正常运行，这些都由教务办公室负责。南翔同志对我们报送的每期招收学员计划、教学计划和期末教学总结都仔细审阅，及时给予指示。他还会主持召开培训部、进修部、理论部研究生座谈会，甚至教研室主任或教师座谈会，听取对学校教学和管理的意见。这些会议有时邢家鲤同志和我一起出席，有时我出席。座谈会后，教务办公室会印发《教学情况反映》，将会议情况重点及南翔同志的有关意见刊发出来，报送校委各位领导，发送校内各教学单位和其他单位。

当时中央党校教务办公室主任由校务委员会常委、副教育长邢家鲤兼任，宿景芳、刘海藩和我三人任副主任。后来宿景芳离休，丁云本、张一杰任副主任。大家和谐一致、商量办事，团结全体工作人员，围绕中央党校教育正规化做了许多工作。

（一）科学设计培训和轮训干部的班次

党中央指示，党校教育正规化，主要指办学方式和课程设置的正规化。按照上述三个文件的精神，中央党校从1983年下半年起，由短期轮训为主逐步转向正规化培训为主，把中青年干部培训班作为中央党校的主体班次。南翔同志强调：“党校的任务是培养革命化、年轻化、知识化、专业化的党政领导骨干”，“今后中央党校将以培训省、地两级主要领导干部及其后备人员为主”，“这将有力地加速我国省、地两级主要领导干部队伍的建设和成长”。从1983年9月到1986

年9月，中央党校共举办了四期中青年干部培训班，招收中青年干部学员1068人。其学制，第一、第二期为两年，第三、第四期为三年。招收干部对象，主要是省部级和地厅级主要领导骨干的后备人员，也有少数是新提拔的年轻的省部级和地厅级现职干部。这一批学员，自身素质优秀，又经过中央党校的精心培养，毕业后表现很好，分配到全国省地两级领导岗位和中央部委与司局领导岗位，在我国社会主义现代化建设中发挥了重要作用。1985年9月，南翔同志在中央党校秋季开学典礼上的讲话中指出："关于中央党校学员的培训方式的问题，校委认为，今后若干年内，不论是培训党政领导骨干及其后备人员，还是培训党校师资和宣传理论工作的骨干，都要采取长短结合的形式。"这个时期，中央党校逐步形成三个学员部的格局。培训部，设中青年干部培训班，先后有两年制、三年制班次，后来增加一年制、半年制班次；同时设新疆民族干部培训班；西藏民族干部班，原来设在进修部，后来转入培训部。进修部，主要轮训现职领导干部，设两种班次，省部级干部进修班和地厅级干部进修班。理论部，主要设三类班次，理论宣传干部研究班；博士、硕士研究生，研究生班；党校系统师资进修班。

（二）教学是党校工作的中心，要坚持马列主义是主课，合理配置各类课程

王震校长在1983年中央党校秋季开学典礼上讲话，向学员提出"系统学习马列，增强党性锻炼，掌握渊博知识"三点基本要求，这是党校教学的出发点。南翔同志多次强调，党校教学不同于一般高等院校，这是由党校的性质和党校教学对象学员的实际决定的。在新形势下，党校正规化教学应设三类课程，马克思主义理论、业务知识、文化科学知识。首先，党校要坚持把学习马列主义、毛泽东思想和党的方针政策作为主课。这是党校教学的特色之一。党校教学有以下特点：第 ·，教学层次高。大多数学员都已接受过高等教育，初步学习过马列主义、毛泽东思想基础理论，党校学习应该在原有基础上，学得更深、更有新意。通过学习，帮助学员掌握辩证思维方法，提高战略思维能力，树立全局意识和世界眼光，以便在分析与解决问题时站得高点、看得远点。第二，党校教学与管理，强调加强学员党性教育，增强学员党性锻炼和修养。第三，党校教学要坚持理论与实际紧密结合的方针，更注重实践性和针对性，帮助学员提高解决实际问题和实践经验向理论升华的能力。第四，教学方法必须创新，强调教学相长，强调自学为主。其次，党校教学还要在坚持马列主义主课基础上，适应我国社会主义现代化建设需要，开设了一些业务基础课程、先进科学知识和文化历史知识课程。我们当时设置的马克思主义课程，包括辩证唯物主义和历史唯物主义、政治经济学、科学社会主义、党的学说和党的建设、中国共产党历史五门，这是党校的传统课程，一般称为“老五门”。后来增加了党的十一届三中全会以来重要文件学习和研究一门课。为适应社会主义四个现代化建设需要，逐步开设的课程和讲座有领导科学、部门经济、经济管理学、当代世界经济、经济体制比较研究、当代西方经济学说评介、国际政治和国际关系、法学基础、现代自然科技和党的科技政策、系统论控制论信息论介绍、计算机基础知识和操作、文史知识讲座等。由于讲授内容比较新鲜，受到学员普遍欢迎。

（三）加强党性教育，增强党性锻炼

南翔同志非常重视对学员进行党性教育。1984年7月，他为中央党校培训部（正规）第一期学员讲党课，题目是《党性教育是党校教育正规化建设的重要课题》。他在理论和历史结合基础上论述了党性教育的重要性后，明确提出当前增强党性的几个目标：第一，言行一致；第二，理论和实践的统一；第三，和劳动人民同呼吸共命运，全心全意为人民服务。他在其他场合还多次谈到党性教育问题，1985年9月在中央党校秋季开学典礼上的讲话中，着重论述了《提高马克思主义基本理论素养，加强共产党员的党性锻炼》。他说：“进行党性教育，也是党校教育区别于一般高等院校教育的一个重要特色。党校开展正规化教育以来，根据实际经验，大家概括出了一句话，叫做‘马列主义是主课，党性锻炼是核心’。这是很恰当的。”他接着说，把党性教育放在党校教育的核心地位，就是要贯穿在党校教育的全过程。各门课程，特别是马列主义基本理论课教育，都应和党性教育结合起来。他还说，党校的党性锻炼要求，第一，思想上要做一个彻底的唯物主义者，坚持实事求是，一切从实际出发；第二，在实际行动上要做一个战斗的马克思主义者，要任何时候都能坚持原则，是非爱憎分明，不屈不挠地为真理而斗争。根据南翔同志的思想，我们对各门课程教学要求做了充实，课程安排上增加了党的学说和党的建设课的教学时间，并且将党的建设课教学与学员的学习总结衔接起来，各学员部还开展了一系列组织活动和采取了适当管理措施，有效地推动了学员的党性锻炼。

（四）努力组织好周末外请报告

考虑到中央党校多数学员来自全国各省各地、中央和国家机关各个部门的实际，帮助他们了解和掌握国际国内的实际经济政治情况，对提高领导骨干的基本素养、树立全局观念、开阔视野是至关重要的，中央党校要求有计划地邀请党中央、国务院领导和各部委领导及著名专家学者来校给学员做报告。教务办公室于每学期拟定一份准备邀请报告人的名单，报经校委审定后实施。南翔同志强调，要尽可能提升报告人层次，每一学期至少请一两位中央常委和国务院总理、副总理来做报告。他还说，如邀请有困难，必要时他可以亲自出面帮助联系。

（五）下大力气抓好教材建设

课程与教学计划确定之后，有一套质量较高的教材，是提高教学效果的必要条件。校委要求，首先，学员进党校学习，提倡认真阅读马列著作，掌握马克思主义的精神实质，需要选编一套适合不同主体班次学员学习使用的马列著作毛泽东著作和党的重要方针政策教材。后来，在总结多年实践基础上，形成一套《马克思主义著作选编》教材，分为哲学、政治经济学、科学社会主义和党的学说四个分册，同时选编了《中共中央文件选编》一册、《中共党史文献选编》两册，满足了学员学习的需要。

（六）搞好党校师资队伍建设

办好各级党校，教师是重要依靠力量。党中央指示，各级党校的教师队伍必须大力加强和充实。党校的教研人员，不仅要搞好教学，担负培养党政领导骨干的繁重任务；而且是社会科学理论战线的一支重要方面军，要大力开展科学研究，实事求是，运用理论研究新情况，解决新问题。为了推动师资队伍建设，校委决定设立师资处。师资处进行了大量调查研究，根据学科发展趋势，编制了初步的师资队伍建设规划。

（七）明确党校系统内部关系，加强全国党校建设

南翔同志很重视党校建设这个问题。经过多方努力，党中央决定“各级党校和同级各部委一样，是党委领导下的重要部门。党委要切实加强对党校的领导”，“上级党委党校和下级党委党校可建立必要的业务指导关系”。这样的定位是非常科学的，既能保证各级党委加强对党校的领导和支持，又有利于党校系统内部加强联系，交流经验，密切配合，共同建设具有中国特色的党校教育体系。从此，全国党校工作出现一个新局面。

南翔同志很注重社会经济调查。1985年，南翔同志觉得，实行改革开放以来，出现了许多新情况、新问题，决定到我国改革开放前沿广东省进行一次社会经济考察，我曾有幸和冯虞章、王瑞璞等同志陪同前往。我们住在省委招待所小岛宾馆，受到当时广东省委书记任仲夷同志接待。按照省委办公厅安排，我们去了佛山、肇庆、深圳等地，听取了地方领导有关经济改革和对外开放情况的介绍，实地去一些企业进行了调查，见识了许多新情况。当时正在进行多种所有制改革试验，南方各省步伐明显较快。广东省大胆的改革设想和措施给我们很大的启发。这期间，在和南翔同志接触交谈中，他讲了一些关于加快经济发展的想法，也谈了不少有关党校教育的思想，对党校工作很有指导意义。

1986年1月，全国党校校长座谈会在北京召开，南翔同志主持会议。在会议过程中，他突发心脏病，住进北京医院。后来他病重了，我们教务办公室几位主任想去医院看望，有关部门回答“医院谢绝探视”。1988年5月3日，不幸消息传来，南翔同志被病魔夺走了生命。5月24日，上千人怀着悲痛心情到八宝山向南翔同志的遗体告别，我默默地随着中央党校的人流向南翔同志遗体鞠躬哀悼，见他最后一面，为他送行！我非常悲痛，失掉了一位敬爱的好导师！

作者简介：辛守良，曾任中共中央党校（国家行政学院）教务部主任，教授。

怀念蒋校长　难忘清华情

桂伟燮

我于1951年入学清华电机系，1955年毕业后留系任教。1956年选调入工物系，开始了新专业创建再学习并致力于培养祖国急需原子能人才的新旅程。进而被任以“双肩挑”干部，同时兼任加速器专业的主课教师和担任全系教学秘书的行政工作。1960年后又上调至校教务处教学研究科兼任第一科（即保密科，涉及全校新建各类机要专业）负责相关的教学研究和管理工作。1973年后被重新调回工物系，会同加速器专业的教工们参加了历时4年的全市性的北京医用加速器研制会战，锻炼了队伍，取得了胜利成果，为相关专业和工物系的进一步发展，打了个好的基础。“文革”后再被调回到系里，挑起了为全系教学的拨乱反正和专业重整的任务。

时光流逝如飞，至今我已年过90岁，作为一名退休多年的老教师，回头看，母校培育了我，我又在母校献身于祖国的教育事业，心中有着永远的清华情。回想我在校由学生到教师继而任教学干部，对蒋校长办教育的思想和理念，从亲身体验领悟、继而积极贯彻，当年我们老教务处的伙伴们亲切地称之为“南翔精神”，我终身受用，难以忘怀。

一、学生时代钦佩蒋校长，在亲身实践中体验了他创导的教育理念

我们1951年新生入学初期，正赶上学习苏联改造全国高等教育体系，清华北大作为样板着手理工分校的院系大调整，当时清华大学

由校务委员会领导，叶企孙教授为主任。蒋南翔最初受邀到清华做报告，主题是适应新中国建设需要，要把清华大学办成培育高质量工程师的摇篮。这是我们进校后听到的第一次领导人的报告，至今记忆犹新的是叶企孙带着浓浓的江浙地区家乡口音，向大家介绍他是由上级派下来的，他那特意强调的“蒋南翔同志是很忙的”之句，更让我们难以忘怀。

1952年院系调整之后清华成了以工科为主体的大学，蒋南翔正式受命出任为新清华首任校长。蒋校长作为一校之长，从最开始就显示其领导者的风范和特有的魅力，受到师生们的普遍欢迎和爱戴。他每一学期都会给全校学生做报告，特点是主题明确、言简意深、引经据典、说服力强，颇具启发性和感召力。同学们从蒋校长历次讲话中，体会到他颇具文学功底，学问大见识广，认为他每次讲话都有新意，能鼓舞人、有鞭策力。

蒋校长对有专长的专家教授很尊重，敬重老机械学家刘仙洲副校长，注意发挥刘副校长的作用。蒋校长把当年教授群视为清华办教育的骨干力量，称全校108位正副教授为“一百单八将”。

蒋校长对在校大学生的要求和努力目标，常概括为朗朗上口的简短词句，如做“又红又专”“德智体全面发展”的“三好学生”，“为祖国健康工作五十年”，鼓励学生们首先应有明确的方向和动力，不能只为读书而读书，这些简明的兼具指导和鞭策性的教导，使我们终身受用。对我们学习的目标和如何学好科技掌握本领方面，则有把清华比作是培育高水平“工程师的摇篮”，把培养学生的能力比作给“面包与猎枪”，在学习方法上提倡“真刀真枪”“解剖麻雀”“举一反三”“掌握基本功”。为了鼓励学生互相关心培养集体主义精神，要求班级争取达“五好先进集体”的目标。

校长的句句忠言深入人心，使我们同学都增添了一股为新中国建设而学习的劲头，来自全国各地的班上同学也都能互相关心、互相帮助和鼓励。记得和我一个寝室的同学，晚间上自习，除了各自专心复习思考做作业外，遇到问题也都能相互切磋和讨论，每逢迎接考试或测验，也会约上几位到图书馆去“抢”座位温习功课，少不了也会窃窃私语，彼此交流和答疑，这体现了同学间学习上的互勉互助精神。每到下午四点半，是例行的体育锻炼时间，功课再忙，同学们也一定自觉地奔向大操场，兴高采烈地参加各项自选的锻炼项目。我见到过蒋校长自己也会在新林院操场上跑步锻炼。在学业上，同学们除了重视数理化基础课程的学习外，对机械零件、工程制图及金工实习等工程类型的课程和实践环节也十分重视，车铣刨磨钳多项工种样样俱全，决心练得一身基本功。我们这一届学制定位四年制，属第一届正规学苏联的年级，教学计划严格按专业培养目标安排，很重视让学生到生产现场实习，先后安排有认识实习、生产实习、毕业前实习等三个不同层次的实习环节。最后一学期的真刀真枪毕业设计，更让我们体会到经受实战考验的演练，增强了勇挑重担的信心。我所在的电机系发五班（全班共约60人）最终被评为校先进集体，在校大图书馆门厅墙中央挂起的铜版上刻制的全校先进集体班级中，我们发五班名列其中。老师们夸我们发五班总体学习能力强，有上进心。

毕业后我们服从统一分配，奔赴各地参加新中国电力事业的兴建，“为祖国健康工作五十年”的口号鼓舞着大家，心甘情愿地将自己毕生奉献给祖国。每逢毕业整十周年的校庆日，我们总会相约重聚在清华，交流体会，重叙友谊。在电力战线上作出了突出贡献的三八红旗手劳模徐鸣琴同学，先后两次在毕业四十及五十周年的校庆日都受学校特邀做报告。马福邦同学长期为核电事业效力，任国家核电局局长表现出色，被选为工程院院士，参加了毕业四十周年校庆过后，竟在工作岗位上英年早逝。

我本人有幸在镜泊湖水电站毕业实习时，运用所学专业知识，和另一位同班同学一起，设计了厂用电系统的避雷保护方案，解决了当初生产上遇到的现实存在的关键性问题，受到厂方颁发锦旗和奖品的奖励。上述的表现，正符合蒋校长最初向我们所提的工程师的目标要求，随后我先后被北京市和学校青年团组织表彰为优秀团员，推选为北京市42名代表中的一员，出席1955年首届全国青年社会主义建设积极分子代表大会，为此曾由校团委书记滕藤陪同在工字厅内受到蒋校长的单独接见和鼓励。

二、我作为“双肩挑”的教师，在教学和科技开发实践中对南翔精神有了深刻领悟

蒋校长高瞻远瞩，根据国家的需要，从国家发展的战略出发，在清华创建了工程物理等新兴学科和专业，抽调优秀干部、教师和学生建设这些新专业，我就是在此刻由电机系调入到工程物理系的。最初我被选定先派送到苏联学习，经三个月的俄语培训后，系主任又告知因工作需要留下，把我抽调任系教学秘书，我愉快地服从了新的调动，经受了一次红与专、个人与集体位置怎么摆和如何处理的考验。记得在我刚入清华初期也曾有过类似的经历，大一时领导把我从学生岗位抽调到市里参加“三反”“五反”运动，我服从了整体需要，近两个月后回校学习，遇上数学测验不及格，为了能重新跟上班，我发奋图强努力学习，不理会有人对我走“白专”道路的指责，连着三个学期实现了各门课程全优的好成绩。我自认为这是对蒋校长“红专”要求有正确领悟所致。

从此，我成了一名蒋校长所提倡的“双肩挑”干部，在兼任行政工作的同时，承担了加速器专业主课的授课任务。由于失去了出国学习的机会，我只能抓住一切可能，学习和掌握新专业知识。蒋校长为建新专业曾率代表团访苏，从苏联订购了两台电子感应加速器，清华北大各一台，由相应的技术专家前来负责安装和调试，还邀请了副教授级的专家来校讲授加速器物理基础课程。学校还特聘中科院院士、首席加速器专家谢家麟为清华兼职教授，亲自为我们讲授相关的专业课。谢教授是留美回国的博士，对微波型加速器有特别的专长，美国第一台医用电子直线加速器就是由他首创研制成功的。此外，我们也有机会组织去北大听卢鹤绂教授讲授的加速器原理课程。与此同时我们开始建立加速器实

验室，最初在科学院赠与若干基本器材的基础上，我们着手建造了一台高压型倍压加速器。值得自豪的是，在从苏联进口的那台感应加速器还未最终安装调试完成之前，我们自己动手设计的小型电子感应加速器，在校内工厂及校外相关工厂的协作下，研制成功了，连苏联专家都为之惊讶、不敢相信。此时在国内中科院及其他相关生产单位也在建造和生产了不同类型的低能加速器。钱三强院士和赵忠尧院士分别领导建成我国第一台回旋加速器和静电加速器，北京及上海重型电机厂分别接受回旋和高压型加速器的投产任务。这样，我也就有机会向请来的苏联专家学，向留洋归国的同行专家学，去中科院和生产工厂实习，并可钻研新旧的文献资料，把握国际同类科技的发展前沿。

至今我在清华已有72年，回顾我退休前身负“双肩挑”执教数十年，先后为工物系十余届高年级学生讲授加速器专业主修课程，编写出能跟上同科技领域国际发展步伐的、体现少而精的、至今仍被选用的教材。由我们加速器专业培养出来的历届毕业生，已为发展祖国原子能事业作出了积极奉献，不少人因有杰出成就成为同行公认的著名专家，其中有引领我国医用加速器研制开发有突出贡献的同行专家顾本广；有为北京正负电子对撞机建造作出过积极贡献，担任过中科院高能所副所长，被国际著名专家吴健雄和李政道赞赏和推荐的陈森玉院士；有现任中国科学院上海高等研究院副院长兼上海光源主任的赵振堂院士；有对国防科技作出贡献获将军级头衔的刘国治院士等。他们都是清华的骄傲，是蒋校长培养目标的体现，我当老师的自然也引以为荣。

我个人还先后曾在自动化系执教工业电子学，“文革”后为工物系新教师及工农兵学员班开出电工基础课，在物理系承担电类系大班的大学物理课；“文革”中，在下放到校办汽车厂劳动期间，承担设计完成多套中等复杂程度的冲压模具，独立担当上机床加工。再度被调回工物系后，担起了全市性的研制中国首台北京医用电子直线加速器大会战的组织领导，“文革”后为直线加速器的辐照应用承担了设计指导和实践，改革开放后再度为研制国产医用加速器和海关集装箱检测器，实现整机的全电脑控制起了主导的作用。

通过我自己上述切身的经历和实践，对南翔精神确有了更进一步的感悟。之所以能够适应工作需要和调动，敢于迎战新任务，尽我所能取得尚称满意的结果，是由于对自己有信心，清华的培育打下良好的基础，练就了一身基本功，脑海中“学习掌握基本功，真刀真枪，解剖麻雀，举一反三”随时都在起作用，就会无往而不胜。

对如何看待清华的过去，蒋校长提出要用“三阶段，两点论”的态度，用前瞻性的眼光，历史地、辩证地、实事求是地对待不同时期的长处和不足，继承和发扬各个时期的优良传统和学风。我在“文革”中曾在蒯大富污蔑清华党政系统“全是黑的”大字报上，具名进行了反驳，写出了“清华十七年红线是主导”的大字报。

南翔精神还包含有敢于坚持真理的含义。蒋校长在工作中“不唯书，不唯上，只唯实”的精神是值得学习的，他敢于批判“马列主义顶峰”之说，坚持“只能说是高峰”的精神令人钦佩！在“文革”中受到批斗时，能一次又一次直挺起腰杆来反驳，也深深感动着我。

蒋校长在清华大学的创造性的探索和呕心沥血的工作，为国家培养了大批的优秀人才，为祖国教育事业作出了贡献，他的教育思想深入清华学子的心。

“文革”结束后，党深刻认识到只有实行改革开放才是唯一出路，明确以民为本的治国理念。坚持育人为本，德育为先，实施素质教育，培养德智体美劳全面发展的社会主义建设者和接班人。我相信，从今后，在总结历史经验教训的基础上，进一步明确办学方向，注重对学生的素质教育，重视树立良好的学风，继承发扬清华“自强不息、厚德载物”校训所创导的好传统，传承蒋南翔的办学精神，清华大学一定会有更加美好的前景！

作者简介：桂伟燮，1951年考入清华大学电机工程系，1955年毕业留校工作。曾任清华大学工程物理系副主任，教授。

南翔同志像亲人　像师长

——忆南翔同志爱生亲民的二三事

王学芳

1953年，我被清华大学录取，进入机械工程系。从学生到老师，从18岁到88岁，我在清华大学度过了70年。我在清华大学读书，任学生政治辅导员，留校教书，当教授，做基层党政工作，培养学生，完成国家科研任务。回忆这一生，我要特别感谢蒋南翔校长及清华大学党委对我的教导、关爱和培养。

新中国成立后，1952年，清华大学要为社会主义中国培养又红又专的领导和建设人才。党中央派遣蒋南翔同志回到清华大学担任校长后来又同时担任校党委书记，完成“把清华大学建设成社会主义大学的任务”，那年他才39岁。

南翔同志以极高的政治责任心和工作热情，回到了他的母校，团结新的领导班子，依靠全校的师生员工，开展工作。特别建立了学生政治辅导员制度，在学生中选拔和抽调学习成绩优秀、政治表现好的学生党员干部，作为半脱产的学生政治辅导员，不脱离班集体，随班上课，学制延长一年，协助党委深入学生群众，做好政治思想、学习、生活等各方面的工作。这从近期说是培养学生的需要，从长远说是为培养新教师，为学校甚至为国家培养干部。既懂政治，又懂业务、技术，又有领导能力的又红又专的领导干部是清华大学的需要，也是国家的需要。

南翔同志办教育，培养人的思想很明确，目标是："又红又专、全面发展，为祖国健康工作五十年。"

在战略上，他提出了许多口号，在清华深入人心，例如：

- 我们的目标是培养德、智、体全面发展的红色工程师。
- 学校的工作要靠教师和职工"两个车轮"转动，缺一不可。
- 培养学生要抓好"三支代表队"：政治辅导员、科学登山队、文体代表队，殊途同归，全面发展。
- "一百单八将"（当时的108位清华大学教授和副教授）是清华大学的稳定因素。

每年暑假，他都要召开校党委扩大会，总结一年的工作，明确下一年度的目标和任务。9月开学之初，召开全校师生员工大会，南翔校长做报告，一竿子插到底，把党委会的精神传达到每一个人，人人都知晓自己的工作是学校工作的一部分。即便在一年一度的全校重要会议上，南翔同志讲话都很简练，一般控制在40分钟左右，少而精，记得住。

大政方针确定后，能不能执行好，取决于领导人的工作作风和工作方法。是否亲民？是否联系群众？是否了解基层干部存在的问题和困难？是去帮助他们解决，还是吹胡子瞪眼指责？

南翔同志的工作作风是亲民，想方设法地接近群众，特别是学生干部和学生，南翔同志能叫出很多学生和小干部的名字，我们都和他亲，不害怕他。他有很多亲近群众的办法：

- 在清华，他的办公室就在工字厅进大门的右手边，玻璃门窗。看得见里面，敲门允许可入。在国家教委，他的办公室门是开着的，只是在门框上部挂了一块遮挡视线的布而已。他是那么样地尊敬和欢迎来访者。
- 他设立了校长接待日。
- 他经常在下午4:30到西大操场去参加体育活动，和同学们一起跑圈，之后同学们可以和他聊天，反映情况和问题。

- 他主持的校党委扩大会，有不明白的地方，可以写条子递给他，他会读你的条子，很耐心地回答你的问题。

关于南翔同志，我记忆很深的有这样几件事：

第一件事大约在1958年，反右斗争结束后，学校党委在二教大会议室召开党委扩大会，南翔同志在会上传达党中央关于反右斗争结束后对右派分子处理的政策。我递了一张纸条给南翔同志，请他仔细讲讲制定这个政策的道理。南翔同志耐心地念了我的条子后，说道："过去在抗日时期，在反蒋解放战争时期，我党组织的统一战线，其目的是团结起来，打倒日本帝国主义、打倒国民党蒋介石，建立新中国。现在我们反右后的政策，也是建立在党领导下的统一战线，调动一切可以团结的人，来加速实现我国的社会主义工业化。"南翔同志耐心地、认真地教育我们这样的基层小干部，我很感动。

"文革"结束后，1979年蒋南翔调任教育部长，领导教育战线拨乱反正，努力恢复和发展遭到"文革"极度破坏的教育事业。第二件事就发生在这个时期。

那是1981年，我因公到教育部办事，之后还有空，我就想利用这点时间去看看郝维谦同志，他是我们的好朋友，是机械系学生政治辅导员的组长，"文革"后调任教育部，当教育部长蒋南翔同志的秘书。到了南翔同志办公室门前，门开着，门上挂着半截门帘，我敲门进去，郝维谦同志高兴地迎接我，南翔同志那时不在办公室。我与郝维谦同志好久不见，聊得正欢，他突然站了起来，说道："南翔同志回来了！"我也随即站了起来，只见南翔同志撩开门帘，进屋来。他进门就看见我了，说："啊！王学芳同志来了！"跟着说："吴肇基怎么样？"我回答："'文革'中，他得了青光眼！"南翔同志又说："这是老年人的病，他这么年轻，怎么会得这个病呢？"我真是又感动，又惊讶！他怎么能记住我俩的名字？还记得我们是一对夫妻。我回到家，告诉吴肇基，他也非常激动和感动。南翔同志这样关心小小的学生干部，真像我们的亲人。

1988年，我们听说南翔同志生病了，而且很重。4月28日，校党办主任承宪康同志通知我去北京医院看望病重的南翔同志，还有方惠坚、王大中、郇敏贤、刘润生几位同志一起。我们轻轻地走进病房，南翔同志已经感觉到了，他想抬起手来和我们打招呼，但是被子压着手，没力气扬出来。我们6个人围着病床站了一圈看着他，难过得一句话也讲不出来，也不能当着他老人家流眼泪。这是我们最后一次见他。南翔同志因病于1988年5月3日与世长辞，享年才75岁。要不是“文革”对他身体的摧残，他还能为我们国家的教育事业作出更大的贡献。

蒋南翔同志这种爱生亲民的作风，也深深影响了清华的党政干部。当时校党委的几位主要领导同志，如刘冰同志、何东昌同志、艾知生同志等，他们是南翔同志的亲密战友，他们的人品和工作作风和南翔同志是一样的“深入群众，和蔼可亲”。

我在清华大学度过了70年的时光，70年间清华发生了巨大的变化，不但成为了全国著名的大学，也跨入了世界的前列。这些成绩的取得，是以蒋南翔校长为代表的校领导和全校的教职员工在中国共产党的领导下齐心奋斗和努力的结果。

作者简介：王学芳，1953年考入清华大学机械制造系，1958年毕业留校工作。曾就职于清华大学航天航空学院，教授。

感悟南翔同志的坚强党性

冯虞章

我于1982年年底调到中央党校工作。在1986年年初南翔同志因病住院前的几年中，即他鞠躬尽瘁地为党和人民事业奋斗的最后几年中，有了较多机会受到他的教诲，感悟他的风范，尤其是坚强的党性。

这里取出这些年中我亲身经历的两个片段，来作为对我们老校长诞辰110周年的缅怀和纪念。

一、把坚持党对青年工作的领导作为重大政治原则

1984年5月3日，《中国青年报》发表了南翔同志的文章《任弼时同志对中国青年运动的伟大贡献》，以纪念弼时同志诞辰80周年。当时中央党校的《理论月刊》也作了转载。任弼时同志是遵义会议后逐渐形成的党的第一代领导集体的成员，又是中国新民主主义青年团的主要缔造者。由于积劳成疾，英年早逝。南翔同志1941年年初由南方局调到延安中央青委后，曾在弼时同志直接领导下工作过。所以那时我觉得，这是一篇很重要的、富有特色的纪念文章，但对于其中的另一层深意——不妨称之为画龙点睛之笔，却没有意识到。这是后来才认识到的事情。

这一画龙点睛之笔是什么？应是指弼时同志关于保证中国共产党对我国青年运动、青年工作领导的论点，“现在不仅没有过时，而且更加值得我们重视”。南翔同志在文章中缅怀了弼时同志在中国革命

各个时期的卓著功勋，回忆了弼时同志1949年在中国新民主主义青年团成立大会上的报告。报告深刻总结了我国青年运动的历史经验，透彻阐明了中国共产党领导的绝对必要性，指出“保证中国共产党对新民主主义青年团的正确领导，是中国青年运动正确地向前发展的决定因素”，“保证中国共产党对于青年运动的领导”，必须“保证全体团员及广大青年对于中国共产党的完全信任”。这也就意味着，要把保证党对青年运动、青年工作的领导作为重大政治原则。

“文章合为时而著”，南翔同志强调弼时同志的论点“不仅没有过时，而且更加值得重视”，是他以真正共产党人的高度政治责任感和政治敏锐性，把握了党和人民事业发展要求的时代需要同其时思想战线、青年工作实际状况的明显差距这种问题导向，而发出的强烈呼声。但当事物过程的本质尚未充分暴露的时候，这样的观点还难以形成广泛的共识，他就根据自己的敏锐观察继续引导和发声。1985年11月下旬，在中顾委召开的包括有青年学生代表参加的纪念“一二·九”运动50周年座谈会上，南翔同志应要求作了主旨发言。他具体讲述了党的领导、正确的策略指导如何保证了“一二·九”运动的胜利成功，说明党的领导具有决定意义。然后又再一次引述了任弼时同志的上述论点，强调这些论点“没有过时”，而且“还具有现实指导意义”，明确指出：“信任共产党还是不信任共产党，这是重大的政治原则问题。”

回忆起来，南翔同志的这一思想已经过了较长时期的观察与酝酿。一些资产阶级自由化思潮借党和国家实行改革开放历史性决策之机泛起，尤其是1980年冬天这种思潮在北京和一些地方高校选举风潮中的活跃和危害，引起了南翔同志的高度警觉和关注。记得是1983年春天，南翔同志作为中央党校第一副校长协助校长王震同志领导党校教育正规化的改革与建设，工作繁忙，需要整天在党校处理公务，中午就由他的秘书老沈同志去休息处附近的教工食堂打一点简单的饭菜，我和老沈也从食堂打了回来，同他一起吃饭。短暂休息时常会聊一些话题，说到1980年冬天的竞选风潮时，南翔同志说，有的学校学生中百分之九十以上是团员和党员，却选了一个主张自由化的人当人民代表，而共产党员、三好学生的候选人却被认为是“官方”人物而落选了，这是一个很严峻的问题，我们的许多党员团员还有什么战斗力？说明党的领导出了问题。对于有的干部对这种现象满不在意，还称之是践行了社会主义民主，南翔同志持严肃批评的态度。当年我在清华亲历了这场选举风潮，总的来说校内的这场选举仗打得很漂亮，结果是学生党员中的优秀骨干高票当选为学生会主席和区人民代表。听到南翔同志从保证党的领导和党团组织战斗力的高度来思考和总结问题，我的认识又提高了一步。

那些年南翔同志虽然身居党校工作领导岗位，同时还尽可能地关注着我国青年运动的发展和高校思想阵地的状况，根据他对于实际状况的体察发出真知灼见的声音。特别值得一提的是，1985年7月底8月初，南翔同志以兼任中国高等教育学会会长的身份，在高教学会理事会召集的几次会议上的讲话。

他指出高等教育要解决两个根本问题：一个是方向问题，一个是质量问题。以政治方向和教学质量的统一为标准来衡量教育固然是他一贯的教育思想；但在其时我国全面改革的高潮中旗帜鲜明地提出高等学校要注意解决政治方向问题，是要有高度的马克思主义的政治敏锐性和实事求是的勇气的。他具体分析了当时有的高校中资产阶级自由化代表人物的典型舆论：“没有任何思想可以作为正统思想不能突破，这是一个大学讲台所必须有的特征”，“大学就不应受某种思想的约束”，而应该成为“自由讲话”的地方。南翔同志分析说：“他们所要的这种不受任何约束的‘自由’，就是任凭违背甚至反对马克思主义、违背甚至反对四项基本原则的思潮在我们的大学‘讲台’上‘自由’泛滥。我们可以想一想，这样一来，我们的大学将变成什么样子?”他还分析说：“现在有一些高等学校，对于要不要共产党的领导也竟成为一个有争论的问题，‘一叶知秋’，在大学生中的这种思想混乱，不可不引起我们高度注意”，还告诫说：“目前我国大学生中滋蔓着的这种种不健康的思想状况，如果要闹事，很可能要从大学生闹起。”那一段时期，他对邓小平、陈云同志有关要对大学生进行共产主义理想信念教育、反对资产阶级自由化和精神污染的讲话精神十分重视，在一些场合呼吁要加强和改善党的领导，加强对青年的思想引导和教育。但由于当时主持中央日常工作的领导人在反对资产阶级自由化的问题上栽了跟头，邓小平同志的指示精神没有得到贯彻，使得已经泛起的错误思潮得不到遏止。回忆起来，南翔同志当时正是抓住了要不要“党的领导”这个根本问题，见微知著，坚持实事求是，发出了“一叶知秋”的告诫。

这些历史情况今天知道的人已经不多了，借此机会作点回顾，会有助于我们从历史经验中得到启示，来感悟南翔同志从党和人民事业根本利益出发，以保证党对青年工作的领导为重大政治原则来衡量是非得失，在思想阵地的风云激荡中实事求是地把握问题的本质而不懈奋斗的坚强党性。

二、大功不言功，默默奋斗献终身

党中央把“我国青年运动的著名领导者”的称誉给予南翔同志，是就其一生的贡献，就其长期在青年运动领导岗位上贯彻党的正确的政策策略、代表着正确的方向而言。在提到这个问题的时候，我们自然就会立刻想到叱咤风云的“一二·九”运动，想到已经成为历史文献的“一二·九”宣言。

南翔同志是“一二·九”运动的发动者和领导者之一，他受上级党组织委托，起草了后来称之为“一二·九”宣言的文献。“一二·九”运动，在党的正确的策略指导和党内的思想教育之下，冲破日、蒋、地方实力派错综复杂的重重压迫，在危城北平顽强斗争了19个月，直到全面抗战爆发，大批骨干奔向抗日救亡的战场和广阔天地。

说到这里，就不能不先提几句绝非题外的话，即要结合当时的历史条件认识“一二·九”运动的伟大意义。1935年10月红军长征到达陕北吴起镇，11月上旬又接连打了三个胜仗。后来毛主席说：“在祝捷声中，在12月10日，一听到北平‘一二·九’运动的消息，我们心里好不欢喜！红军同志完成了这么伟大的长征，学生同志在北平发动了这样伟大的救亡运动，两者都是为解放民族和解放人民而斗争，其直接意义都是推动抗日战争，所以，‘一二·九’运动在历史上讲，是抗日战争准备的一个非常重要的方面。”①

说到“一二·九”运动对于唤起全国爱国学生、广大民众奋起抗日救亡、推动抗日战争的重要意义，其中无疑包含了“一二·九”宣言等战斗檄文在当时民众中广泛传播的影响。但是对这样一件于历史、于党和人民事业有功的事情，南翔同志从不对人言说。如当年在清华比南翔同志低一个年级，投身“一二·九”运动，后来的女作家韦君宜在1988年10月的纪念文章中说：“那一句‘华北之大，已经安放不得一张平静的书桌了’，当时已经传诵国内，见于报端，甚至成了‘一二·九’运动的旗号，但始终没有人知道是出于蒋南翔之手。因为他从来不向人说是他写的。他这个人就是这个作风。”

这里我要说一件我亲身经历的事情。我有了一个机会直接去问他关于“一二·九”宣言的起草的事情。“一二·九”运动50周年快要到来的时候，清华的有关出版物曾约请南翔同志撰写回忆“一二·九”运动的文章，因怕他工作忙耽误了或者忘记了，要我提醒他一下。那时我还了解到，虽然快50年过去了，党史学界有人还在研究、考证“一二·九”宣言到底是出自谁的手笔，准备查看其中的名句是否已在之前的报刊中出现过。于是那天趁他有空，我先转达了出版物方面的请求，接着问道：“南翔同志，听说学界还有人在研究

① 毛泽东文集（第2卷）[M]. 北京：人民出版社，1993：251.

考证‘一二·九’宣言到底是谁写的，我想应该是你写的吧？”他笑了笑，之后慢慢说道：“我自己写的自己还会不知道啊。”这样事情就完全清楚了。今天，我们都能从他1985年12月撰写的《我在清华大学参加“一二·九”运动的回忆》中，看到“一二·九”运动发展过程中的若干重要历史情节，包括“一二·九”宣言是怎样产生的情况。其中写道：1935年12月3日，清华进步学生经过激烈辩论在全校学生大会上通过了联合北平各大中学校进行游行请愿的提议后，在北平市委工作的何凤元“特地从城里赶回清华找我，要我赶在游行以前负责起草一篇对外宣言。我当天晚上就独自躲到清华一院（清华学堂）大楼地下室的印刷车间，杜门谢客，抱着满腔悲愤的心情，写了《清华大学救国会告全国同胞书》。这篇宣言接连写了两三个晚上，当时痛感华北人民面临亡国的威胁，地处国防前线的北平学生，已在上着‘最后一课’，华北之大，已经安放不得一张平静的书桌，我一面写作，一面不能自已地泪流满面，激动的心情，难以言宣。文章脱稿后，先在12月6日出版的清华救国会的《怒吼吧》杂志上发表，又印成单页，在几天后的‘一二·九’游行队伍中广为散发，在大街小巷到处张贴。”尘封50年的往事终于揭开了帷幕，“一二·九”宣言就这样产生了。历史会感谢他给后人留下了这一珍贵的史料。

每当想起这件事，我总是感慨万千。总会想起胡乔木同志为纪念南翔同志所作的题词：

从不计较个人的得失，
从不放松党和人民的得失，
默然地奋斗了一生的
蒋南翔同志，
是共产党员的好榜样。

结合这个题词所概括的境界，从起草“一二·九”宣言50年间从不向人言说这件事，深深感悟到了南翔同志从不计较个人得失而从不放弃党和人民的得失，为党和人民事业默默奉献一生的崇高风范。深深感悟到了他在人生观、价值观和为人处世的人格魅力上体现出来的坚强党性。

作者简介：冯虞章，1955年考入清华大学无线电工程系，1959年初提前抽调至哲学教研组边学习边工作。曾任清华大学哲学教研组负责人。曾就职于中共中央党校、清华大学人文学院，教授。

缅怀南翔　铭志不忘

黄美来

2023年是我们敬爱的老校长蒋南翔同志诞辰110周年，我是在他的教导和关怀下成长起来的马克思主义理论课教师，怀着无比崇敬的心情缅怀他。他离开我们虽已35年，但他的音容笑貌和唯实求是、坚持真理的品格和风范，他对马克思主义理论课和我本人的关怀和教导，我记忆犹新、永志不忘。

蒋南翔同志是忠诚的共产主义战士、无产阶级革命家、我国青年运动的著名领导者，也是新中国成立后，无产阶级政治家办教育的卓越典范，是当之无愧的马克思主义教育家，他将马克思主义、毛泽东思想与我国实际相结合，在清华大学为建设有中国特色社会主义教育进行了卓有成效的探索和实践，创造性地回答了“培养什么人”“怎样培养人”“为谁培养人”这一根本性的问题，他的教育思想丰富了中国特色社会主义教育理论宝库。

蒋南翔校长多次强调，教育事业关系党和国家的命运前途，明确指出必须坚持党对教育事业的领导，坚持社会主义的办学方向，坚持又红又专、全面发展的培养目标，清华大学应成为培养红色工程师的摇篮，为国家培养社会主义建设者和革命事业的接班人。所以，他特别重视对学生的思想政治教育。

蒋南翔同志是当之无愧的马克思主义教育家，他深知系统的马克思主义理论教育对于青年一代科学世界观和革命人生观的确立有多么的重要，他十分重视马克思主义理论课教学。1959年春，根据他的意见，清华大学率先恢复了系统的马克思主义理论课教学，结束了持续了一年多的大辩论的局面。作为清华大学校长兼党委书记，他亲自为全校高年级学生讲授马克思主义哲学原理，虽然公务繁忙，他仍认真备课，课前了解学生的思想情况，课后听取辅导教师了解到的学生反映，教学中，他既注重理论的科学性、系统性，又十分注意针对性，获得了师生的一片好评。在南翔同志的带动下，当时校党委的几位同志都分别担任了哲学、政治经济学、中国革命史等各门政治理论课的主讲教师，有的还兼任了相关教研室的主任或联系人，各系领导和团委也都重视和关心理论课的教学。这对推动和改进马克思主义理论课的教学，无疑是具有重大意义和深远影响的，清华大学党政领导重视马克思主义理论课教学的优良传统，是南翔老校长亲手培育起来的。

改进和加强马克思主义理论课教学的关键是坚定不移地贯彻理论联系实际的方针，南翔同志反对那种把政治课只是单纯地看作一门知识课、认为联系学生思想实际就是“大炮轰麻雀”的倾向，他强调政治理论课要联系学生的思想，帮助学生树立坚定正确的政治方向，培养学生科学的世界观和思想方法。1983年11月，南翔同志已调任中央党校第一副校长，仍关心清华的政治理论课教学，他在西山临时住所曾召见我和贾观，又一次谈及政治理论教学。南翔同志说政治课要理论联系实际，有针对性地进行教学，教师应吃透两头，一头是中央的方针政策，另一头是当前的社会思潮及其在学生中的反映。

南翔同志既反对本本主义，也反对将理论庸俗化，他说，政治理论课片面强调所谓的逻辑性、系统性，强调死记硬背经典著作的条文，不联系当前的社会思潮及其在学生中的反映，理论课就失去了战斗性，对学生就没有吸引力；他经常提醒我们不要把政治理论课讲成国民党的党义，他经常问的一句话是：“政治理论课是不是讲成国民党的党义了？学生有没有兴趣，学习后有没有收获？”南翔同志在反对教条主义的同时，也一贯教育我们要坚持理论的系统性、科学性，要重在培养学生分析问题和解决问题的能力。他说，理论联系实际绝不是林彪鼓吹的活学活用、立竿见影。他认为学语录、背语录将会事与愿违，把好事办坏。我们遵循南翔同志的教导，坚持理论联系实际进行教学，取得了显著成效。1964年，中宣部副部长许立群、理论处处长陈道带队来清华调研，召开学生座谈会，听取学生对政治理论课教学的意见，调查结果是清华大学政治理论课教学获得学生的充分肯定。1964年中旬，中宣部在北京召开全国高等学校、中等学校政治理论课工作会议，清华大学党委副书记艾知生在会上介绍了经验，我和朱育和同志也在大会上作了典型发言。中宣部部长陆定一在大会的总结发言中，充分肯定了清华大学政治理论课的经验，点名表扬了我，《光明日报》曾发表评论员文章，明确指出这是政治理论课教师的努力方向。

要搞好马克思主义理论课教学，必须有一支合格的教师队伍，南翔同志十分重视这支队伍的建设。1959年，在重建马列主义教研组时，他坚持又红又专的高标准。由于众所周知的原因，当时师资缺乏，党委决定从本校毕业生中抽调一批又红又专的同志来从事马克思主义理论教学工作。当时南翔同志明确提出，一定要抽调政治素质好、有一定的思想政治工作经验、业务成绩也好的同志，业务学习差的不能要，只有这样，进行理论课教学才有说服力。因此，从1959年至“文化大革命”前，从本校抽调毕业生中，优秀毕业生奖章和优良毕业生奖状获得者占了绝大多数，有的还是原来的学生政治辅导员，这些同志没有辜负老校长的期望，他们均已成为清华马克思主义理论教学的骨干。

南翔同志十分重视马克思主义理论课教师队伍的建设，对于我们这些政治理论课教师的教育、培养始终坚持严格要求和倾心关怀。说到严格要求，他要求我们做到自立立人，要凭自己的工作立行、立言、立人，政治理论课教师应该是马克思主义理论课教学工作者，又是学校思想政治工作的干部，要有坚定的原则立场，要善于辨风向，不要随风倒。20世纪60年代初，唯心主义横行，形而上学猖獗，林彪一伙提倡学习毛主席语录、“一句顶一万句”。南翔同志明确说，学习毛主席著作着重是立场、观点、方法，毛主席著作是马列主义科学，是革命的理论，不是白莲教的符咒。他提醒我们，要做高尔基所描写的“迎接暴风雨的积极战斗的海燕”，不要做“随波逐流的浮萍”；他针对顶峰论明确讲，毛泽东思想是高峰不是顶峰，他说，到了顶峰就不能发展了，马列主义、毛泽东思想都还要发展。“文革”后，南翔同志尚未正式安排工作，我曾到他临时住所看望他，他又反复强调，一定要实事求是，坚持共产党员的原则立场，唯物主义者是无所畏惧的，南翔同志说，你提到的那位校领导是一位好同志、好领导，但他却顶不住压力，违心地揭发，这种错误是不能谅解的。谈及关心爱护，我个人更是永难忘怀。1964年，我受中宣部表扬后，南翔同志在清华甲所召见了我，与我亲切交谈。他说，你现在是在聚光灯下，一定要谦虚谨慎，在继续有针对性地教学外，还要研究学生的思想变化规律，深入细致地做好学生的思想工作，要扬长补短，今后还要认真攻读和钻研马克思主义经典作家有关哲学方面的著作，努力提高自己的理论水平。南翔同志的关怀我铭记在心，他的教导为我健康成长指明了方向。20世纪70年代末80年代初，他重新工作后，人虽然不在清华，也不再兼任清华的领导工作，但仍然时刻惦念我们，据校党委原副书记多次对我讲，他到教育部见到南翔同志，南翔同志多次询问我的学习、工作情况，仍然关心我的健康成长。当时，社会上有一种错误倾向，重技术成果、轻思想理论教育的成果，南翔同志针对职称评审工作中的这一倾向，在校党委会议上明确指出，研究一个齿轮，取得的成果应该肯定，政治理论课教师研究学生思想特点，使学生思想转变，也是成果，齿轮是死的，人是活的，后者取得成果更不易，对这方面工作确有突出成果的，应该评为教授、副教授。我们听后都很激动，南翔同志离开清华已有20多年，但他还这样关怀着我们政治课教师的成长，真是我们的好校长！

清华大学自20世纪五六十年代培养的学生数以万计，大都活跃在祖国的各条战线，成为科学家、教授、工程师、企业家以及党政各级领导干部，为国家经济建设和社会发展发挥了积极作用，受到社会的好评。学校能够培养出大批优秀人才，源于清华始终有正确的政治方向，坚持培养具有爱国奉献精神的又红又专人才的教育方针，这是南翔老校长卓有成效的有中国特色社会主义教育体系探索和实践的传承和践行！清华学子永远不会忘记老校长为此付出的艰辛、作出的贡献！

南翔校长是清华优良传统和办学风格的重要铸就者，是当之无愧的“清华之魂”。当前中国特色社会主义道路的发展更是需要我们思考如何培养优秀的又红又专的人才，清华作为中国高等教育的先锋，更应发扬传统、勇于创新，南翔校长坚持和丰富马克思主义理论教育的思想我们当铭志不忘！

作者简介：黄美来，1954年考入清华大学动力机械系，1960年毕业留校工作。曾任清华大学社科系副主任兼哲学教研组主任、《人民日报》理论部副主任兼党支部书记，高级编辑，教授。2024年5月14日在北京逝世。

传承清华精神　圆我强国之梦①

吴文虎

今天来参加纪念蒋南翔同志诞辰110周年座谈会，我的心情非常激动。我在清华学习、工作了一辈子，蒋南翔校长提出的“为祖国健康工作五十年”的目标让我受益终生，收获了最宝贵的人生财富。

1955年，我怀着强国的梦想考入清华大学电机系学习。三年后，顺应国家发展尖端科技的需求，清华大学成立自动控制系（计算机系前身），我又被调到该系学习。当时的学习任务非常繁重，而且由于保密的需要，我们所学的课程都用代号替代，平时一张纸、一本书都不能带出教室。课程都是全新的，也没有什么参考模式，连授课教师也都是边学边教，摸索着前行。

1957年，蒋南翔校长提出“为祖国健康工作五十年”的号召，这个口号好似一团火，点燃了一段激情燃烧的岁月。那时候，我和同学们的心里有一股信念，那就是要学好本领、练好身体、服务人民、报效国家。怀着这样的信念，我们除了紧张的学习任务之外，每天都会抽出时间参加体育锻炼。

1958年，为筹备第一届全国运动会，清华大学抽调29名学生组成“北京田径集训队”，我有幸被学校指定为队长。为了不耽误学业，我们争分夺秒，一边锻炼一边学习。虽然辛苦，但是非常充实！比如我们参加中长跑项目的6名同学经常大运动量训练，有时要绕着操场跑20圈，有时还跑香山、跑颐和园等。那时，马约翰先生是我们运动员

① 本文系作者于2023年11月10日在纪念蒋南翔同志诞辰110周年座谈会上的发言。

的楷模，只要见他老人家往西大操场一站，我们身上立刻涌动一股热流。即使在寒冬腊月，他也仅着单衣单裤，热情地为我们讲授技术要领，鼓励我们拼搏向上，为祖国争光。可以说，这样的精神，至今仍然鼓舞着我。

1984年，邓小平同志提出“计算机的普及要从娃娃抓起”。我作为志愿者被计算机系推荐到中国计算机学会，参与全国青少年计算机普及活动。这项工作主要面对青少年电脑爱好者和他们的辅导教师，要编写计算机启蒙读物，教授编程语言、算法、软硬件入门知识。也是从1984年，国内开始举办青少年计算机竞赛，每年一次，从命题、考试到选拔选手出国比赛，我都全程深度参与。

从1989年开始，我担任国际信息学奥林匹克竞赛中国队的总教练，连续17年带领中国队参加国际信息学奥林匹克大赛，届届名列前茅，累计获得金牌40多枚，中国队被誉为“总体实力最强的队伍”。从1996年开始，我又组织和带领清华大学的队伍参加世界大学生程序设计大赛（ACM/ICPC），连续17年获得总决赛权，成绩优异。我本人也被IOI国际信息学奥林匹克竞赛委员会授予“特别贡献奖”。

最近我又重温了马约翰老师写的《体育的迁移价值》一文，更加感念我在清华受到的体育教育。1989年，我第一次带着小选手们从北京出发赴保加利亚参加竞赛，由于经费有限，我们坐了五天五夜的火车到达莫斯科，又坐了三天火车才到达目的地保加利亚，当时，我的脚已经浮肿得穿不上鞋了。但是凭借着一个清华体育代表队队员的过硬素质，我经受住了心态和体力的双重考验，最终全队以总分排名第二的好成绩，为中国队参加世界大赛打响了第一枪。虽然信息学奥赛是一项智力竞赛，却和体育比赛有异曲同工之处，都倡导“更高、更快、更强”。我时常以我自己的亲身经历鼓励参赛学生锻炼身体，“没有好的身体，其他的成绩都是零”。

从1961年毕业留校任教后，我这一辈子没有离开过清华园。我对学校两个地方最有感情，也最喜欢，一是教室，二是操场。在教室里，面对年轻的孩子们，我的感情总是深沉难抑，希望把毕生所学皆传授给他们，同时希望孩子们肩负起强国的使命，把清华的学问和精神薪火相传下去；而在操场上，我的内心同样激动不已，仿佛又回到年轻时跟马约翰先生和同学们一起驰骋奔跑的日子。

我这一辈子也没有离开过讲台、没有中断过教学任务、没有停止过培养学生。2000年，我65岁了，响应学校教学改革建设精品课的号召，我又一次登上讲台，为大一新生授课。我时常勉励自己，我是学校按照蒋南翔校长的育人方针一步步培养出来的，所以在教书育人上，我也必须贯彻学校的正气，教导我的学生们“先做人，再做学问”。我常常给学生们讲一个故事，在1958年的全国马拉松锦标赛上，我的两位队友蓬铁权和李作英双双打破了全国纪录，达到运动健将标准。当他们跑到接近终点线时，外校的一位运动员突然摔倒在他们面前。他们当时没有考虑自己的名次，而是毫不犹豫把跌倒的运动员扶起来，然后才接着向前跑。这一举动，让我铭记至今，也感佩至今。从中，我看到了真正的体育精神，看到了真正的清华精神。培养学生也是同样的道理，一个兼具创新意识和能力的好苗子一定是全面发展的，一定要坚持品格第一、做人第一。

学生时代成就的强健体魄使我始终在工作和生活中保持着旺盛充沛的精力。学生时代我就是学校舞蹈团的活跃分子，当老师后我又加入教师合唱团，一唱就是30年。退休后我仍然保持着锻炼、唱歌等广泛的兴趣爱好，参加一些公益讲座活动。2011年，我有幸被学校推荐为深圳第26届世界大学生夏季运动会火炬手。

蒋校长要求我们要德智体全面发展，我用了一辈子践行着这句话，思考着“怎样做人、怎样做事、怎样求知、怎样健体”，将清华倡导的人文精神和科学精神内化为一生的生活方式、生活态度和生活习惯，这是我人生中最大的幸福与骄傲。现在，虽然我已经年近九旬，但是老骥伏枥、壮心不已，我仍然关注着我们计算机教育事业的蓬勃发展，仍然关心着我们计算机人才队伍的建设。每当听到我的学生们带来的好消息，我都会十分自豪和振奋。水木清华，生生不息，我们每个清华人都要奔跑不息、奋斗不止！

作者简介：吴文虎，1955年考入清华大学电机工程系，1958年转入清华大学自动控制系，1961年毕业留校工作。曾就职于清华大学计算机科学与技术系，教授。

蒋南翔与清华体育

崔鸿超

“无体育，不清华”，是体现清华优秀体育传统的耀眼标签。而没有蒋南翔，就没有20世纪五六十年代清华优秀的体育传统，这是当年在校的师生都可以见证的结论。

我是1954年入清华，1956年参加校田径队跨栏组，之后参加体育代表队工作组工作，1958年调到团委做半脱产干部，曾任学生会体育部部长、团委军体部部长。1966年6月以前一直参与学生的体育活动及体育代表队的组织及领导工作，工作中和蒋南翔接触很多，直接聆听他的教导和指示。本文将尽可能完整地回忆和再领会蒋南翔的体育教育思想、一系列政策措施以及它们的深远影响。

蒋南翔于1952年12月到任清华大学校长。蒋南翔传承老清华的传统，非常关心学生体育活动和身体健康，为增强学生体质，合理减轻学习负担，贯彻当时毛主席提出的“健康第一”的教育方针，1953年3月由他主持的校务会通过了《本学期健康工作计划》。

蒋南翔很重视学校体育代表队的工作。当时为参加校外体育比赛陆续组织了技巧队、冰球队、篮球队等。在蒋南翔倡导下，1953年6月举行了清华大学第一届校田径运动会，活跃和推动了学校的体育活动。运动会后，成立了田径队、篮球队、足球队、体操队，他们在校外的比赛中均取得了优异成绩。随后又成立了排球队、冰球队、乒乓球队、羽毛球队等。1954年2月23日在工字厅会议室召开体育工作及体育活动积极分子座谈会，参会的有团委及学生会的主要干部，蒋南翔提出“在普及的基础上提高，在提高的指导下普及”的方针，他将“开展广泛的群众体育活动，提高全体学生的体质水平”和“培养少数有运动特长的学生，提高运动成绩”紧密地结合起来并相互推动，确立了指导清华十几年体育工作的方针。同年11月由蒋南翔主持的校务会通过了《清华大学运动代表队规章》，之后重建扩建正式组成了有200人规模的校体育代表队。

1956年党中央提出向科学进军的口号，鼓舞了广大青年学生学习科学知识的积极性。同学们以极大的热情和精力投入学习，淡化了体育锻炼，尤其是1957年春夏反右运动期间，学生的政治活动大量增加，体育锻炼受到了很大冲击，很影响体育工作及体育活动的开展。针对当时情况，蒋南翔对学生提出了很具影响力的“为祖国健康工作五十年”的期望。1957年11月29日，在西阶梯教室召开的每学期一次的全校体育干部会上，蒋南翔在讲话中说：“每个同学要争取毕业后工作50年。现在的学生几十年后是最有经验的人才，要在老年丰收，必须在青年时播下健康的种子”。蒋南翔对“为祖国健康工作五十年”的要求还做过如下解释：体育锻炼要有明确的目标，就是能健康工作。第一，是身体健康；第二，健康的标准是能工作；第三，是50年；第四，是为祖国建设，要有明确的人生观。当时。正值国家实施第一个五年计划，轰轰烈烈大规模经济建设极大地鼓舞青年学生努力学习和准备投入国家经济建设的热情。所以蒋南翔为祖国健康工作的要求具有极大的号召力，在学校中掀起了体育锻炼的高潮。蒋南翔把青年学生的爱国热情引导到自觉贯彻德智体全面发展的教育方针，积极投入体育锻炼的实际行动。“为祖国健康工作五十年”的口号鼓舞和引导一代代清华学子形成了为祖国锻炼身体的优良传统。

1963年在一次与部分运动员的座谈会上，蒋南翔谈及普及与提高以及运动员的培养问题时说（根据本人保存的记录稿整理）：“一、体育有两大块，群众体育推动了体育尖子的提高。后来两者慢慢地分离了，有了专业队。而在学校里，运动队能够推动学校体育活动，二者不能分离；二、运动员成绩的提高要与学校素质教育相结合，作为‘四有新人’不能有所偏颇。学校里培养尖子运动员是个路子，学校是能够培养素质高的运动员的，这个很重要，张立华、何浩[①]就是。美国的运动员基本上是大学生。理论上讲是两大问题，一是群众体育与代表队，二是素质和成绩。”这次谈话突出阐明了在大学里培养高素质、高水平的运动员的必要性和可能性。不要完全按国家专业队的路子培养，要另开一条学校培养国家级运动员的路子。同时，指出了运动员的素质水平是提高成绩非常重要的因素。体现了蒋南翔的体育育人的思想。蒋南翔希望清华运动员在已有的基础上有更高的目标要求，即达到国家水平和参加奥运会。这是他多年的愿望。在1959年2月一次与当时一线田径运动员座谈会时，蒋南翔提出，“有的国家大学生参加奥运会，并取得了很好的成绩。中国大学生能不能参加奥运会？清华大学能不能有运动员参加奥运会？”1965年4月在田径队准备参加每年一届的高校田径运动会的动员会上，蒋南翔提出，“清华要有在几年内培养出40个运动健将，200个一级运动员，在主要项目上达到国家水平的目标”[②]。如果按蒋南翔的要求，学校能有40名运动健将、200名一级运动员，那么就能够出现一批达到国家水平甚至世界水平的运动员。这是蒋南翔最希望看到的。

“文革”前蒋南翔最后一次关心和指导清华体育工作是1966年3月，当时我从延庆永宁“四清”工作团回校抓高校田径运动会准备工作，搭乘蒋南翔的车从延庆返回清华。当时，“文化大革命”的风暴已经开始，文化教育界开始受到批判，蒋南翔承受着巨大的政治压力。就是在此时，他仍惦念着清华体育工作，他在车上问我代表队准备比赛的情况怎么样，尤其关心尖子运动员的成绩。他指出，“要处理好典型和整体的关系，优秀运动员的作用一是影响，二是示范。这是创造培养人的路子。要抓好再提高运动员的成绩。要争取尽快达到

① 蒋南翔提到的张立华是学校自行车队运动员，经过在学校的培养，获得了数次全国比赛冠军，打破了全国纪录，并代表国家参加国际比赛，也获得了优胜的成绩；何浩是摩托车队运动员，动力系汽车专业学生，学习优秀，作风勇敢顽强，多次在全国比赛中获得冠军。

② 当时已有11名运动健将和43名一级运动员。

全国和奥运会的水平”。他问我现在有没有人可以争取，我说有，如吴建时、丁志胜、张立华等，蒋南翔说“要重点培养，创造条件，再提高、再扩大，你们的目标要高”。我说，对少数有前途的运动员，最好能进一步采取措施，减少学业，加大力度冲击国家水平。蒋南翔表示同意，要和艾知生具体研究。

蒋南翔多次要求有更多的运动员更快地达到国家水平，代表国家参加奥运会。他提出要创造在学校大学生中培养尖端运动员的经验，为清华大学体育工作指明了方向，并产生了很大影响。①

蒋南翔不仅提出学校抓体育工作的方针政策，他对体育也有很科学的认识，能对清华运动员提出符合科学规律的训练主张和指导意见。1960年一个星期日的中午，清华足球队在钢铁学院运动场和石油学院比赛。蒋南翔独自一个人来到现场看球赛。清华队输了，蒋南翔赛后和队员们一起总结比赛的经验。他针对清华足球队不够勇敢顽强的弱点，说“清华足球不能踢‘姑娘球’，要学习关仁卿的灵活战术意识，学习金光会的勇猛顽强的精神”，② 指出了足球队的症结所在，很专业。蒋南翔非常重视足球运动，他常提到老清华的足球队和军乐队在学校有很大的影响。

1959年5月举行了第5届北京市高校田径运动会，清华取得了男子、女子及总分第一，但是短跑的项目，在高校中没有优势，尤其是男队400米及以下的项目没有一项冠军。蒋南翔在同年6月召开的总结会上提出，“要抓100米，所有队都要抓，体育运动要以速度为纲，匈牙利国家足球队的100米平均速度是11秒，速度是所有运动项目的基础，不仅短跑，跳跃、投掷、球类都需要速度”。并且具体要求每

① 很多文章中提到蒋南翔提出“业余赶专业”的口号，我从所接触蒋南翔的讲话中，没有听到过他讲过“业余赶专业”的原话，虽然他多次阐明过这个意思。当时国家体委领导下的以国家队的脱产培养运动员的方式是多年的举国体制，蒋南翔作为教育部部长，不可能直接提出“业余赶专业”的与国家体委不相协调的口号。这是有关人士把蒋南翔的讲话概括成这个口号了。

② 关仁卿，水利系学生，曾代表北京参加第一届全国运动会得第三名，为队长、核心队球员，获得运动健将称号；金光会是朝鲜族学生，校足球队、冰球队队员，以勇猛顽强的特点在高校中著称。

月开一次全校高速度运动会。他说："你们要有具体的目标，两年内能达到11秒2和11秒5的各多少人？"而这本应该是体育专家提出的问题。响应蒋南翔的号召，各项代表队都展开了短跑和力量的训练，对提高专业运动成绩起到了很大的作用。全校各系也都组织短跑训练。1960年6月举行了全校第一届高速度运动会，蒋南翔兴致勃勃地全程观看。

每年高校运动会前蒋南翔都要对参赛的运动员提出要求。他很了解、懂得运动员的心态，能有针对性地提出勉励和指导。1964年6月14日，在第八届北京市高校田径运动会前的动员会上，蒋南翔提出"运动员要有决心、信心、细心、放心、恒心"①的要求。他讲道："要有创造优异成绩、为集体争取荣誉的坚定决心；对个人、整体在战略上要充满信心，相信自己；在训练比赛的具体环节上，要细心认真地做好准备；赛场上不要有思想负担，轻松上阵，放心地去比赛；要有经过坚持刻苦训练，不断提高运动成绩的恒心。"临战前具有各种心态的运动员都受到了老校长的亲切教诲和鼓励。从以上具体实例看出，蒋南翔懂体育，而且懂得很深。这是他能在清华有效地贯彻体育教育思想的重要的因素之一，当时在高等学校第一把手中是绝无仅有的。

蒋南翔在清华不仅提出一系列体育教育的思想、方针政策，而且具体落实抓措施，这是蒋南翔在工作中的一大特点。

首先是加强体育工作的统一领导和组织建设。当时清华学生体育工作是由两条线管理：一是团委学生会，二是教务处领导下的体育教研组，管理不易协调。1964年1月4日，在蒋南翔提倡和领导下成立了校体育运动委员会，统一管理全校的体育工作。1965年7月为加强体育教研组的领导，调两位优秀运动员党员王光伦（校篮球队长）、关仁卿（校足球队长、运动健将）和我到体育教研组。由我担任党支

① 有的文章介绍蒋南翔提出的五心是"决心、信心、专心、虚心、恒心"，其中有误，蒋南翔没有提"专心、虚心"。会前我曾给蒋南翔汇报运动员赛前的思想状况，蒋南翔是针对比赛中运动员易有的疏忽大意和临场思想负担重而紧张的情况而提出的细心和放心。

部书记，同时担任校体育运动委员会秘书长，并继续兼任团委常委，负责体育代表队工作。时任党委副书记、校体委主任艾知生找我谈话说："学校体育要有高境界和长远目标，要贯彻南翔精神，从组织上加强对体育工作的统一领导。经南翔同志同意，派你去体育教研组做书记，担任校体委秘书长，并兼团委常委，协助我把学校体育工作统起来。"

蒋南翔抓清华体育工作中有重要影响的具体措施还有：每年举行一次校田径运动会，蒋南翔每次都全程观看，并提出各系领导都必须到场；决定组建体育代表队并提出多项具体措施：①设立运动员食堂，提高伙食标准，还提出赛前集训的运动员伙食标准要和体育学院的学生相同；②实施组建一线运动员的管理模式，减少他们的课程，延长毕业时间，集中管理，专设食堂；③体育代表队集中住宿，成立党团组织，加强统一管理，使运动员能在"两个集体"中受到更多的锻炼；④在招生工作中，优先录取达到录取水准的运动成绩优秀的学生；⑤将部分毕业优秀运动员优先录取为本校研究生，以继续培养。还有一项措施是新建和扩大运动场地，较旧清华增大了3倍，达到10多万平方米。蒋南翔拍板这些措施很具体，对推动学校体育活动和运动成绩的提高起到了重要作用。

蒋南翔曾说过"培养一个学生的质量，要看五年、十年、二十年"。那么对于历经了四五十年后的运动员们交出了怎么样的答卷？

校庆100周年时，我和王兆钰、宋尽贤等发起并主持由100多位编委编写了《清华大学体育代表队1950-60年代纪实》（四卷，共220万字）。前两卷是当年的组织状况、活动和成绩，后两卷约100万字是250位代表队校友撰写的毕业四五十年后的回忆和感想，他们深情地回忆了在学校及体育代表队的感受和收获，以及毕业几十年后的深远影响。一位经过艰苦奋斗创建高科技企业的原女排队员回忆说："排球队的生活锤炼了我的性格，严守的承诺、出色的表现能力和在变化环境中的决断能力是我们排球队员的宝贵财富，是我在创业中百折不挠、脚踏实地的作风的重要来源。”一位在加拿大事业上很有成就的清华校友会会长、原女子手球队队员说：“清华给我扎实的知识，球队的锻炼使我坚忍顽强，敢打敢拼，什么都不怕，做什么都要做到最好。”有位校友做了生动的概括：“清华运动员是经过工程师的摇篮，再经过体育代表队的锤炼而精心加工的特殊螺丝钉，拧到哪里都能承受重载、发光发热。健康的体魄，顽强奋斗和永不服输的精神，团队意识和克服困难的能力是清华运动员的特点。”1960年入学的工化系学生张立华，学习成绩优秀，运动成绩突出，经过科学刻苦的锻炼，在校期间24次打破赛车场自行车五个项目的全国纪录，获得国家运动健将称号。毕业后曾担任北京市体委副主任，工作期间仍坚持锻炼，参加了2次亚运会，均升起了五星红旗。41岁参加全运会获得冠军，连续参加四届全运会获得四连冠。校篮球队主力运动员刘维琪毕业后分配到武汉锅炉厂，后调到湖北省篮球队，在一场省级比赛中独得56分，后又借调到国家队和来访的美国队比赛，仅下半场就得了20分，完全达到了国家最高水平。当时，国家体委球类司司长感慨地说：“一个清华大学学生，学习负担很重，每天只练1个多小时，看得出是在用脑子打球，在和世界顶级队的比赛中，发挥稳定，表现很好，看来在如何培养运动员这方面真该好好总结一下。”

在1966年6月之前，清华体育代表队前后共有1900余名运动员，以上列举的几个运动员仅仅是其中的典型代表。我读过250位运动员校友的回忆与感言后，深深感到这个经过精心加工的“特殊螺丝钉”群体在毕业后几十年中的优异表现和为国家作出的卓越贡献，证明了蒋南翔所主张的培养全面发展并发挥特殊才能的“三个代表队”的教育思想在祖国大地上开花并结出丰硕的果实。蒋南翔校长在天之灵定会倍感欣慰。

作者简介：崔鸿超，1954年考入清华大学土木工程系，1959年毕业。曾任冶金部建筑研究总院副总工程师、上海中巍结构设计公司董事长、中日建筑结构技术交流会会长，教授级高级工程师。

蒋校长的办学理念使我受益匪浅①

钱 易

很荣幸有机会参加纪念蒋南翔诞辰110周年座谈会，这使我回忆起了自己在蒋南翔校长领导下的清华大学度过的难忘岁月。

我是1957年2月考进清华大学成为陶葆楷教授的研究生的，到蒋南翔不再担任清华大学校长，我在蒋校长领导下的清华大学学习、工作了9年，这9年正值我的青春年华，蒋南翔校长领导的清华大学对我的教育、栽培、熏陶使我受益匪浅，终生难忘。

今天想与大家分享三个深切的体会。

第一个深切体会来自蒋南翔校长提出的“为祖国健康工作五十年”的响亮口号。记得我进入清华大学就知道了马约翰教授年过七十仍健步如飞，坚持体育教育、体育锻炼的优秀事迹，而且注意到清华大学的师生都积极参加体育活动，把身体好、学习好、工作好的“三好”作为自己的行动指南。我在研究生学习期间就被吸引参加了不少体育活动，包括工会田径队的女子100米赛跑、羽毛球比赛、乒乓球比赛等，最后还得到了学习跳伞的机会，曾经受到了多次跳台跳伞和一次飞机跳伞的训练，使我的人生旅程增添了难忘的一页。我注意到，在各代清华人中，诞生了不少体育健将，他们为清华、为国家争得了光荣。更重要的是，我周围有很多清华大学的教授及职工，都健康地为祖国工作了50年，甚至超过了50年。他们心中都明白，要健康地活着，是为了要多给祖国作贡献，因此他们都是活到老、干到老。2013

① 本文系作者于2023年11月10日在纪念蒋南翔同志诞辰110周年座谈会上的发言。

年我老伴因病逝世。当时环境学院已经年过九十而且一直在不停地进行教学的李国鼎教授劝我不要太悲伤，他说：“我们的身体是祖国给的，一定要为祖国好好过下去。”他的话使我想到了蒋校长“为祖国健康工作五十年”的教导。现在我也已经年近九十，从1959年研究生毕业到2018年退休，我为祖国健康地工作了59年，退休后我仍旧在努力做一些力所能及的工作，我把这看作蒋南翔校长和清华大学的优秀校风赋予我人生的最大收获。

我的第二个深切体会是蒋南翔校长提出的“教学、科研与生产三结合”的办学方针。这个方针指导了清华大学各院系的工作及活动，教育了广大清华人重视理论，不脱离实践，努力将学到的知识应用到建设祖国的实践中去，为祖国的强大、进步作贡献。记得我在研究生学习期间所作的研究，是以“中国雨量公式的建立”为题的，在陶葆楷教授的指导下，我到中国气象局收集了我国东西南北不同省份的雨量记录数据，参考国外已有的雨量公式，建立起了适合于我国的雨量公式，其主要特点是对我国气象条件差异很大的不同地区都要采用不同的参数。这项工作使我深受教益。研究生毕业后，我又参与了关于农村小型沼气池的研究项目，目的是要收集农村人口及动物的粪便、家庭和农业活动排放的各种有机废物，并利用厌氧微生物对这些有机废物进行分解发酵，将污染物转化为甲烷，成为可利用的能源。这项工作大大推动了我国农村小型沼气池的建设和利用，也提高了我对厌氧生物处理的兴趣和知识，在我后来的科研工作中都发挥了作用。另外，我担任教师以后，除了担任助教、参与讲课以外，还曾经多次带领学生到上海的自来水处理厂、污水处理厂进行生产实习（当时北京还没有建成这些处理厂）。我和学生们一起学习到了很多实际的知识和操作技能，与工厂的工程师、技术员和工人友好相处，向他们学习。这是在校园里无法进行的教学工作，我和学生们都十分享受这个过程，更体会到蒋校长提出“教学、科研与生产三结合”的办学方针的正确与可贵。

我的第三个深切体会是从学习蒋南翔校长的传记和纪念蒋南翔校长的很多文章中了解到，蒋南翔校长1952年年底调入清华大学任校长时，对原清华的文、理、法、农等很多学科调出后，使学校成了一个只有土木、水利、机械、动力、电机等工科专业的工科大学的调整方案有不同意见，认为这既不符合科技发展规律，也不符合教育和人才培养的规律。蒋南翔校长在日后的工作中，也曾努力地发展清华理科的教学和研究，以弥补院系调整带来的弱点。我虽然过去不甚了解这些事实和蒋南翔校长的观点，但从目前我们面临的资源枯竭、环境污染和生态破坏的严峻形势，以及要大力推动生态文明建设、实施可持续发展战略的需要，也深切地感受到，高等教育必须培养文、理、工等各类人才，而且接受到基于文、理、工等各科的知识和技能的教育。例如，文科中普及的伦理学教育，就应该推广到理工各科，使各行各业的人才都能热爱大自然、关心全人类，不仅为当代人谋福利，而且会关心到子孙后代、千秋万代。当前，很多理工科的教学方向和内容都在根据生态文明的理论和可持续发展战略的要求进行修正和更新，都有了很大的进步，例如发展了工业生态学，提出了循环经济的观念，把“传统的资源—产品—废品”的直线型流程改变成为“资源—产品—废物—再生资源”的循环性流程。这是20世纪下半叶开始至今的科技、工程以及教育方向性的改变，是在蒋南翔校长提出的理工结合观念的基础上出现的新的进步和突破，新一代的高等教育家和教师们都应该赶上这个新形势。当然，还有数字化新技术的飞速发展及其影响，也是高等教育必须思考并融入教育的新问题。

作者简介：钱易，1957年考入清华大学土木工程系，1959年研究生毕业留校工作。曾就职于清华大学环境学院，中国工程院院士、教授。

怀念导师蒋南翔校长

汪广仁

蒋南翔是我最尊敬和爱戴的校长和导师，我和他直接接触不多，但他对我的教育和引导，却令我永志不忘，终生受益。

我是1955年进入清华大学水利工程系动02班学习的，1959年留校工作，直到1997年退休。在校期间我和蒋校长唯一的一次近距离接触，是1956年除夕在西大饭厅举行的迎新年除夕晚会上。他倡导和推行的在学生班级中开展的创建“先进集体”的活动，是促成这次接触的直接原因。

争创先进集体是蒋南翔教育思想的重要内容和实践举措，它涵盖了又红又专、全面发展、能力培养等基本要求，是我们入学后最先感受到的既新鲜而又令人振奋的大学生活主旋律。当我们第一次踏进校图书馆时，迎面墙上的历届先进集体的光荣榜和闪闪发光的标志获得先进集体次数的金星，就给我们留下了极为深刻的印象。我们班的政治辅导员敦促我们要努力争取，我们的以老带新的兄长班水96班也言传身教，给予了我们推动和鼓励。

入学时我担任班共青团支部书记，是班里唯一的共产党员，团结全班同学共建先进集体自然成了我的主要任务和工作重心。在辅导员和班干部的指导和帮助下，我们制定了一个全面细致的创建先进集体规划，包括党团组织的政治思想和组织建设，全班同学学习成绩的提高，“劳卫制”即准备劳动与卫国体育锻炼标准的达标，参加劳动和社会活动，提高文学艺术修养等。令人感动的是，我们班同学对此表现了非常高的热情，并以他们的实际行动给予了积极的支持。随之而来的是班集体的面貌和我们学生生活面貌发生着显著的变化，同学之间迅速消除了来自天南地北的陌生感，滋长着大家庭般的温馨和关爱。在清晨绿荫下朗朗的俄语诵读，在黄昏操场上体育馆里的刻苦锻炼，在夜晚图书室灯光下的勤奋自修，在闻亭旁月光晚会上的敞开心扉，在学习困难时的及时帮助和鼓励，在劳卫制达标检测场上的疯狂助威和欢呼……这一帧帧大学生活画面，都是我们永远难忘的记忆。经过一年多的努力，动02班在各方面都取得了显著进步，似乎已进入了先进集体的优选行列，因此全校除夕聚餐晚会的组织领导把我们班的席位，安排在了会场前方靠近主席台的位置，这才有了蒋校长和我们会面的一幕。晚会开始后，蒋校长讲完话走下主席台和同学们会面，当他走向我们桌前时，由于缺乏思想准备，我们有些紧张拘谨，一时不知要说些什么。刚向他祝贺了新年，突然来了几位校文艺队的同学，不容分说就把蒋校长给拉走了，我们和蒋校长的会面就到此结束。

蒋校长高度重视能力的培养，他的干粮与猎枪的比喻，是对古语“授人以鱼，不如授人以渔”的生动阐释，我至今仍记忆犹新。干粮是可以耗尽的，而掌握了猎枪就有了狩猎的本领，就能够源源不断地获取食物。创建先进集体的活动正是能力培养的有效举措。我们班在创建的过程中，出现了一些学习成绩优异的高才生，大家普遍认为他们有很强的学习能力。他们的共同感悟是，能力是在实践中增强的，业精于勤，熟能生巧，而正是创建先进集体的活动给予了他们探索提高学习能力的动力和实践机遇。扩大知识面也是培养和增强能力的有效途径，蒋校长以他的远见卓识在当年高校的院系调整中，保留了清华大学图书馆的大量馆藏，包括珍贵的古籍善本、甲骨文、青铜器、字画和碑刻拓片等，使它成为一个蕴藏丰富的知识宝库。我们许多同学正是利用了校图书馆的丰富藏书和大量各类期刊，多方吸取营养，开阔眼界，激发思维活力，提高了学习能力和研究能力。

蒋校长重视学生德智体美劳的全面发展的教育思想，也体现在了创建先进集体的活动中。他说：“我们每个同学要争取毕业后工作50年。因为年纪越大，知识、经验也就越丰富……要想在老年丰收，就必须在青年时代播种。”“对文学艺术的欣赏能力也是我们时代大学生应有的文化修养。我们应该有自己的爱好，多方面的兴趣，不要做‘干面包’”。响应蒋校长的号召，我们班的同学以很高的热情，投身于各种文体活动，积极报名参加学校的文艺社团。文艺阅读、音乐欣赏、观看电影戏剧等也丰富了我们的课余生活。一些同学在文艺社团中不仅迅速增长了才艺，而且提高了组织能力和社会活动能力。有的还成为学校文艺社团的骨干：张五向曾任校话剧队队长；周雪漪曾任地方戏剧社社长；徐葆耕曾任学生文艺社社长，后来成为一位卓有成就的影视剧作家，他对西方文学的研究有很深的造诣，对清华学术精神、清华学派的研究和思考，对继承、弘扬清华的人文传统具有深远的影响。

1959年我被调到学校政治课教研组，从此结束了在水利系的学业，走上了工作岗位。当时政治课有中共党史、政治经济学、哲学三个教研组，我被分到哲学教研组。从注重实证的工程技术学科转到相对思辨的哲学，是个很大的跨越，而我们的哲学知识储备却非常薄弱，亟须补课。当时蒋校长正给全校教师讲授马克思主义哲学，于是我们也自然成了他的学生。

在我们的哲学初学过程中，蒋校长的讲课是我们最好的启蒙。蒋校长有深厚的中国传统文化功底，善于把它与马克思主义的思想理论相融合；他有丰富的革命工作实践经验，注重理论与实际的结合。因此他的讲课内容丰富、深刻厚重，讲解理论深入浅出，分析问题解决问题细致精辟、高屋建瓴。听他讲课从不觉得刻板枯燥，而是感到生动鲜活，引人入胜，因而受到了教师们的普遍欢迎。我们从他的讲课中，不仅学习到马克思主义哲学的基本理论，而且也获得了马克思主义哲学课堂教学的优良示范。他的讲课内容后来被整理刊印，成为我们哲学教研组的重要教学参考文献。对于我们的培养和成长，蒋校长提出了两条要求：一是认真阅读马克思主义哲学的经典原著，扎实地打好基础；二是下到各系去，到基层去，参加一线教师的哲学学习讨论，领悟如何理论联系实际。按照蒋校长的指导，我们如饥似渴地阅读经典著作，初学时是毛主席的《实践论》《矛盾论》、恩格斯的《费尔巴哈与德国古典哲学的终结》和斯大林的《辩证唯物主义与历史唯物主义》，后来又加上恩格斯的《反杜林论》《自然辩证法》和列宁的《唯物主义和经验批判主义》等。经典原著的学习，不仅使我们熟悉了革命导师们的精辟论述，而且了解到他们思想理论形成的历史背景、针对性和发展脉络，从而加深了对理论精髓的把握和理解，进而逐步领略到他们认识世界和改造世界的世界观和方法论。这些学习体验使我们越来越深刻地体会到认真学习经典原著的必要性和深远意义。

参加系里教师和干部的哲学学习讨论，也使我们收获颇丰。一线的老师和干部对教学、科研和学校工作有直接体验，常常以生动的实例运用马克思主义哲学的理论进行分析和总结，给了我们很大的启示。我们从中领会到了蒋校长对我们的引导：要深入实际，结合实际，运用马克思主义的立场、观点和方法，去认识问题、分析问题和解决问题。我们这批调到政治课教研组的同学来自全校各系，专业涵盖面广。从工程技术转入人文社会学科，自然引起了关注和“学非所用”的议论，如何对待专业对口问题，也存在于学生毕业分配工作中。蒋校长明确指出：“不是人选择工作，而是工作选择人”，工作的选择反映的是形势的需要，国家的需要，所以我们应该服从工作的选择。在清华这个“红色工程师的摇篮”里，我们这一代人“服从组织分配”“听从党的召唤”“国家的需要就是我们的志愿”已经深深根植在心中，所以我们绝大多数都接受了学校的调动和工作安排，较快地适应了要求，作出了自己的贡献。

我们是清华大学蒋南翔校长时期的经历人，亲身接受到蒋南翔教育思想的哺育，目睹它在清华大学结出的累累硕果。深感蒋南翔教育思想是清华的宝贵精神财富，我们应该永远珍惜、继承和发扬光大。

作者简介：汪广仁，1955年考入清华大学水利工程系，1959年留校工作。曾任清华大学图书馆科学技术史暨古文献研究所副所长，研究员。

珍贵的回忆，深切的怀念

——写在蒋南翔校长诞辰110周年之际

郑文会

清华大学百年的辉煌历史中，有两位校长是我们永远不应该忘记的。他们就是梅贻琦和蒋南翔两位老校长。可是，当1954年秋天我背着薄薄的行李卷充满了好奇又有些惴惴不安地走进清华园时，梅先生已经在五年前离开了清华园。幸运的是，我一入学就遇上另一位好校长。

蒋校长从1952年开始主政清华。我从1954年9月作为一名普通新生走进清华园，直到1959年的12月25日离开清华。整整五年半的时间是在蒋校长领导和教育下度过的。

今天，虽然已经过去了60多年了，但不少往事还历历在目，难以忘怀。1954年，我和其他48位同学从号称白山黑水的东北来到了清华园。这是新中国成立后东北行政区的高中毕业生第一次允许报考北京的清华、北大、北师大三校。在报考时清华共有四个专业类，我报的建筑与市政工程类，到校后分专业时可以报建筑系的建筑学专业、水利系的水工结构专业、土木系的所有专业。而学校当时也只有六个系，即土、建、水、电、动、机等。这和1952年院系调整前的老清华的文、理、工、法、农、医六大学院简直无法相比。当时正在全面学习苏联，包括教学制度、教材全部是苏联翻译过来的。考试也全部改成口试，百分制改成5分制。那时，全校设置了苏联专家组，学校到系都有专家。蒋校长的专家顾问也是清华的专家组长，叫萨多维奇。

他原来是莫斯科建工学院的土木系主任。到校后不久我就听说了一个坏消息，据说苏联专家建议，要进一步把电机、机械等专业从清华大学划走，而清华只剩下土木、建筑和水利系，变成一个土水学院。从萨多维奇的身份来看，这个提议不是空穴来风。最近看到胡显章同志写的一篇文章中也提到了此事，但最终遭到蒋校长的抵制，而没有成功。但清华大学怎么办？是进一步遭到肢解，还是有一天能恢复到老清华昔日的繁荣？这是不少清华人心中的一个结。

一、高瞻远瞩，一个动作改变清华面貌！“行胜于言”的经典案例

就在大家都没有注意的时候，蒋校长悄悄地下了一步大棋。他高瞻远瞩，审时度势，抓住时机，以只争朝夕的精神，运筹帷幄，精心布局，并冲破重重阻力，克服各种困难终于把这步棋下成功。在今天看来，这一步棋彻底改变了清华的面貌。请看下面一连串的行动时间表。

1955年9—10月蒋校长亲自率中国高等教育代表团去苏联考察、学习；10月14日回国；20天后即11月5日即向高教部、周总理提交了《高等教育考察团访苏报告》；仅仅一个半月后的12月19日，又提交了《清华大学关于计划培养原子能干部急需解决的一些问题向北京市委及中央的报告》，此报告报彭真、刘仁并报中央及周总理。在这份报告中提出：“在今年（即1955年）拟成立实验核子物理、同位素物理、远距离自动控制、电子学技术、无线电物理等专业，同时还进一步提出了明年（1956年）增设半导体及介电质、空气动力学、固体物理、热物理及稀有元素分离技术等专业。”

时间抓得如此之紧，可以说是只争朝夕，而问题又是讲得如此之具体，可见是有备而来。当然，其中具体细节我们不知道，但是我知道从那时起清华园里发生了翻天覆地的变化。学校不失时机地火速相继成立了工程物理系、工程化学系、工程数学力学系、自动控制

系及许多代表新兴科学技术的新专业。我的一位中学同学，也是与我同年走进清华园的一位“企九二班”同学调入新成立的“自九一班”，而比我低一班的另一位中学同学也几乎同时从“铸零”调入“精零”班。可以说新技术新专业一下子如雨后春笋般地长了出来。我看到了蒋校长的老战友韦君宜同志在一篇回忆文章中这样说：“那些年我和他来往少了。知道他在忙原子反应堆。我们的母校老清华的面貌变了。我回校参观过几次。他不再老在谈过去的学生运动，而热心地要我们看清华新上的项目。他的得意门生吕应中的名字连我都听熟了。”可见当时的清华园热火朝天地建立新兴专业的盛况给当时的《中国青年报》主编韦君宜同志留下了多么深刻的印象。

本来我以为这件大事和我们这些“土里土气”的土木系没有多大关系。可是到了1959年3月份，我们班突然根据学校的安排成立了一个“806设计组”，而完全出乎我的意料的是，我也被安排进了这个设计组里。进入从来没去过的主楼里办公，真感到十分新鲜。当时的806就是后来的“200号”，而吕应中老师就是806厂的厂长。过了几天，吕先生找到了我，让我陪他去为806选厂址。所以我就跟他在北京郊区跑了几天，最后我们初步看好昌平南口那个美丽的小村庄——虎峪村。记得有一天，吕先生通知我晚上到何东昌同志家里去开会。其实对于我一个学生来说哪有资格参加那样的会，只是听会而已。当时好像不让做记录，加上年代久远好多事情记不清了。印象中是何东昌同志主持，蒋校长也讲了话。会议的基调是加快进度，向有关部门打报告，做好各项准备工作。会议最后一项议题是马上开展现场工作。首先开始测量，因为当地不属于北京市规划范围内，因此没有地形图。而开展各项工程首先就要有地形图。所以何东昌同志当场把这个任务交给吕老师，而且说了句“马上开始，限期完成”。吕老师很痛快地接受了这个任务，并在散会后把这个任务交给我。这时我才明白吕先生为什么叫我去参加这个会了。

1959年12月25日我与班上同学告别，离开了清华园。几天后我和黄毓沛同学一起去新分配的单位——国防部第五研究院去报到。我才知道五院不是搞原子弹的，而是搞导弹的。在那里也看到了比我们早几个月去报到的十来位房九同学、两位建九同学还有一位暖九的女同学，我们都留在总院工作了。后来我才知道中学时比我高一年级的田同学也在毕业前从哈工大调到清华“自九班”学习，1959年又从清华毕业分到五院的三分院。1960年八一建军节那一天我们又都按照上级规定穿上了绿军装，从此又成了中国人民解放军的一员。后来在工作中常常会碰到清华自九、计九、光九的同学……这才知道原来清华有这么多人被分到五院从事祖国的航天事业。若干年以后，这一批人都成了单位的技术骨干和各级领导，共同为我国的航天事业作出我们这一代人应有的贡献。

1993年10月1日，当时的中国航天工业总公司给我们这批最早参加航天事业的人颁发了《航天创业荣誉证书》，授予我们“航天创业者”荣誉称号。饮水思源，这一切都应感谢蒋校长和我们的母校，正是因为蒋校长的远见卓识和当机立断，大力在清华建立了一大批紧跟世界技术革命，适应国家“两弹一星”工作需要的各种新兴专业，而且克服种种困难，迅速培养出一大批国家急需的人才，满足了国家的需要，也成就了我们每个人的事业。

在这里我想起清华园里那个日晷上的一句话：行胜于言。这既是清华的优良传统，也是清华人的特长。我们的老校长真是一位用行动诠释了这句校风的典范！

二、苦心经营，南翔思想培育栋梁之材，65届现象，永世留芳

1954年9月20日的新学年开学典礼上，我第一次见到了蒋校长，也第一次聆听到他的讲话。那时，他刚过“不惑之年”，但给人的印象好像老成得多。在我原来的想象中，作为一位著名的青年运动领袖，他应该是那种具有叱咤风云的气概，讲话也应该是慷慨激昂、气吞山河、豪情万丈，具有很强的鼓动性的。但是我见到的蒋校长却完全不

是这样。他的所有讲话都不长，一般半小时到40分钟。他从不做大报告，讲话可以说是言简意赅，条理清晰，又富有哲理，耐人寻味。后来才知道，他在学校很有威信，也很有人缘，很少有人称他为“蒋校长”，更多的人叫他“南翔同志”，不少的团干部直接叫“南翔”。再后来我知道了更多的有关蒋校长的故事时，我才在心里想，我们的校长真不简单！

每当回忆在清华园度过的那段难忘的青葱岁月时，有一件事、有一段话，常常使我念念不忘。那是1957年“反右”以后，由于我们班出的问题比较多，为了帮助我们提高认识、搞好运动，学校专门派了当时的老干部特别班的几位同志来我班进行辅导。这批老干部入学前都是各单位的领导，具有较高的政治水平和斗争经验。我记得在一次会议上，有一位同志说了这样一段话，他说，你们清华的同学很幸运，碰到了一位好校长，你们的蒋校长有很高的水平。你们要珍惜现在的环境，好好学习。几十年过去了，我始终记住这些话，也常常思索着这个问题。不久前看到了谭浩强学长的一篇文章，他也说到同样的意思。他说，能在清华上学真是清华同学的福分，不仅是清华业务水平高，更重要的是有一个良好稳定的学习环境，对此，我深有体会。但是这样一个良好的学习环境又是怎么来的呢？我觉得这一切都要归功于蒋校长以及他的教育思想。大学是一个教书育人的地方，重点还是育人，但培育什么样的人和怎么样培养人才又成了关键。我想在1952年他刚刚接手清华校长的时候，一定千百次地想这个问题。经过了14年的风风雨雨，他交出一份满意的答卷，这是一个让清华满意也是让历史满意的答卷。他具有马克思主义理论家的高超理论修养，把马克思主义经典教育理论与中国，特别是清华大学具体实际相结合并经过实践的验证、总结、提高而形成的蒋南翔教育理论和教育思想。但是任何新生事物、任何新的思想，都不是平平安安地产生出来的。蒋南翔的教育思想也是一样。正如他的一生始终坚持的那样，他不唯上、不唯书，始终坚持真理、坚持实事求是的原则。他又像一位无所畏惧的战士，做自己认为对的事，不畏艰险、不怕困难，不随波逐流、不跟风，为了人民的利益敢冒任何风险。他的老战友、老朋友韦君宜同志这样评价他：他这个人一辈子都不说违心的话，不做违心的事，我想我应当为他作证。

实践是检验真理的唯一标准，这是马克思主义的一个基本原理。

一个学校办得如何，一种教育思想或教育方针好坏也得看最后培养出来的学生质量如何。俗话说十年树木，百年树人，学生好坏不能看一时，要看到十年、二十年，甚至是更长的时间。按照这样的思路我们看清华大学在蒋校长的教育思想和教育理念下培养出来的学生质量如何，我们选择1959年入学、1965年毕业这一批人。为什么选这一届？是因为他们一没有赶上“反右”“大跃进”，二躲过了“文革”，他们是在外界干扰最少的清华园里认认真真、踏踏实实地学习了六年。而这六年又恰恰是蒋南翔教育思想和教育理念发展最成熟、最全面的时期，所以很具有代表性。我们可以看到，这一批人共有2021名毕业生，经过六年学习，毕业时其中有党员464人，占23%，党团员总计占93%。但是就在这批65届同学离开学校几个月后，那场史无前例的“文革”开始了。因此65届就成了清华大学最后一批六年制大学生，但是，他们的质量到底如何？还是那句老话，十年树木，百年树人。历史不会骗人，事实胜于雄辩。

时间的指针到了2009年。这一年，是65届学生的入学50周年，也是他们毕业的44周年。这个时候他们中的大多数人都已退休，而按照当年蒋校长“争取至少为祖国健康地工作五十年”的要求，也有不少人仍在发挥着余热。恰在此时，人们发现了一个非常奇怪的现象，这是一届成才率非常高的年级。在两千位毕业生中非常引人注目地出现了两位党和国家领导人。此外还有3位正部长、8位院士，还有大批各条战线、各个岗位上的领导干部、业务骨干、行业精英、学者、专家、教授。人们把这一情况称为“1965届现象”，并且深入地挖掘出产生这一现象的原因。当时的清华大学的两位老领导刘冰和何东昌同志还写了一篇文章《在科学发展观指导下总结历史经验推进中国特色社会主义高等教育事业——对清华大学1965届现象的回顾与思考》，发表在《红旗文稿》2010年第8期。在这篇文章中，作者全面而系统地总结了蒋南翔教育思想的核心内容以及它在清华形成与发展的过程，特别提出，在培养什么人的问题上，蒋校长创造性地提出了“又红又专”的要求，同时提出在政治上“上三层楼”的思想，叫做“各按步伐，共同前进”，提出了不仅给学生“面包”，更要给学生“猎枪”的理论，还有推广到全国高校建立“三支代表队”，建设好“两个集体”，至于他提出来的“争取至少为祖国健康地工作五十年”的口号更是每个清华学子的终生奋斗目标。上述思想和要求有些早已提出，早已经在清华工作中得到贯彻与执行，并且最终形成了《高校六十条》这份文件。

在清华唯有65届这一批同学得天独厚，他们在学校受到的是最完整的、最全面的蒋南翔教育思想教育、培养和熏陶，因此从这个意义上说，他们是那个时期最幸运的一代。而且他们也没有辜负这种历史的厚爱，他们用自己的青春和汗水，用自己的勤劳和智慧给学校、给历史交出一份满意的答卷。另外，几乎在他们离开清华园的不久，我们敬爱的校长也离开了他深爱着的这片土地。这“65届”也是他在自己的母校14年殚精竭虑、辛勤耕耘之后送走的最后一批毕业生。在某种意义上说，这是他的收官之战，也算是最后一次精彩的完美谢幕！于是蒋南翔这个名字就同65届毕业生，“1965届现象”联系在一起，同时留在中国高等学校教育史上，成为其中的一段不朽的华丽乐章，永垂青史！

历史的时针在嘀嘀嗒嗒地走动着，距离2009年65届那批同学入学50年的日子又过去了14年，虽然这些往事已很远很远了，但我在回忆时仍然心潮澎湃、感慨万分。作为一个当时普通得不能再普通的千万个清华学子中的一员，我没有幸运与老校长单独接触过，但是，作为当年的一个清华学子，同千百位同学一样是蒋南翔教育思想的受益者。因为，在清华园这个大集体中，我们不但学到了专业知识，掌握了为人民服务的本领，更重要的是，在这里我们懂得了做人的道理，我们感受到政治上的信任，我们感觉到学校对体育极端的重视而使我们每一个人有一个健康的身体。总之一句话，在这里我们被锻造成一个有家国情怀、有专业水平、有健康身体的全面发展的社会主义新人！蒋南翔教育思想，加上高水平的教师，加上高质量的学生，这就是清华大学成为高水平大学的重要条件，而蒋南翔思想在其中发挥了重要的、具有决定性的作用。

在我们敬爱的老校长诞辰110周年之际，我深切地怀念我们的校长，并怀着感恩之心写出了我的心里话。

蒋校长一生所体现的清华精神，行胜于言的高尚品质，追求卓越的昂扬斗志将永远留在我们每个清华学子的记忆之中，并将鼓舞一代又一代的清华人为中华民族的伟大复兴贡献出我们的清华力量！

作者简介：郑文会，1954年考入清华大学土木工程系，1959年毕业。曾任中国航天科工集团第四研究院（原中国航天工业总公司066基地）副总工程师，研究员。

创建世界一流大学重要奠基人

——深切怀念蒋南翔校长

吴荫芳

2023年是蒋南翔校长诞辰110周年。在他任职清华校长的14年中，培养了2万多毕业生，我是其中之一。我毕业留校曾任政治理论课教师8年，1970年4月调校教育革命组（内分之科研生产组），开启长达30多年的科研管理工作。

蒋南翔校长是我深为敬佩的无产阶级革命家、杰出的马克思主义教育家、清华大学创建世界一流大学的重要奠基人。岁月流逝，尽管已是六七十年前的往事，但蒋校长富有哲理的报告讲话，高瞻远瞩的战略决策，不唯书、不唯上的实干精神，平易近人、深入调研的优良作风，以及逆境中坚持真理、坚守信念的大无畏精神，仍令人印象深刻，深深影响和引导了我们的学习和工作。特别是蒋校长任职时期，是清华发展的关键时期，他呕心沥血，全身心投入，发挥了关键作用，更是令人敬佩。

蒋校长1952年任职清华校长，面临严峻形势。全国范围的院系调整中，清华服从大局，从原五大学院变为水（利）、土（木）、建（筑）、机（械）、动（力）、电（机）和无（线电）的传统工科学校，一大批著名教授分转到北京大学和新组建的八大学院等。据1956年公布的第一批一级教授名单，北京市共70名，其中，北大27名、北医12名、清华10名、农大10名、师大6名……清华的实力、水平、影响力严重下滑。蒋校长没有“消极守摊”，没有“坐等时机”，而是以教育家、战略家的胆略，在极其复杂和高难度的国内外环境下，做出影响深远的重大决策，为发展创办世界一流大学奠定了坚固基石。

一是以国际前沿为目标，建立一批尖端科技新专业、新学科。同时积极向中央建议，在清华“200号”成功建成国内第一座自行设计、制造和运行的“屏蔽式试验反应堆”，以及一批高水平实验室和教学、科研、生产“三结合”基地，不失时机地为国家培养出一大批高新科技人才，为国家国防建设、经济建设和新兴科学发展作出突出贡献。同时，这些新兴学科的设立，极大地改变了学校学科布局，恢复和补充了一些理工科专业，有力地推进了清华总体建设和发展，显著提高了清华的综合实力、整体水平和社会影响力。

二是校区东扩。铁路东移为学校总体规划和长远发展创造了广阔空间。原来从南门入校纵贯南北的铁路，割裂校园为东西两区，影响正常教学秩序，影响学校规划发展。移动铁路被视为“异想天开”的特大难事。蒋校长为首的校领导以坚毅努力，反复向国务院、教育部、铁道部、北京市政府等上级部门申报说明，积极协调处理有关各方利益，耐心做工作，反复沟通，1960年终于实现铁路东移800米，校园面积从1700多亩增至3200多亩，几乎扩展一倍，成果令人惊奇和叹服。我们当年的学生不再担心从西区化学馆听课后，背着丁字尺急匆匆赶往东区焊接馆上制图课，因受铁路影响而迟到（此前经常发生），不再顾虑夜半睡梦中被隆隆火车声震醒。特别是以主楼为中心，周边一座座教学科研新系（院）馆拔地而起，推进清华迈入大发展的新阶段。衷心敬佩蒋校长为首的老一辈校领导的远见、睿智！

三是实施“两种人会师”和团结百分之百，组建高水平教师队伍。两种人会师，即党员要努力提高业务学术水平，成为教授；同时，帮助非党教授提高政治思想觉悟，吸收符合条件者入党。两种人会师，共同努力，组建又红又专的高水平师资队伍。蒋校长以无产阶级革命家的战略眼光和革命胸怀，尊重和信任年长知识分子，积极帮助引导。我在高中阶段，就曾看到介绍著名科学家刘仙洲入党的文章《共产党是先进科学家的光荣归宿》，印象很深。入学清华后，又看到张子高、梁思成、张光斗、张维等第一批清华一级教授1956年先后加入共产党员行列，对增强党的领导，发挥年长知识分子积极性，以及帮带青年教师，强化师资队伍建设都有重要影响。同时，积极引进著名学者，如燃气轮机专业创始人吴仲华先生，又如第一位留苏博士（在苏联留学一般被授予副博士，高因成绩优异，学校破格授予博士）高景德先生，并请高景德先生出任第一任校科学研究处处长。重视培养年青党员和青年教师，安排进修学习提高，组织承担和参加教学、科研、生产“三结合”任务，指导和参加真刀真枪毕业设计，鼓励解放思想，在干中学，从战争中学习战争，在实践中锻炼成长。他从实际出发强调的“团结百分之百（不是通常讲的百分之九十五）”“各按步伐，共同前进”，取得重要进展。在1961年总结讲话中，评价清华已拥有的108位正副教授为“一百单八将，是学校的稳定因素”。1965年全国高校科研成果展览会上，清华展出原子反应堆、密云水库、程控机床、加速器、通用电子计算机等70多项成果，水平高、数量多，受到广泛赞扬和高度评价，标志着清华师资水平和总体实力已位于重点高校前列。

四是重视思想文化建设，丰富和发展清华精神。清华精神是百年来清华师生员工的理想追求、价值观念、行为规范、育人业绩、社会评价的精华凝聚。蒋校长是清华精神的践行典范。他在清华学生时期入党，是学运主要领导人之一，终生献身革命事业，无论战争年代或建设时期，无论顺境或逆境，坚定信仰，坚持真理，是“自强不息、厚德载物”“爱国奉献、追求卓越”的典范。蒋校长教育思想进一步丰富和发展了清华精神，是我们这代学生的清华之魂，他的殷切教诲影响深远。我印象深刻的几点是：第一，“三阶段、两点论”。蒋校长在1962年清理一批“左”的口号后，明确提出清华历史三个阶段，即解放前为第一阶段，1952—1957年学习苏联经验为第二阶段，1958

年后为新阶段。每个阶段都要实事求是一分为二，不否定一切，也不肯定一切，一切从实际出发，尊重历史，尊重实践，学会分析，学会总结。蒋校长还强调“基层出经验、出政策”“不会总结，工作只是完成一半”。深为受益的是我在30多年的科技管理工作中，结合工作实践，分析总结写了近百篇文章，有效地指导工作，并以文会友，参加高校科研管理研究交流，文章的数量和质量都受到好评，我曾被选为全国高校科研管理研究会副理事长兼秘书长、北京高校科研管理研究会理事长，被聘为相关学报编辑，以及北京市、武汉市（经委）、河南焦作市政府顾问等。

第二，团结百分之百，各按步伐、共同前进。因材施教，建立政治辅导员等“三支代表队”，“为祖国健康工作五十年”“爱国主义、社会主义、共产主义三个台阶”“学生工作50条”等一系列培养学生、关爱学生的教诲，指导我从事政治辅导员、政治课教师等工作中，要热爱教育事业，热爱学生，按政策办事，绝不简单粗暴。而且，要承认差别，相信青年学生的可塑性，要尽百分之百的努力，力争团结教育好百分之百的学生。即使学生有些差错，能承认并愿改正者，都予以热情帮助。同时对要求进步的同学，我每年介绍1—2名入党，鼓励他们更好成长，发挥更大作用。实践说明，在我参与校地科技合作工作中，接触20多个省市领导和科技经济系统工作人员，他们对清华学生给予很好评价。由于清华生源好、师资好、育人环境好，培育了一大批学术大师、兴业英才和治国栋梁，数万毕业生中，绝大多数已成为奋战在祖国建设各条战线的骨干，取得辉煌业绩，受到广泛赞誉。如我们燃气轮机专业毕业生中，有1名国家领导人、7名两院院士，以及多名部级领导和国家重大企业的骨干等。

第三，敢为天下先，务实创新，无愧岗位责任和信任。蒋校长在校14年高瞻远瞩、呕心沥血、全身心投入，带领院系调整后的清华，重新进入全国高校先进行列，是我们效法的光辉榜样。他多次讲话教导我们，要敢为天下先，敢于担当，做出最好成绩；同时强调要务实，讲实效，不求虚名，不吹嘘，不卖“清华香肠”，令人印象深刻。80年代初，国际范围科技日新月异，被称为“知识爆炸年代”，科技、经济、教育日益紧密结合，迅猛发展；国内拨乱反正，先后提出“改革开放”战略，“面向、依靠”方针和“科学技术是第一生产力”等，对高校提出“加强科技工作，面向经济主战场”等重要指示。1980年，我先后担任第一任成果（奖励）科科长、第一任专利事务所所长、第一任科技开发办公室（科技开发部前身）主任。这也是全国高校中率先成立的新机构。

第四，要做“恒温动物”，复杂形势下不随风倒；无私无畏，敢于坚持真理，敢开顶风船。蒋校长在延安时期面对严重的“左”的“抢救运动”，敢于直书中央，指出错误；“文革”时期坚持认为教育战线不是修正主义路线，不是资产阶级知识分子统治学校。这种高尚骨气、高度原则性、高贵的品德，对我们工作和为人处世产生深刻影响。在长期科研管理工作中，我很注重不唯书、不唯上、只唯实，从实际出发，讲求实效。

蒋校长的一生，是献身共产主义事业的一生，是促进社会主义教育事业改革发展的一生。无论是学生时代，还是任职清华校长时期，及其以后的长期对清华的关怀，蒋校长在清华是一座永存师生心中的丰碑，他的辉煌业绩和高贵品德已成为清华精神的重要内容。

怀念蒋南翔校长！致敬蒋南翔校长！

作者简介：吴荫芳，1956年考入清华大学动力机械系，1962年春毕业留校工作。曾任清华大学科研处副处长、科技开发部主任、校知识产权领导小组副组长，研究员。

永远牢记蒋校长的嘱托

陈　陈

1956年，我国召开了全国科技大会，号召向科学进军。蒋南翔校长贯彻中央指示精神，在清华“加强基础课”“成立新专业”。正是在这一年，我以数理化三门100分、华东地区第一名的高考成绩进了清华大学电机工程系。一年级开始，每周上数学习题课，要求牢固掌握理论推导和解题本领。物理、化学课则每周上实验课，锻炼实践本领。学校成立了自动控制、工程物理等新专业，但我的理想是从事电力事业，所以坚持在电机工程系学习。

蒋校长要求我们“为祖国健康工作五十年”。学校很重视体育课和每天下午在大操场的锻炼。今天我们已工作多年，校友们仍把“为祖国健康工作五十年”印在T恤衫上，作为勉励自己终生努力的精神动力。

1958年，为贯彻党的教育方针，培养学生德智体全面发展，学校成立了学生文工团，我有幸加入。我们集中住宿，一起演出反映同学生活的文艺节目。我课余时间为合唱队、军乐队、管弦乐队、舞蹈队等社团担任钢琴伴奏。平时在班上听课，周末才是我复习做习题的好时间。大合唱《周总理来到清华园》等清华经典节目至今印象深刻。记得蒋校长接见我们时，还亲自拉二胡，和我们一起度过欢乐的时光。此外，学校推荐我们几位文艺骨干去中央音乐学院业余部进修。通过两年半学习，我在结业演奏会上弹奏了刘诗昆作曲的《青年钢琴协奏曲》，拿到了另外一个“文凭”。本科最后一学期我们回到班上，和同学一起进行毕业设计。我以全五分的成绩得到优秀毕业生奖章。1962年1月，学校举行毕业典礼晚会，记得是在后体育馆举办的，会场设了一条长桌，蒋校长居中而坐，我们优秀毕业生都坐在他的两边，我坐在他的左手第一个位置。蒋校长语重心长地讲话，要求我们“做社会主义的建设者”，希望清华大学能为国家各重要部门培养骨干，对我们的热切期望溢于言表。

1958年，正是“大跃进”时期，蒋校长提出要提高教学质量，迎接工业化建设高潮。1959年，清华大学建立了试行培养研究生制度，并招收了第一批研究生。研究生为三年制，不设学位（如硕士、博士等）。电机工程等专业由五年制改为五年半制，有些新科技专业为六年制。我们1962届毕业生中，通过考试选拔了12名研究生，我也名列其中。那时第一外语是俄语，第二外语是英语。通过了研究生专业课各门考试后，我在导师张宝霖先生和茅于杭老师指导下开始承担结合工程实际的研究课题：制造援助阿尔巴尼亚水电站的励磁调节器。1966年产品顺利出口，圆满完成了任务，顺利通过研究生论文答辩后，获得清华大学研究生毕业证书。在蒋校长的教育方针指导下，我在清华大学得到本科和研究生完整的培养，为达到“做社会主义的建设者”的目标创造一个良好的开端。

毕业后，我由国家计委分配到四川德阳第一机械工业部所属东方电机厂，在设计科控制组进行大型发电机励磁控制系统的设计和研发。我们经常到全国各地发电厂工地投运发电机励磁系统，投身于国家大型发电事业，丹江电站、辛店电厂、河南平顶山电厂，一个接一个工程不断。

1978年国家改革开放，开始往国外公派留学生。通过两轮考试，我被第一机械工业部选派留学美国。出国之前，我在北京参加了为期一年的英语培训。即将出国前，我和刘西拉到三里河蒋校长的住所，专程拜望了蒋校长，想听听他老人家的指示。他说，你们要去看看美国的研究生制度有什么值得参考的地方，也检验一下我们清华学生的素质。他鼓励我们认真学习各国的先进经验。经过三年三个月刻苦学习，我在美国普渡大学获得电气工程硕士和博士学位。在取得博士学位即将回国前，我和刘西拉与当地拉法耶特交响乐团合作，在该团成立35周年纪念音乐会上，共同演出了《青年钢琴协奏曲》，在美国首次介绍了新中国的大型音乐作品，获得经久不息的掌声。这正是当年清华培养我们全面发展的结果。1985年5月，我回国工作，从此在上海交通大学电气工程学科从事教学、科研工作20余年，2008年年初70岁才退休。

跟蒋校长的一次难忘会面是在1987年年底，大概是“一二·九”纪念日前后的一天，在清华大学校友总会负责人承宪康同志带领下，我作为五六十年代文艺社团代表与体育代表队的代表温以德一起，前往北京医院看望了病中的老校长。看到我，老校长问：“刘西拉现在怎么样？”我非常惊喜，他还记得我爱人的名字。那天我带去了我们夫妇俩签名的一张贺年片，向老校长问候新年。老校长把这张贺年片一直拿在手中。我拿出几张在国外学习生活的照片给他看，有在印第安纳州拉法耶特小城演奏《青年钢琴协奏曲》的照片。我说，我就是要让外国人知道，中国学生不仅学习上刻苦努力，而且是全面发展的。能在美国举行钢琴独奏，当地人都很惊奇。老校长连声说：“全面发展的方针还是对的。”他笑着对温以德说：“以前女子100米赛跑，你和金祖芬总是一个第一，一个第二，纪录保持很长一段时间。”老校长回忆起学校一些有特长的同学名字和他们的成绩，真是如数家珍。临别时，他执意走出病房，手扶拐杖，缓步把我们送到电梯旁。我告诉老校长，明年校庆文艺社团的同学要聚会，演了节目会录音给您送来。老校长笑着说：“明年校庆我身体好了，去参加你们的聚会，看你们演出。”那是我最后一次见到老校长。

在数十年从事工科教学科研工作的过程中，我承担了多项国家重大科研项目，先后培养出了数十位硕士、博士以及博士后，我还有机会参与了三峡水力发电站建设，担任三峡水电站励磁控制系统国际招标技术顾问。我们培养的研究生很多已成为我国电力事业的骨干。

2020年，当中国电机工程学会和美国IEEE PES共同授予我“顾毓琇电气工程奖”时，我不禁想起蒋校长当年“要做社会主义的建设者”的教导，他的话既为我们指明了方向，也给了我们终生奋斗的力量。

作者简介：陈陈，1956年考入清华大学电机工程系，1962年本科毕业，1967年研究生毕业。曾就职于一机部东方电机厂和上海交通大学，教授。

又红又专、全面发展[①]

胡昭广

今年是蒋南翔校长诞辰110周年，我们深深地缅怀敬爱的南翔校长。

我是1958年入学的电机系学生，1965年毕业离校。在校的这七年时间里，我国教育进入全面贯彻党的教育方针阶段，南翔校长按照毛泽东思想的要求，全面地、创造性地贯彻、执行党的教育方针，形成了鲜明厚实的教育思想、教育理论。因此我们这个时期的同学，既是贯彻党的教育方针亲身参与者和实践者，也是最大的受益者。南翔校长的教育思想对我们的世界观、人生观形成，对我们又红又专的成长道路产生了巨大影响，是我们人生的起点，哺育我们成长，当我们走入社会后，更感到这一影响终身受益。

南翔校长1952年来到清华后，始终坚持社会主义办学方向，坚持培养“又红又专、全面发展”的建设人才。南翔校长创造性地在清华提出来建设“三支代表队”，即“政治辅导员队伍”“科学登山队伍”“文艺社团和体育代表队”。这是对“又红又专、全面发展”教育方针的具体化、实践化。

1958年学校决定建立第一支文艺、体育队伍，从文艺、体育骨干中各抽调100人，集中住宿。舞蹈队共抽调30人，我是其中之一，并担任了团支部书记。开始集中住宿时，大家都生怕离开班集体会影响自己的业务学习、个人的政治进步。但是实践证明，大家生活在班级

① 本文系作者于2023年11月10日在纪念蒋南翔同志诞辰110周年座谈会上的发言。

和舞蹈队两个集体，挑起业务学习和社团活动两副担子，得到了更加全面锻炼，促进了全面发展。在舞蹈队中，陈清泰和我都荣获了优秀毕业生金质奖章；魏熙照、黄辰奎、靳东明等同学都荣获了优良毕业生的称号；有12位同学在舞蹈队光荣地加入了中国共产党，还有一大批同学加入了共产主义青年团。这些数字在人数不多的舞蹈队集体当中，占的比例应该是很高的。毕业后，在这个集体中，涌现了一批又红又专的国家科技人才和党的领导干部，这是成功的经验。

在舞蹈队的创作、排练、演出中，“为党宣传，为党战斗”的信念也深深扎根在大家的心中。从1958年文工团成立到“文革”前几年的时间里，舞蹈队先后排练过几十个舞蹈，其中有近十个舞蹈，都是配合形势教育，宣传党的方针政策，或者围绕学校中心工作、宣传党的教育方针而创作、排练的，并演出了近百场。1958年12月28日，清华文工团在全国政协礼堂向敬爱的周恩来总理和全国政协委员作汇报演出。演出结束后，周总理对我们的演出给予了很高的评价，热情地鼓励我们说：“你们的演出、你们的创作很有新意，能很好地宣传党的教育方针，很好嘛！”

1960年，国家进入了经济最困难时期。学校要求同学们维持“体力”，保存“能量”，多睡觉、多休息、少活动、少运动，以保证学习任务的完成。但是舞蹈队同学不仅要很好地完成学习任务，而且还要完成繁重的排练、演出任务；除了要担负原来的各项演出任务外，每个周末还增加了小型广场演出活动，以活跃沉闷的校园气氛，丰富同学们业余生活，振奋精神，共渡难关。在这个集体里锻炼了大家顽强拼搏、笑对困难、真情相助的革命精神。

学校的文体大军，有着不可思议的凝聚力。60多年过去了，在清华大学建校100周年的时候，我们50位平均71岁的老舞蹈队员又精神饱满地走上舞台，演出了《鄂尔多斯舞》庆祝母校百年华诞，完成了“为祖国健康工作五十年”的夙愿。清华建校110周年的时候，我们还有10位平均80岁以上的老队员再次登上了舞台。

1953年，蒋南翔校长提出建立学生政治辅导员制度，边学习、边工作，“双肩挑”。1964年我荣幸地成为了一名政治辅导员，在第17届学生会担任副主席兼秘书长的工作。学生会负责的工作主要是在团委领导下，配合学校组织一些重大的活动。如，组织全校同学参加五一、国庆大游行，下乡秋收，民兵训练，组织好群众性体育锻炼，安排好同学们的业余文化生活。在学生会的繁杂、平凡的工作中，极大地提高了我们的组织能力和领导能力。

在我担任政治辅导员的一年多时间里，我精读了毛主席的《实践论》《矛盾论》。学校领导刘冰、胡健、艾知生，还有张慕葏、林泰等，大约每个月都会为半脱产干部作一次重要的政治报告。报告涵盖了以下内容：对国际、国内形势的深度分析，从战略高度认清我们的责任和任务；认真学习马列主义、毛泽东思想问题；怎样加强同学的思想政治工作问题；关于加强基层领导的问题；改进领导作风问题；关于阶级斗争和唯成分论的问题；等等。今天当我重新翻开这些老笔记本，再度翻阅这些报告，深深感到这些报告不仅极大地提高了我们辅导员的政治水平、思想水平和工作能力，更重要的是树立了我们正确的世界观、人生观和价值观，使我们政治上更加成熟。

我走进社会后，担任过中国第一个高科技园区——北京市新技术产业开发试验区的第一任主任（中关村园区的前身），园区的任务和责任是，在智力密集地区探索科技体制改革的“最后一公里”，解放第一生产力，将科技成果尽快转化为生产力。在这段工作中，南翔校长关于“教学、科研、生产三结合”的重要理论，南翔校长坚韧不拔的革命精神和敢于创新、敢于试错的担当精神，为办好中国的科技园区奠定了重要的思想理论基础。中关村园区总收入在1988年年初创时仅有9亿元，到2021年总收入达到8.3万亿元，增长了9200倍。改革开放40周年梳理这段历史时曾有“南有小岗、北有中关”之说。党的二十大后，在中国共产党历史展览馆里，记载了改革开放的十个第一。“国家级高新技术产业开发区：北京新技术产业开发试验区

（1988年5月）”，在若干第一中列为第九项。我还担任过海淀区委副书记、区长、北京市副市长，在担任副市长时，分管科技、教育工作。南翔校长教育理论中的重要论述，都成为我在工作中的重要指路明灯，如南翔校长强调的在教育工作中必须坚持党的领导、坚持马列主义理论的必修课、坚持教育和生产劳动相结合、坚持大力提高文化科学课的教学质量、坚持重点高等学校既是教育中心又是科研中心、坚持为祖国健康工作五十年、坚持教师队伍的建设是基本的建设、坚持培养社会主义新一代是全党全社会的事业，等等。南翔校长重要的教育思想为北京市的教育工作健康发展作了重要贡献。

在这些重要工作岗位上，我能顺利完成党交给的各项任务，得益于我在舞蹈队担任团支部书记和后来担任政治辅导员的工作所受到的培养和锻炼，得益于党的教育方针，得益于南翔校长的教育理论、教育思想，得益于坚持又红又专、全面发展的教育培养。

马克思为教育理论奠定了科学的理论基础，给教育理论提供了科学的方法论。当我们认真学习南翔校长的教育思想时，深深感到南翔校长教育思想就是源于马克思主义、毛泽东思想，植根于实践。南翔校长是一位真正的、杰出的马克思主义教育家，是中国特色社会主义教育的开拓者。南翔校长按照毛泽东、邓小平教育思想的要求，全面地、开拓性地贯彻了党的教育方针，为国家、为清华作出了不可替代的、永记史册的巨大贡献。

作者简介：胡昭广，1958年考入清华大学电机工程系，1964年毕业。曾任北京市副市长、北京控股有限公司香港上市公司董事局主席。

学习蒋南翔教育思想的几点感言

余寿文

我作为蒋南翔同志在清华当校长时候的清华的研究生和工程力学数学系的年轻教师，以及后来长期在清华大学当教师并参加过学校教育管理工作的人，谈几点感言。

一、大学的责任

第一点，什么叫大学？大学培养的学生应该是什么样的？对大学，南翔同志有“四个字”的关键描述，大学就是要抓四个字——“方向”“质量”。对学生是八个字，对他们的培养目标就是“又红又专、全面发展”。我觉得这十二个字今天还闪耀着理性光辉。为什么？现在我们对于大学，或者说对于人才培养，在认识上有两点偏颇。比方说，我们对于大学，千万次地引用过“大学乃大师之谓也”。这句话对不对？很对！这八个字对大学的概括全不全？不全！因为所引原文的下两句，就讲教师要教学生知识，还要引导学生的精神。所以，大学如果只要有大师，后面就加个句号的话，大学和科学院有何区别？大学是大师培养学生的地方。大学就是高等学校，高等学校干吗？培养大学生、研究生。怎么评价大学办得好不好？主要看学生培养的质量好不好。我觉得这是一个很常识性的问题。所以，“又红又专、全面发展”作为一个时代的口号，是对于教师自身的要求和培养学生的责任。但是大家回想一下，现在有的学校拿出一个表格，比如教授晋升职称的表格，你去看表上栏目标题是大写黑体的

“科学技术成果”，括弧里面非黑体写着“含教学成果”。那么学生培养就变成非黑体或小号字了，今天有的地方还在用这样的表格，它说明了那是一种流行的校园文化。有的工科同志们讲的，如果把学科建设和学生培养割裂开来，是不符合蒋校长关于大学和学生培养要抓的上述“十二个字”的精神的。所以说，南翔同志的讲话今天仍有重要的现实意义。

南翔同志讲的学生要“又红又专”。这里还有一个问题，就是高等院校有没有上层建筑的功能？当然有！但是现在有些人的思想里，把大学的社会功能、上层建筑的这一部分性质强调少了，光局限在教育的生产力属性，光看在人才培养要转化成科技生产力方面。生产力为谁来做？这里有方向问题。蒋南翔同志生动地比喻，我们要到天安门去，但我们现在从清华出发，走路要用脚一步步来走，方向是天安门，这是很重要的辩证法。但如果问一个大学好不好，问清华大学今天之所以成为清华大学的原因，我们应该去看我们的校友、校史展览，首先看我们几十年上百年为国家培养了多少民族的脊梁，培养了多少人才。但现在大学的评价标准中少有“reputation（学校信誉）”，少提及有大学培养的“人才”。曾经着重评价的有什么呢？有论文数、经费数、获奖数，院士与长江学者和杰青人数，论文还要是*Science*、*Nature*上发表的，量化的分数更高。这是社会上唯GDP评价的那种导向在我们大学的学科评价上的一种反映。所以，回过头来想，我们还是要坚持一句话：“又红又专、全面发展”。方向上要走到天安门，走路要千里之行始于足下，要在正确的方向上一步一步地走。学校首要的责任是培养人才，这是我的第一点感受。

二、在实践中学习

我的第二个体会：1958年清华水8班真刀真枪做毕业设计的后期，我正在清华攻读研究生。水8班的毕业设计的经验中很重要的一点就是体现了教育和生产劳动相结合的方针。这个大方针今天讲得也比较少了。我们就从教育的认识论观点来看，清华当时工科的目标是要培养红色的工程师。那么，一个新的工程师应该怎么培养？我觉得1958年的真刀真枪做毕业设计，在清华、在全国的教育实践中间，实际上非常生动地体现了教育和生产劳动相结合。它让学生接触到了社会，让学水利的学生走向了水坝的工地，让我们老师学生设计的密云水库能在科学研究的基础上经受住地震和洪水的考验，同时也让学生在这样一个过程中间面向了社会，让他们知道了我们学的这个专业和工程，和社会之间是什么样的联系，和农民是什么联系，和工人是什么联系，和周围的技术人员是什么联系，和一个小组里的同学们是什么样的联系。近年来，我们听说很多在国外推行的PBL，也就是基于问题的学习、基于项目的学习。当我们听到这个的时候就想，清华学生在20世纪50年代上大学的时候就已经有了基于大项目的真刀真枪的设计学习。当然当时这是第一次实践，有些地方如劳动的学时过了点头，但第二年很快就纠正过来了。学生学习少了一点，劳动多了一点，于是在做了一些调整之后，我们学生的活力即战斗力是增强了。2013年校庆，我当年教过的1963届的毕业学生回到学校，我看到，当年一起与生产劳动和实验室建设结合起来进行学习的同学中，那些表现突出的学生50年后也是创造性强贡献突出的骨干人才。从这个意义上讲，从教育认知论上看，我们的工程教育在当时国际上也是很有创造性的。现在流行讲的“teamwork（团队学习）”，就是当时毕业设计中一个组集体学习与协同工作的精神。而当时毕业设计组里比较活跃的人，今天从他们在几十年后的实践结果来看，也说明了这种教育模式的成功。

三、唯物辩证法与“课程思政”

1962年蒋南翔校长在总结清华的经验时，提出了著名的“三阶段、两点论”的观点。所谓“三阶段”，指清华已经走过三个时期，即“解放前后的老清华时期，1952年以后学苏的教学改革时期和1958以来贯彻党的‘教育为无产阶级政治服务，教育与生产劳动相结合’的方针时期”；所谓“两点论”，指“每个时期都有值得保留的东西”，三个时期都应一分为二。1958年后探索按中国情况走自己的路，把学校建成“教学、科学研究、生产三者结合的先进基地”，“1958年以后的经验最为宝贵”。他从唯物辩证法出发，亲自开哲学课，教育清华的干部和师生，正确认识党的教育方针指导下所取得的宝贵经验和成绩，在遭受批判的情况下，告诫清华的干部和师生“坚持真理，修正错误，彻底的唯物主义者是无所畏惧的”。树立辩证唯物主义的世界观，必然表现出革命的政治坚定性。他是师生学习的楷模。由此，来讨论课程思政的重要任务和内涵。

首先，大学教育的根本任务是育人。大学是在润物细无声的环境中，培育学生具有正确的世界观、价值观、人生观。在本科与各种教育中，众多的教育环节都是为培育人才而设置的。这些环节有课程教学，也有社会实践。在课程教学环节中，包括有思想政治课程和人文社会科学的通识课程，这些课程本身就有很强的思想性和政治性；但也有另一大类属于基础知识和专业知识的课程，如何揭示与实施这些课程中的思想性和政治性的教育功能，便是当前很热门地讨论的“课程思政”。

第二，当前教育界从理论与经验出发，述及课程思政大致涵盖以下几个方面：一是课程要反映社会发展与国家和国际需求。将学习课程的目标与国家要求联系起来，鼓励青年学生立下爱国、强国的事业志向。课程也集中或分散地追溯专业发展的历史，描述国家在科技与社会发展中具有标志性的事件与历史人物事迹，鼓舞学生立志成长，报效国家与人民。二是联系专业的社会实践、科学实验与工程技术实践。培育青年学生的专业道德伦理、从事实践的团队精神与集体主义情操、关注可持续发展的要求与个人修为的实践，学习与社会与他人交流的能力，正确处理个人与集体、专业与社会、理论与实践、现实与理想的重要关系。这些认知与修为的成长属于可迁移的能力，它适用于不同的专业和行业，也是人才立身于社会的能力。三是从专业课程与实践环节的教育中，培养学生认识社会、选择事业与就业的能力。学生毕业后走向社会，一生会面临多次选择，但毕业后的就业是他们的第一次大的选择。在各个课程与实践的培养环节中，实际上是润物细无声地感染学生做选择的志向、理想与能力。同时培养学生学会分析自己的志趣、长处与短处，这样将个人的选择与需求和发展作综合优化，树立正确的择业观与选择的能力。四是讨论课程思政的一种深层次内涵，各门根据专业培养目标设定的课程（或培养环节），要培育学生有正确的思想方法。这一方面不少老师致力于此，但也有不在少数的课程教育对此并不重视。若要问这一专业毕业的学生甚至是一部分教师："你这专业、这课程的主要方法论是什么?"不少学生甚至老师会大段地重复课程的大纲。每门课程与教学环节，都有其目的，有其历史积淀下来的方法论。蒋南翔就有很通俗且质性的比喻——"猎枪与干粮"，即不仅教会学生带干粮，还教会学生狩猎的本领；还有一点概括提出："大学要注意两点：方向与质量"，即要有指南针。其实在课程中，分析与综合、联系与转化、演绎与还原、系统与细节、确定性与随机、平衡与演化……无不闪耀着唯物辩证法的内核与光辉。我们讲方法论、讲思想方法，说的是人们研究问题和认识世界的方法。培养学生的认识能力和思维能力，它既使人们能提出问题、洞察科学技术发展的规律，同时也培养人们认识世界的能力，形成正确的世界观，既认识自然和社会的事物规律、从事工程的创新、认识社会的矛盾与发展。因而思想与政治是相通的而非割裂的。

钱学森之问谈到大学培养"帅才"的问题。他本人在1991年"九十年代科技发展与中国现代化"系列讲座中提出："怎样培养帅才？我提出五点建议：1.要学习马列主义毛泽东的思想，学习唯物辩证法；2.要了解整个科学技术……”他还曾在寄给清华大学工程力学系博士生的信中指出，怎样培养分析洞察问题的能力，我认为最好的方法就是学习并掌握马克思主义的哲学、恩格斯的自然辩证法、毛主席的实践论和矛盾论，及至钱学森本人的力学、工程控制论、系统论等著作，都是结合课程思政来提高教师培养学生联系课程教育实际的好教材。

第三，课程思政的重要任务之一是培育学生树立正确的世界观。世界观就是描述人们对整个世界总的根本看法。自然观、历史观、人生观、道德观、价值观、科学观是世界观的具体体现。而在多种培养环节中，在课程与实践的过程中，培育正确的自然观、历史观、人生观、科学观、道德观、价值观，本身就是课程思政中应有之义。要培养正确的世界观与方法论，辩证唯物主义和历史唯物主义是新时代的科学世界观，而世界观在人生问题上的表现就是人生观，它对价值的系统观点即是价值观。这对教师和学生都是很高的要求。

概言之，课程思政与思政课程是育人的总体要求。大学生的培育，不仅要专门设立高质量的思政课程，它是全部课程与培养环节中，重在思想与政治。而课程思政更强调教育管理者和大多数课程中，在与课程实际结合的教学过程中，引导师生掌握辩证唯物主义与历史唯物主义的世界观和唯物辩证法的方法论。在课程的学习中，培养学生的正确的世界观与方法论。这应该是课程思政的重要任务。

要培养社会主义建设的接班人，学生毕业走上工作岗位，它的宗旨便是为人民服务，实现民族的复兴。在科学事业上求真，在社会实践中求善，而从事工程、医学的行业，因为要面向社会，服务人民，就要追求真、善、美。在高等学校环境的温润滋泽之中，培养德、智、体、美、劳全面发展的社会主义建设者和接班人。这是历史赋予新时代高等教育的神圣使命。

今天，我就想从这三点感言上讲一讲，作为一个学生，作为一个教师，我认为南翔校长这几点很重要的教育思想，在今天看也是历久弥新的，值得我们学习、纪念、缅怀，也值得我们在新时代与时俱进发扬光大。

作者简介：余寿文，1958年考入清华大学工程力学研究班，1960年研究生毕业留校工作。曾任清华大学副校长、教务长、研究生院院长，教授。

学习具有高度哲学自觉的教育家蒋南翔①

胡显章

蒋南翔是一位具有高度哲学自觉的马克思主义教育家，他的许多教育主张是对马克思主义哲学的灵活运用，对于当今的教育实践仍然有着重要的指导借鉴意义。

一、教育本质论：教学、科研与服务社会的辩证统一

教育本质论是教育哲学的基本问题，从高等教育看，涉及大学功能的界定，要回答大学是做什么的、办怎样的大学、怎样办大学等大学理念问题。教育理论和实践的许多问题均与对教育本质的理解有关。

蒋南翔担任清华校长时，对大学的功能定位有着清晰的理念。1956年他在清华大学第十次教学研究会上指出："学校中的具体工作很多，但是最核心的问题，是要完成教学任务。因此，在思想认识上，我们是明确把教学工作作为全校工作中最中心的任务，而学校中其他的工作——无论是政治工作，行政工作，财务工作，人事工作等等，都直接或间接地围绕和配合教学工作来进行。"他又指出："我们把教学工作作为全校的中心工作，这在过去，在将来，都是完全必要的。但是这决不是说，在高等学校可以不重视科学研究工作。教学工作最后必须依靠科学研究来提高水平，科学研究也必须依靠教

① 本文主体内容曾收入《深切的怀念永恒的记忆——纪念蒋南翔同志诞辰100周年》，清华大学出版社2014年版，现结合实际有所修改。

学工作来不断训练和提高后备队伍，这样才能不断夺取新的科学堡垒，保证科学事业永不停滞地向前发展；二者决不是对立而是相辅相成的。”

在新时期，清华大学继承发展了蒋南翔“育人为本，教学为主”的理念，明确了“一个根本”（以人才培养为根本）、“两个中心”（既是国家办教育的中心也是办科研的中心）、“五项职能”（教学、科研、社会服务、国际交流合作、文化传承创新），在百年校庆期间，学校进一步强调要把各方面的资源优势转化为育人优势。在清华教师队伍中，普遍有着“课比天大，教学为重”的观念，在王大中校长任上，明确了校长是教学质量的第一责任人，培养人是教师第一学术责任。当今，许多中青年教师热爱教学，把教学当作艺术作品精心雕刻。在北京市和全国教学基本功大赛中，清华教师获得的一等奖最多。

目前，在我国高校，以科研、社会服务以及各种各样的课余活动冲击教学的现象仍然不同程度地存在，蒋南翔的上述教育思想对于我们坚持“育人为本”“教学中心”的办学理念有着现实指导意义。

二、教育目的论：社会功能与本体功能的辩证统一

“教育目的论”是教育哲学的另一重要问题，它涉及教育工作的出发点和归宿，要回答“培养什么人、怎样培养人、为谁培养人”的根本问题。关于这个问题，蒋南翔有许多精辟的创造性的论述，这里仅就处理教育的社会功能与本体功能的关系进行分析。

“新型的教育是改造社会的有力手段”，这是“马克思主义教育思想的一个重要论点”。①蒋南翔校长在1956年指出：“如果我们长时期内不能依靠本国培养的专家来独立解决工业建设中的重要关键问题，如果我国的科学技术水平长时期内远远落在世界各个工业先进国家之后，那就将给我国的社会主义的建设事业带来严重的后果。”②这

① 中国高等教育学会，清华大学. 蒋南翔文集（下）[M]. 北京：清华大学出版社，1998：1071.

② 中国高等教育学会，清华大学. 蒋南翔文集（下）[M]. 北京：清华大学出版社，1998：671.

正是他推动清华大学发展新兴专业的出发点。他还指出："我们的高等教育如果不能在20世纪内为国家培养出具有世界先进水平的各方面的专门人才，不能主要依靠自己的力量解决我国'四化'所遇到的最新科学技术问题，那就意味着我国的教育不独立，科学不独立，经济和国防也没有真正独立。"①培养国家需求的人才，实现国家科学、经济、国防和教育的独立一直是蒋南翔办学的基本出发点。为此，他提出了"拥护党，拥护社会主义，服从国家需要"，要求学生坚持正确的政治方向，为人民服务，为社会主义建设服务。

同时，蒋南翔创造性地贯彻马克思主义关于人的自由全面发展的理想和党的培养全面发展人才的方针，注重发展教育的本体功能。马克思主义认为，理想社会的建立是与人的自由全面发展相统一的，强调理想社会是"建立在个人全面发展和他们共同的社会生产能力成为他们的社会财富这一基础上的自由个性"的人类社会的第三阶段。②"在那里，每个人的自由发展是一切人的自由发展的条件。"③为此，蒋南翔确立了"又红又专、全面发展"的培养目标。他在1956年总结清华大学教学改革的基本经验时指出：为了执行培养学生全面发展的方针，"我们不但重视学生业务上和政治上的训练，而且注意开展学生的体育锻炼、科学研究小组活动以及其他社会文化活动，借以发展学生更多方面的兴趣和才能，锻炼学生更广泛的独立工作能力"。④"对于体育锻炼、义务劳动、文娱活动等各项社会活动的开展，学校行政领导上都给予精神上和物质上的支持。此外，还设立了班主任和政治辅导员制度，给同学的学习和政治思想以经常的具体的帮助。我们全体教师也日益认识到自己不仅是一个知识的传授者，而且是青年一代的培养者，因此更自觉地担负起对学生进行全面教育和

① 中国高等教育学会，清华大学. 蒋南翔文集（下）[M]. 北京：清华大学出版社，1998：996.

② 马克思，恩格斯. 马克思恩格斯全集（第46卷 上）[M]. 北京：人民出版社，1979：104.

③ 马克思，恩格斯. 马克思恩格斯选集（第1卷）[M]. 北京：人民出版社，1972：273.

④ 中国高等教育学会，清华大学. 蒋南翔文集（上）[M]. 北京：清华大学出版社，1998：625-626.

培养的责任”。蒋南翔在强调教师要对学生进行“全面教育”的同时，也十分重视学生自我教育的主动性，指出培养全面发展的人才，还要靠“学生本身的工作。他们在学习和工作中，自觉执行毛主席‘三好’的指示，努力培养自己成为全面发展的人才”。[①]同时，他一再强调要因材施教，注重发展学生的兴趣和特长。1956年他在团干部学习报告会上指出：“因材施教是服务于一定教育目的的一种教育方法，这种教育方法古已有之。在执行全面发展的教育方针时，因材施教的教育方法仍然有其重要作用。……必须充分注意到学生的个人特点，只有根据学生的不同情况进行教育，才能培养出真正全面发展的人才。因此，因材施教的方法，有助于全面发展方针的实现，二者不是矛盾的。”[②]他强调，“不能把学生培养成都像一个模子里铸出来的一样”，[③]并创造性地提出：“培养学生要抓好‘三支代表队’（政治、业务、文艺体育），通过多种渠道殊途同归，向着又红又专、全面发展目标前进。”[④]这种教育理念使得学校呈现生动活泼的局面，优秀人才脱颖而出。

蒋南翔既注重教育的社会功能，使清华大学坚持为社会主义建设服务的政治方向，使清华和清华人的命运与国家、民族的命运紧密相连，使得大批毕业生与祖国同进步、共发展，并对学校的科研与社会服务工作注入了强大而持久的推动力；同时又注重教育的本体功能，使得同学们坚持正确的政治方向的同时其个性得以良性发展，实现了教育社会功能与本体功能的辩证统一。在蒋南翔校长期间成长起来众多的杰出英才，以充分的说服力证明了蒋南翔教育理念的科学性。在新时代，清华大学注重继承与发展蒋南翔老校长确立的“又红又专、全面发展”的教育思想，提出了“价值塑造、能

① 中国高等教育学会，清华大学. 蒋南翔文集（上）[M]. 北京：清华大学出版社，1998：625-626.

② 中国高等教育学会，清华大学. 蒋南翔文集（下）[M]. 北京：清华大学出版社，1998：675-683.

③ 方惠坚. 蒋南翔[M]//中国高等教育学会. 共和国老一辈教育家传略. 北京：高等教育出版社，2008：606.

④ 方惠坚，张思敬主编. 清华大学志（上册）[M]. 北京：清华大学出版社，2001：13.

力培养、知识传授”三位一体教育理念，将其作为探索全面发展育人理念的一种新的表述，将其融入教育教学的全过程，取得积极的育人成效。2023年，由邱勇书记领衔的《践行“三位一体”教育理念，培养肩负使命、追求卓越的创新人才》获评高等教育（本科）国家级教学成果特等奖。

2021年4月19日在清华大学110周年校庆前习近平总书记来校考察时，充分肯定“清华大学深深扎根中国大地，培育了爱国奉献、追求卓越的光荣传统，形成了又红又专、全面发展的教书育人特色，为国家、为民族、为人民培养了大批可堪大任的杰出英才”。他鼓励“教师要成为大先生，做学生为学、为事、为人的示范，促进学生成长为全面发展的人”。2022年9月，清华大学第十五次党代会上明确把立德树人作为根本任务，服务国家作为最高追求，体现了大学社会功能和本体功能的统一。

习近平总书记指出：“现代化最终目标是实现人的自由而全面的发展”。马克思恩格斯指出：“全部人类历史的第一个前提无疑是有生命的个人的存在”。①马克思主义认为，社会发展的核心是人的发展，人的发展是社会发展的前提和目的。依据高等教育生命论哲学基础，教育是发展人的生命的实践活动，离开了人的生命的发展，教育就失去了本源。人的自由全面发展是衡量社会发展的根本标准，也是衡量教育质量、办学水平的根本标准。大学教育应当把促进学生的全面发展，特别是将发展学生精神生命的主动性置于突出地位。人的主体性的发展、人的精神生命的创新，是教育与文化创新的核心和基础，在建设创新型国家和提高全民族创新素质中具有根本性意义。

三、领导科学：坚持历史唯物主义与辩证唯物主义的指导

“蒋南翔同志一生唯实求是献身党的事业！”这是陈云同志为蒋南翔纪念文集写的题词，坚持马克思主义的哲学观和忠诚党的教育事

① 马克思恩格斯选集（第1卷）[M]. 北京：人民出版社，1995：67.

业是蒋南翔留给我们最为珍贵的财富。

1952年11月蒋南翔被任命为清华大学校长，他没有立即到任，而是先到东北考察，了解国家建设对人才培养的要求。通过考察形成了培养人才的方向与轮廓。到校不久，他组建哲学教研组，亲自兼主任，带头上哲学课。他经常教育干部学生要运用马克思主义的立场、观点、方法，根据我国的实际情况，创造性地研究和解决遇到的问题。蒋南翔自身就是求真务实的典范，为了熟悉教学，他听基础课、做作业，听各个专业的基本知识介绍，到金工车间参加劳动，还到物理系蹲点；由于深入实际，取得了第一手材料，保证了决策的科学性。他十分尊重群众创造，他有一句名言“基层出政策”，将基层的创造实践，经过总结上升为指导全局的政策。譬如，水利系学生提出真刀真枪做毕业设计，他认为很好，就向全校推广，成为至今仍在实行的一个教育环节。他还鼓励干部眼睛向下，向基层找办法，帮助基层总结经验。他说：“任何重要的政策都是从基层出来的，领导不过是加工，我要做教育部长，就要兼清华校长，希望有具体的基层工作经验。”他把清华作为“试验田”。①

对于上级的指示，他不主张盲目执行，强调不当“收发室”。例如，1964年毛主席在春节谈话中批评了教育“办法不对”，提出“学制要缩短”“建议从一切活动总量中，砍掉三分之一”。蒋南翔从实际出发，有分析地对待毛主席的批评意见。一方面在学校教学中贯彻少而精的原则，将清华学制由六年改为五年。同时强调：对毛主席的指示“还要通过‘翻译’。要结合实际情况来贯彻，最后结果要提高质量”。在“文革”期间，他被“监护”审查时，逐条批判了由时任清华革委会主任迟群炮制发表在《红旗》杂志上的所谓教育改革文件。有人劝他不要“顶”下去。他说：“教育事业是关系党和国家命运、前途的大事，正确的我就要坚持，谈自己的看法不是顶，是实事

① 中国高等教育学会. 共和国老一辈教育家传略・蒋南翔[M]. 北京：高等教育出版社，2008：612-613.

求是。彻底的唯物主义者是无所畏惧的。”

蒋南翔强调从实际出发，不是因循守旧，他常常强调在继承中创新，强调要辩证地看事物，要用“两点论”来对待学校的历史经验。他说：“第一阶段是老清华，第二阶段是1952年学苏，第三阶段是1958年以后。每个阶段好的都应保留，有缺点都应想办法克服，肯定成绩，克服缺点，推陈出新……，应该是‘三阶段，两点论’”“要在过去经验的基础上，摸索创造新经验”“要敢于超越，开创我们自己新的道路”①，他的话充满了辩证法和创新思维。

在蒋南翔带领下，清华形成了良好的学哲学、用哲学的氛围。当今，清华把实事求是的作风表述为：不唯书、不唯上、不唯他、不唯洋，只唯实，一切从实际出发，按照客观规律办事。同时，坚持在办学实践中解放思想、锐意改革、不断创新。在这样的文化氛围中，相信有更多的清华人会成为新一代的有哲学思维的社会主义事业实干家、开拓者。

四、结语：教育需要更多的哲学思维

今天回顾南翔同志留下的宝贵思想遗产时，特别感到学习他带有哲学思维的教育家品质的重要性。面临中华民族伟大复兴的战略全局和世界百年未有之大变局，中国需要加速建设教育强国的进程。2023年5月29日习近平总书记在中共中央政治局第五次集体学习时强调，“从教育大国到教育强国是一个系统性跃升和质变，必须以改革创新为动力。”我国高校特别是像清华这样的重点大学面临着巨大的压力。为回答“钱学森之问”命题，许多高校做出了一系列技术性的努力，这些举措会带来一定的效果，但是，如果忽视科学的教育理念，就难以具有普遍的本质意义。恩格斯在《自然辩证法》中，针对19世纪前半叶德国民族“热衷于实际”而摈弃科学的哲学理论发出了

① 中国高等教育学会，清华大学.蒋南翔文集（下）[M].北京：清华大学出版社，1998：812-813.

警示：“一个民族要想站在科学的最高峰，就一刻也不能没有理论思维”①，因为理论思维可以帮助人们防止沉溺于形而上学和浅薄思想。联系当今中国教育改革实践，我们同样感到提升理论思维的重要性。究其本质，最重要的仍是辩证唯物主义和历史唯物主义的思维。比如克服在办学功能中重物轻人的观念，使教育的社会功能与本体功能协调发展，更加注重人的全面发展；克服学校内部重科研轻教学的观念，使教学科研协调发展，更加注重把人的培养放在学校工作的首位；克服在大学文化建设中重物质轻精神的观念，使物质与精神建设协调发展，在当前更注重加强精神文化建设，特别要对形成中国化时代化的大学理想下功夫；克服教育教学过程中重工具理性、轻价值理性的观念，实现工具理性与价值理性的统一，要切实加强价值理性的教育；克服教学过程中以教师为中心的观念，使教师的主导作用和学生的主体作用协调发挥，更要注重发挥学生的主体作用，教师的主导作用要在最大限度地发挥学生的主体作用上下功夫；等等。同时，依据哲学的反思特性，注重批判性思维。

我们肩负着使中华民族站在世界科学和人文的最高峰的历史使命，我们应当努力提高文化自觉自信，而哲学自觉自信是文化自觉自信的最高境界。马克思认为哲学是时代精神的精华，是文化的活的灵魂。习近平总书记一再强调“学哲学，用哲学，是我们党的一个好传统”，指出马克思主义在自身的发展历程中十分重视理论指导，特别是哲学思维的指导，号召全党干部认真学习马克思主义哲学。大学在本质上是哲学性的，大学老师、干部更要提高哲学思维能力。一个时期里，清华培养了众多的实干家，但是缺少思想家、哲学家，而且创新思维不足。在实现中华民族伟大复兴的进程中，在清华走在世界一流大学的前列发挥引领作用时，在坚持“行胜于言”校风的同时，特别要注重“人文日新”的追求，强化理论思维，尤其是哲学思维。为

① 马克思恩格斯选集[M]. 北京：人民出版社，1972：467.

此，认真学习研究和继承发展蒋南翔自觉的哲学思维，具有特殊重要的意义。

作者简介：胡显章，1957年考入清华大学机械制造系，1963年毕业留校工作。曾任清华大学党委副书记、人文社科学院院长，教授。

最后的一面[1]

吴亭莉

1988年2月3日下午，承宪康同志带着倪以信和我去北京医院探望病重的蒋校长。虽然有20多年未见过面，但是一进病房，蒋校长立刻把我们都认出来了，有他的学生来看望，他感到很高兴。老校长坐在沙发上，身体已经相当虚弱，医生不让多讲话，所以我们只能用尽量简短的话把自己这些年的经历和工作情况分别向蒋校长作了介绍。对于倪以信在国内和在美国工作中所取得的优异成绩，蒋校长非常满意。我只是个普通的建筑设计人员，当我把自己设计的几幢普通的建筑照片拿给蒋校长看时，他也欣慰地笑了。他还提起了当年在永年县搞“四清”的事……他夫人谈起1985年蒋校长到湘潭开会时，曾打听过我的情况（“文化大革命”中我曾下放到湘潭）。对于我这样一名普通的清华毕业生，校长能这么关心，使我非常感动。临别时，蒋校长送给我们每人一本他的近作《坚持社会主义教育方向》，并亲自签字留念。又一次使我深深感动的是蒋校长对我的名字的写法记得很清楚：“亭”字没有草字头，“莉”字有草字头。这除了说明蒋校长有惊人的记忆力外，也反映出前一辈教育家对下一代人的关心和期望。最后蒋校长由人搀扶着站起来为我们送别，我们说好下一次再来看望老校长。没有想到后来他的病情恶化得太快，这次见面竟是最后一次。

回想起1964年至1965年，学校组织我们一部分同学赴河北省永年

① 本文主体内容曾收入《深切的怀念永恒的记忆——纪念蒋南翔同志诞辰100周年》，清华大学出版社2014年版，现结合实际有所修改。

县参加了一期农村“四清”运动。蒋校长正好在我们小队“蹲点”，他当时对我们的要求不只是搞运动本身，而主要是接触社会，接触农村和广大农民，学会做群众工作、学会吃苦，扫掉“骄娇二气”，他的一些话至今记忆犹新。他教我们要“把感情锻炼得粗糙一些，不要太细致”，这样才能和群众打成一片。他让我们大胆工作，不要怕犯错误。他常举的一个例子是：有两位医生，一位老医生治好过很多很多人，但是也有一二例治疗失败的；另一位医生没有治死过人，但也没有治好过几个人。蒋校长说：“你有病找哪位医生看呢？依我看，还是找那位老医生好。”为什么呢？因为老医生有着两方面的经验——成功的和失败的，治好病的把握更大些。对于常因怕失败而踌躇不前的人来说，这个例子是一剂良药。蒋校长对于极左路线的过火斗争十分反感，他曾问我们是否知道什么叫“坐飞机”，接着他就讲起延安整风时一些极“左”的做法，并表演给我们看“坐飞机”是怎么个姿势，讲时对此深恶痛绝。且不论那次“四清”运动本身是与非，单就参加社会实践角度而言，我们从实际生活中，以及从蒋校长那里，确实学到了一些书本上没有的知识。

蒋校长对清华的师生们有着深厚的感情，清华的师生对老校长也是非常怀念的。这位无产阶级的革命家、教育家有着坚定的共产主义信仰，坚持实事求是，有高度的革命原则，为了革命的根本利益敢于逆风行船，而不随波逐流。在十年浩劫中，他坚持真理、宁折不弯的革命气节博得了大家的尊敬。对青年学生，他一贯热忱关怀、谆谆教诲、寄予厚望，他的每次讲演稿几乎都是亲自动笔写，他的一次次丰富生动又深入浅出的高水平的报告吸引了众多的听众，使人从中获取了前进的动力。蒋校长一直倡导“又红又专”，提倡“三好”，全面发展，要求青年学生首先要热爱祖国，热爱人民，为社会主义服务，学业上要刻苦钻研、攀登高峰。所以多年来，清华大学一直有着良好的学风，清华20世纪五六十年代的毕业生们绝大多数都能埋头苦干、自立自强，在各自的岗位上做出了突出的成绩，成为各方面的骨干。

看到这一届届的学生们创造出的一批批成果，蒋校长在天之灵也一定会感到宽慰的。

纵观清华大学发展史，蒋南翔校长在清华的建设发展中无疑起到重要的作用。他全身心地投入到清华大学的教育工作中，在当时的历史背景下，他主张以教学为主，学生德智体全面发展，主张招生不唯成分论，主张团结百分之一百，倡导增强体质，“为祖国健康工作五十年”。为了坚持正确的教育方向，敢于开顶风船。在蒋校长任期的14年中，清华培养了上万名品学兼优的毕业生，他们在祖国的四面八方、各行各业中都发挥着骨干的作用，默默无闻、兢兢业业地为祖国作出了杰出的贡献，为清华争得了荣誉。

记得1988年见蒋校长时，我给他看了我设计的中国木偶剧院建筑模型照片，在之后的30多年的建筑设计、咨询工作中，我和我们北京市建筑设计院的设计团队又设计了几个剧院建筑及其他建筑，因为在清华文艺社团时经常在大礼堂演出，所以对观演建筑情有独钟。我和千千万万个“清华人”一样，在自己的工作岗位上勤奋踏实地工作，获得了各方面的好评，得到了一些嘉奖。2001年退休后，在本单位回聘做审图工作直到2018年二次退休，实现了“为祖国健康工作五十年”的既定目标。

作者简介：吴亭莉，1959年考入清华大学建筑系，1965年本科毕业，1968年研究生毕业。曾任北京市建筑设计研究院教授级高级建筑师、设计咨询审图中心总建筑师，国家一级注册建筑师。

成长在清华大学“四好”班

王友彭

1959年，183位同学从全国各地考取了清华大学自动控制系，经过三年的基础理论学习，原来的7个班按专业分成5个班，我被编入自503班，为自动控制理论专业。1965年毕业时，我们班被校务委员会评为四好毕业班（思想好、学习好、工作好、身体好），全班24人中获优秀、优良毕业生奖5人，占21%（当年全校毕业2021人，优秀、优良毕业生290人，占14.3%）。中国共产党党员由1人发展到6人，占全班人数的1/4，这在全校都是很高的。

清华大学是全国一流的大学，当时号称“红色工程师的摇篮”。在蒋南翔校长的领导下，校党委贯彻的教育方针是：教育为无产阶级政治服务，教育与生产劳动相结合，培养又红又专的建设人才，既要关心政治，积极参加政治活动和生产劳动，又要努力学习，熟练掌握基础理论和专业知识。大家都按照这个方向去努力。

一、独立思考，因材施教

我们自503班全是男同学，住在12号楼最上层，一个房间放5张床，10个同学分上下铺居住，有4人和别的班同学合住。因为各班都无固定教室，中间放两张桌子共用。为了能有一个安静的学习环境，宿舍里经常空无一人，除上课外，大家整天背着书包、带上计算尺去图书馆或找教室学习。当时是每周学习6天，只有一个星期日，但谁也不舍得全天休息。寒暑假多数留校学习，很少有同学回家，生活十分紧张。

自动控制系是1958年新成立的，讲授课程的老师多是有名的教授。钟士模教授讲“自动控制系统”，吴麒教授讲“自动调节原理”等，老师们讲课由浅入深，带我们登上科学的殿堂，让人听得入神。“运动学”“不变性原理”“控制数学”等都属于前沿科学，没有现成的教科书，主要靠课堂上听讲、记笔记、看一些讲义和参考书，学到手很不容易。记得“过渡过程”课程期末考试，虽然大家都曾经是全国各市、县选拔出来的尖子生，180多个同学中仍有不少同学不及格，我当时是年级学习委员，整个假期都在联系安排同学的补习、辅导、答疑和补考。可喜的是，郑大钟和史美林两位老师非常认真和耐心，辅导大家全部补考及格。当时学校规定：两门主要学科不及格就必须留级，要求非常严格。虽然我们班没有不及格的，但也很是震惊。大家认识到，学习光靠时间长还不够，必须改进学习方法。

大学不同于中学，参考书看不完，光靠背书、背课堂笔记是考不及格的，更要讲究学习方法。必须独立思考，善于总结，做到“读书由厚到薄”，按照自己的思路、方法去理解和记忆，变课堂知识和书本知识为自己的知识，真正学到手。我班有一位同学学习方法好、接受能力强，学校和系里开展“因材施教”，全年级仅他一人由系主任钟士模教授专门辅导，使他的学习好上加好，起示范作用，我们都很羡慕，向他学习。

二、加强政治学习，树立正确人生观

学校的目标是为国家培养建设社会主义的高质量人才，要求每个同学树立正确的人生观，做到“又红又专”。

我们自五年级团总支负责整个年级的政治学习，组织听报告和安排各班学习讨论。蒋南翔校长的入学教育、刘冰副书记的人生观教育、艾知生副书记讲授的自然辩证法、系党总支书记凌瑞骥的形势教育等都给我们指明了方向，给人以信心、勇气和力量。那时每个班是一个团支部，具体负责组织学习讨论。我们自503班非常活跃，政治学习中也善于思考，勇于提出问题，艾知生副书记经常参加我们班的政治学习和讨论，现场气氛热烈，大家畅所欲言，不扣帽子，不打棍子，不抓辫子，增加见识，提高认识，如：关心国内外大事；开展“红”与“专”的教育，正确处理“红”与“专”的关系；学习自然辩证法，实事求是，一分为二；学习雷锋，积极做好事，立志做个革命的螺丝钉，为祖国学习，为人民服务；等等。

当时争论比较多的是“红”与“专”的关系、政治与业务的关系。有的同学提出时间是一个常数，做这就做不了那，相互矛盾，艾知生副书记讲：“红”与“专”在时间上是矛盾的，但也可以变成相互促进的，思想好，可以给人以奋斗的目标、学习的动力，促进学习得更好，并举出学校中很多同学的例子。这在理论上能理解，但实际做起来很不容易。学校有意识安排同学做社会工作，培养政治业务双肩挑，但如果两者的关系处理不好，学习成绩掉下来，就暂停社会工作，要求把学习补上去。那时班里也给每个同学安排不同的工作，锻炼领导和组织能力。

我们都是生在旧社会、长在红旗下的小青年，亲身经历过旧社会时国家和人民贫穷、落后、生活困苦的年代，亲眼看到国家一穷二白的面貌，下定决心，毕业后一定努力去改变国家落后的面貌。参加工作后，我们就落实到行动上。有位同学与爱人16年两地分居，老母亲瘫痪10年，父亲老年痴呆，忠孝不能两全时，依然全身心投入工作；1980年，我以访问学者身份去加拿大进修了两年，之后又去日本进修三个月，却从不羡慕国外的优厚待遇和富裕生活，毫不犹豫按期回国，报效祖国。

三、思想工作，深入细致

同学之间，开展思想政治工作，要正确处理好个人和集体的关系。党团组织关心每个人的思想情绪，班内组织“一帮一”“一对红”，相互帮助，共同进步。以我为例，一年级的时候，我当选为班长，当时正值国家经济困难时期，粮、油、菜、肉、蛋、糖等都限量供应，都不够吃。每人每月30斤粮票，菜很少，大家都吃不饱，有时一天三顿全喝稀饭，有的同学浮肿了，大家一天回一次宿舍，上楼都很困难。我们几个班干部还响应党组织的号召，自己少吃，节约下粮票给吃得多的同学。每到月底，都仔细了解每个同学的用粮情况，保证人人不断粮。有的同学不计划用粮，每月都需要支援；有的同学不积极参加集体活动，我经常批评他们，对同学一个标准，要求太高，方法简单，不会做耐心细致的思想工作。到三年级改选班长时，我就落选了，这件事对我的刺激很大，我感到委屈，也很苦恼。因为我的学习还不错，后来安排我当了全年级的学习委员。

分班到自503后，我也不太关心班里的事，党支部书记兼团总支书记和我班团支部书记多次找我谈话，帮助我提高认识。让我学习毛主席著作，学习《矛盾论》《实践论》，学习《关心群众生活，注意工作方法》《党委会的工作方法》等，对自己一分为二，认真总结经验教训。我开始有了转变，积极参加班里组织的集体活动，开会积极发言，和同学谈心，互相帮助。后来我加入了中国共产党，当了班团支部书记。至今，我还经常组织我班同学聚会，畅谈国内外大事和毕业后的工作、学习与生活，回忆清华同学时代的美好时光。

毕业分配教育，要正确处理个人志愿和国家需要的关系。毕业分配时，大家都纷纷报名到最艰苦的地方去，到祖国最需要的地方去，全班同学都报名到贵州、内蒙古和陕西去工作，但岗位有限。最后，大家又都无条件服从国家需要，走上分配给自己的工作岗位。

四、锻炼身体，争取至少为祖国健康地工作五十年

“争取至少为祖国健康地工作五十年”，是蒋南翔校长的殷切希望。“生命在于运动”，体育教授马约翰的讲演，给我们留下了深刻

印象，他在讲台上来回走动着讲话，他在严寒的冬天仅穿短袖运动衫裤，真令人佩服。体育锻炼是清华的优良传统，每天下午四点半钟，学校的大喇叭响起，同学们纷纷走出教室、图书馆，奔向体育场，开展田径、篮排球等各种运动，冬天滑冰，夏天游泳。记得一天刚下过雨，游泳池的水温仅二十五六摄氏度，班长李庆恩一声令下，我们也不怕水凉，就一起跳下水，向对岸游去。坚持体育锻炼，既锻炼了身体，也磨炼了意志。

学校的文体生活也丰富多彩，我班有两人参加校运动队武术队、击剑队；有两人参加校文工团，三位同学因身体原因从四字班留到我班，坚持适当运动，毕业后，都做到了为祖国健康工作五十年。

五、积极参加社会实践，真刀真枪做毕业设计

团总支受系分团委的委托，组织了多次下乡支农和去部队学军，我们班同学都积极参加。去通县农村，进院就打水、扫地，访贫问苦，腿上被蚂蟥叮得多处流血，无一人叫苦；去张家口学军，当时正值解放军大比武时期，摸爬滚打，跑步、射击，刻苦训练，新衣服都磨出窟窿，特别是夜间紧急集合和深夜在山崖上急行军，真是不怕苦，不怕累，像个真正的军人。

按照学校的教学计划，安排到工厂实习，系教研组派出老师带队去工厂，参加生产劳动，向工人师傅学习，正是理论联系实际的好机会。特别是毕业设计，更有收获。我们五人一组，吴麒教授是我们的指导老师，带我们到当时的774电子管厂去搞单晶炉自动控制系统设计。那时拉制单晶还是人工的，废品率很高，当时一根单晶就值上千元，顶二三十个工人的月工资（一般工人月工资38元）。我们和工人师傅同吃、同住、同劳动，日夜倒班，守在单晶炉旁测试数据，有的记录坩埚温度，有的记录拉晶速度，摸索拉制合格单晶的程序和数据。在吴麒老师的指导和屠家敖老师傅（自学成才的八级电工）与王秀云师傅（单晶组组长）的大力配合下，单晶炉自动控制系统终于研

制成功，既节省了人力，又保证了质量。毕业设计中理论联系实际、集体分工协作的精神，在我们之后的工作中得到更好的发挥。

六、为祖国效力，为母校增光

清华的知识、清华的精神、清华的作风和思想方法都深深地影响着我们的一生，大家在不同的工作岗位上，积极努力，克服各种困难，奉献祖国，分别成了专家、教授和学科带头人，有的同学成了国家重要岗位上的领导干部，还把清华的传统传给下一代年轻人。

有同学发明了“全系数自适应控制理论和方法”与“基于特征模型的智能自适应控制方法”，成功地应用于我国工业控制、航天控制、神舟飞船返回等领域，控制精度达到世界先进水平。

有同学曾任弹道导弹副总研究师、副总设计师，提出一种新型制导控制方法，荣立一等功，获国家科技进步特等奖1项，获献身国防科技事业荣誉证章，中国航天事业50周年重大贡献奖，成为弹道导弹专家。

我在国内最早研建成功了大型的事实型数据库（传统的是文献型数据库），研究出的数据库字典法，突破了数据库对数据项项数的限制，解决了研建大型数据库的一大难题。我作为第一完成人，成功研建“城市建设和管理数据库系统”（原名“世界大城市数据库”）和“全国科技成果交易信息数据库”，荣获了两项国家科技进步奖，被评选为北京市和国家有突出贡献专家、全国科技情报先进工作者、北京市劳动模范，第一批享受国务院颁发的政府特别津贴。

后因工作需要，我被调任北京市知识产权局第一任局长，带领全局开拓创新，开启了北京市知识产权事业的新局面。国家知识产权局领导赞扬我局的知识产权工作走在全国的最前面，我本人荣获全国知识产权工作先进个人称号。

由于工作岗位不同，每个人所处的环境和面临的机遇不同，因此，每个人的作用发挥的程度不同，取得的成绩也不同。但大家都努力过，都奋斗过，把自己的一生献给了祖国！

大家都表示：特别感谢我们清华大学的蒋南翔校长等校领导、系领导和自五年级党、团组织的领导，感谢我们敬爱的老师和互助友爱的同学们。我们无愧于清华大学对我们的教育和培养！

作者简介：王友彭，1959年考入清华大学自动控制系，1965年毕业。曾任北京市知识产权局局长，获评国家级有突出贡献专家，教授级高级工程师。

在传承中成长

——纪念蒋南翔校长诞辰110周年

黄文州

工程物理系1960级2班全班同窗都活过了80岁，我是清华蒋南翔校长时期这个班毕业前最后一任团支部书记，中央台在2022年除夕曾邀请我们班上春晚。一个优秀班级的成长，在学校和工作岗位上见证了我国核工业发展强盛的历程，全班所有同学毕业后都在国内成就事业，整个班集体传承了爱国奉献、追求卓越的清华精神，都为国家交出了满意答卷。

一、传承"一二·九"爱国主义传统

蒋南翔校长在"一二·九"抗日救亡运动时期，于1935年任中共清华大学党支部书记，并担任《清华周刊》主编，1936年任中共北平学委书记。1931年日本帝国主义悍然发动"九一八"事变，反动政府采取不抵抗政策，节节退让，1935年，日本帝国主义的魔爪伸向华北，中华民族到了万分危急的生死存亡关头。当时蒋南翔同学起草了清华大学救国会《告全国人民书》，发出"华北之大，已经安放不得一张平静的书桌了"这句著名的呐喊，集中反映了在民族危亡时刻，中国青年学生抗日救亡的最强音。北平大、中学校学生联合会1935年12月8日在燕京大学合议的议决书通过了6条抗日救亡纲领，并决定发动大、中学校的学生参加12月9日的请愿行动，会议还决定了请愿策

略、请愿口号和线路。蒋南翔以及我母亲林璧人都是到会约20人的各校核心骨干之一，也是12月9日举行抗日救亡请愿和爱国游行示威的组织者。尽管清华大学当时的校长梅贻琦出于清静办校和爱护学生考虑，12月8日连夜劝学生不要去请愿，避免与军警冲突流血，但清华爱国学生还是响应北平学联决定，参加了12月9日请愿游行。北平学联决定12月16日继续示威游行前，蒋南翔再次应中共北平市临时工作委员会要求起草了《一二・一六北平市大中学生示威宣言》。蒋南翔在清华大学，参与组织和领导了“一二・九”抗日救亡运动。

“一二・九”运动促进了抗日民族统一战线的建立，掀起了全民抗战的洪流。我们要继续发扬清华大学以及蒋南翔为代表的“一二・九”爱国主义的光荣传统，清华大学除纪念“一二・九”活动外，还设立“一二・九”奖学金和蒋南翔奖学金等，激励同学们的爱国情怀，当代青年在物质和文化生活丰富的年代，更要传承培养爱国之心、报国之志、建国之才、卫国之能，时刻准备着为祖国繁荣昌盛和保家卫国肩负起历史重任。

二、传承创新和追求卓越精神

工程物理系是蒋南翔校长根据党中央、毛主席的强国战略需求建立的，旨在为我国原子能事业培养理工结合的研究型工程师、有解决问题能力又会创新的国家急需人才。工程物理系一开建就设立军民两用原子能全套专业和各类科学实验室，后来又建设了“200号”我国第一个实验型核反应堆。尽管苏联专家撤走，但不到5年我国就爆炸了原子弹，后又陆续建成核电站，国家核成就与清华培养输出的大批急需的核科学人才并发挥重要作用分不开。在清华6年钻研原子能专业新科学技术的历程值得回味，我们更难忘1965年09工程核潜艇部件真刀真枪毕业设计的日日夜夜，那是工程物理系培养我们在无资料无图纸下的创造性设计。我们感谢在发展我国核事业进程中有战略眼光的蒋南翔校长和何东昌系主任等导师，他们创建工程物理系敢为人先的布局和措施，使我们在育人强国的教育培养中，传承发扬了创新和追求卓越精神。我们工程物理系1960级2班许多同学毕业后，和其他核专业毕业生一样，不断开创祖国核事业高科技新篇章，干惊天动地事，做隐姓埋名人，他们厚德载物，默默奉献青春，一辈子无怨无悔。

三、传承德智体美劳全面发展

蒋南翔校长的许多先进育人理念，如又红又专、“两个肩膀挑担子”、给“猎枪”等，都使我在校和毕业后的各种工作中得到磨炼成长，做到忠于党、忠于祖国、忠于人民，具备组织能力并陆续肩负起各种重担。我先后获得厅级优秀共产党员等表彰，并享受国务院政府特殊津贴。

蒋南翔校长强调基础课基础教育，清华大学这种“强基”的教育理念，使我们得益终生，我们的优势是从事任何工作，因基础踏实都能很快胜任，这是不少其他大学出来的学生做不到的。我们工程物理系1960级2班全班同窗都活过了80岁，我们可以骄傲地向母校和蒋南翔校长在天之灵汇报，我们因为传承了母校和蒋南翔校长的德智体美劳全面发展的要求，我们在各自单位中都是中坚骨干，都能胜任各自岗位工作重担，默默无闻地为祖国建设发展贡献自己的才华和力量。

蒋南翔是“一二·九”运动走出来的革命家，新中国成立后受命创建社会主义新教育新大学，功勋卓著。蒋南翔校长在“文化大革命”挨整挨斗时表现出的刚阿不屈的原则立场和自信，令人敬佩。蒋南翔校长及清华大学立德树人的教育思想使我们文明健康地茁壮成长，我们应感恩并站在新起点上去继承创新。强国兴邦靠教育，祝母校越办越好。以此文纪念蒋南翔校长诞辰110周年。

作者简介：黄文州，1960年考入清华大学工程物理系，1966年毕业。曾就职于福建省轻工业研究所、清华海峡研究院等。

缅怀和感谢敬爱的蒋校长

殷广鸿

2023年，我们迎来敬爱的蒋南翔校长的110周年华诞。蒋校长是无产阶级革命家、马克思主义教育家。他在母校担任一把手十几年，为学校的建设和发展作出了重要贡献。

母校征文，隆重纪念蒋校长诞辰110周年。热心的校友会给我发来邮件，说我在《为祖国健康工作五十年》的征文集中，深情地提到蒋校长，询问是否愿意参与此次征文活动。感谢校友会的热情邀请，经回忆，并查阅有关资料，我写了下面一点文字，作为对蒋校长的缅怀之情和感谢之意！

一、为祖国健康工作五十年

1957年11月29日，蒋校长提出了一个著名的口号，“争取至少为祖国健康地工作五十年”。我觉得这个口号，无论在当时，还是在现在，都有着十分重要的作用和意义。

1962年我来到清华园，在校6年，深感母校重视体育锻炼的好传统，也处处感受到校长的口号深入人心，潜移默化地鼓舞着大家认真锻炼身体。我本来就喜欢运动，也懂得学习与身体的辩证关系，所以也响应校长的号召，积极认真锻炼身体。回想起来，在锻炼身体方面，有两点比较有点特色。

其一，持之以恒。我要求自己每周至少锻炼6次，每次要完成规定的内容。俗话说得好，计划容易执行难。有时下雨，有时功课忙，下午没有锻炼，我就晚上补，一定要做到每周至少6次。此外，有时时间紧，尤其是晚上补炼，往往会不自觉地“偷工减料”，这时是考验意志力的时候，我会严格要求自己，罚自己重做，直到自己从良心上认为合格为止。由于保质保量持之以恒地锻炼，我的身体还不错。1963年暑假回家，母亲见我长高长结实了，很高兴，也放心了。要知道我考取清华时，全家都高兴，唯独母亲担心我开刀不久，在北方生活不习惯而担忧呢！

其二，冷水浴锻炼。1965年夏天，我就打算学习毛泽东，尝试冷水浴，但因去“四清”而作罢。1966年6月返校后，立即实践冷水浴，夏天秋天没问题，关键是冬天。12月16日串联归来，我稍作休整，决定在26日毛泽东诞辰那天，开始我的冬天冷水浴锻炼。应该说是冷但坚持着，冷也快乐着。我是晚上睡前去冷水浴，洗冷水浴的人真是寥寥无几。一开始洗的时候，的确感到很冷，虽然采取循序渐进的方法，仍然感到很艰辛，有时也想打退堂鼓。不过想起伟人的勇气，我也一直坚持着。用冷水擦身还好受些，用冷水冲身就要有点勇敢精神了，此时也是考验意志力的关键时刻。值得欣慰的是，我都坚持下来了。经过冷水擦身尤其是冲身的洗礼后，你会感到很舒服，是一种其他运动体会不到的特别感受，甚至是一种享受。为了能坚持下去，我要求每周6次，不过生病可以例外，好在没有生病。一直到1968年9月离校，我都坚持冷水浴锻炼。

工作后因种种原因，直到1987年夏天，才重启冷水浴锻炼。当时住房条件有所改善，卫生间有了简易的淋浴设施，我从夏天开始，每天早上冷水擦身和冲身，到初冬时节，改为仅擦不冲，一年中冲身半年，擦身半年，感觉效果不错，精力比较充沛。我一直坚持到现在，当然随着年龄增大，冲身的时间会相应缩短些。

有点遗憾，我只工作到2008年，仅为祖国工作了40年，没有达到蒋校长的要求，有所遗憾。好在40年里，我都是精力饱满地为祖国工作的。

虽然从2009年起，我不再继续上班，但是却忙着一件很有意义的事情。早在2004年11月，我这个植物盲就萌生了一个大胆想法，一边扫盲一边写本公园花木的普及书。我利用节假日去公园识别和拍摄花木。2008年9月我与农业出版社签合同后，就集中精力编写，在家人和同学的大力配合下，我主编的《公园常见花木识别与欣赏》，于2010年顺利出版，先后印刷6次，累计21000册，成为一本畅销书，还有幸成为培训班的教材，更令人高兴。我觉得这是在以另一种方式为社会工作！

二、因材施教

蒋校长为首的校领导，在培养学生又红又专、全面发展的前提下，对于在政治、业务和文体等方面，有一定特长特点的学生，通过政治辅导员、因材施教和文体代表队集中管理等方式，使他们得到更好的锻炼和发展。既重视普及，又注意提高，并相互影响、互相促进，努力为祖国培养出各类优秀人才！

我有幸成为因材施教的培养对象。大三时，我们年级160多人中4位同学，在科学馆做物理实验。老师只出实验题目，我们去查阅资料，进行实验构思，拟定实验步骤，再和老师讨论，最后进行实验。学校为了我们查阅资料方便，给我们每人增发2张特别的借书证，可以借任何类型的书籍。

与以往的实验相比，这种实验方式难度不小，但收获也不小，培养了我们查阅资料、解决问题的能力。在后来的工作中，我觉得这种能力的培养，起着潜移默化的作用。例如，1977年单位不惜花重金50万元，买了一台DJS-130小型计算机，1978年1月成立了一个6人小组，前去厂家接机。厂家的技术人员见我们没有一人学过计算机，为我们接机，也为他们交机而发愁。面对一大堆厚厚的资料，凭借母校打下的良好基础以及解决问题能力的培养，我不仅阅读消化分工的资料，还浏览阅读其他人分工的资料。经过一段时间的奋斗，厂家的技术人员对我刮目相看，还感叹地说清华的学生就是不一样！

从此，我对计算机的应用工作，一直努力钻研。1988年单位迎来第一次高工评审，当时我的资历尚浅，评上当然好，评不上很正常。高评委由上级主管部门聘请，除了一些院校的具有高工资格的评委外，还向待评的大单位，允许推荐一些资深的专业人员，经上级审定后，成为评委。我单位有10位评委，我有幸成为其中的一位。在13个专业176位高评委中，我自然是最年轻的评委之一。此后，我继续努力，后来成为研究员级高工。

母校在外语教学中，也贯彻因材施教的理念。我中学读的是俄语，大一接着学俄语。虽然通过了俄语水平考试，可能英语老师较少，我们大二继续学俄语，上了点文学作品课。大三时，我们年级每班5人，5个班25人，与五年级的一个整班，一起学二外英语。不同班级尤其是不同年级，只好晚上上课。每周2个晚上，一年下来顺利通过英语水平考试。教我们的老师感叹地说，我们的英译中，比一外就学英语的要好！我们都深知英语是很重要的外语工具，为学好英语，我也下了不少功夫。我的大学三年级是最忙的，要多上2门课程，即英语和物理实验。印象中每天的时间都很紧，但都忙得很高兴。

毕业后工作初期，外语用不上。为了不让辛辛苦苦学来的英语荒废，我与同学尝试写英文信，还阅读一些英语简写本小册子，曾笔译过《雾都孤儿》。1973年10月，更是坚持10个月，翻译了一本16开369页的*Heat Exchanger Design*（《热交换器设计》），极大地提升了我的英译中水平，在后来从事计算机应用工作时，以及出版《VSS版本管理及其应用》一书时，我的英语都发挥了很重要的作用。

从以上我的工作经历来看，我觉得因材施教是有益的，也是成功的，我很感谢蒋校长为首的校领导，大胆尝试因材施教的教育理念。

蒋校长虽然已经离去，但永远活在我们心中！

作者简介：殷广鸿，1962年考入清华大学工程物理系，1968年毕业。曾就职于国营南京476厂，教授级高级工程师。

清华教育是人生宝贵财富

章霖官

一、两次接受清华教育

2023年是蒋南翔校长诞辰110周年，写下这篇小文以示纪念。

我1963年高中毕业，壮着胆子报考了清华大学，7月初高考，8月开始在希望与焦急中等待，收到录取通知书时已离开学日期不远了。不巧的是那年河北发大水，京沪铁路临时停运。我和几个考到北京的同学都是第一次出远门，结伴先坐汽车到镇江，然后坐火车（在南京火车轮渡过江）到烟台，再坐轮船到塘沽新港，再坐火车到北京。一出北京站看到清华大学的接站横幅，心中一块石头总算落地，没有耽误准时到校报到。

入学后的编班是9字班，即1969年夏天毕业，后来学制改革，从6年改为5年半，毕业时间也变成1968年年底。

当时的清华大学校长蒋南翔，也是高教部部长，在我们新生心目中深受敬仰。在大礼堂召开的新生开学典礼上，我们见到蒋校长，穿着朴素，平易近人，距离感一下子拉近很多。蒋校长在讲话中要求我们发扬清华传统，刻苦学习，并告诉我们，你们学习的底子都很好，进大学后只要学会听课、记笔记和自习的正确学习方法，每个人都会取得好成绩；学生以学习为主，同时要注意思想进步，要又红又专，要热爱劳动，要锻炼好身体，毕业后争取至少为祖国健康地工作五十年。蒋校长的讲话让我们心中踏实了许多。我的一个高中同班同学高考成绩分数高，还参加了蒋校长召开的小范围的新生座谈会，让我们羡慕了很长时间。

还是在大礼堂，我国第一位体育教授马约翰也给我们做了一个报告。他说，清华是强制性要求学生进行体育锻炼，有了好身体，才能为祖国作贡献，体育能促进人的德育发展，让学生成为全面发展的人。马教授当年已过80岁，身体健硕，精神矍铄，做报告时要求关掉麦克风，说自己声音大，大家都能听得到。虽然最后排的学生还是有点听不清楚，但所有的新生都从心里喜欢上这位健康、睿智的老人。

蒋校长的讲话给我们指明了前进方向，马教授的报告告诉我们首先要有个好身体，似乎让我们从懵懂的中学生一下子变成了初知进退的大学生。

五年半的大学生活转眼就过，离开学校的时候到了。学校接到四川省通知，要求分到四川各地市的毕业生都先到部队农场劳动锻炼，于是我们不同系的5个人结伴直接到指定的部队农场报到。一年半后再分配，我被分到一个新建的县农机厂，做了8年多的技术员。

1978年，我通过考试获得返回母校进修的机会，而且是带薪学习，工资由原工作单位支付，至今不忘他们的支持。1979年春节后我又回到清华园，还住在毕业前住的2号宿舍楼。开学后第一次在大礼堂西边的阶梯教室上数学大课，教室坐满了从全国各地返回的学生（1968年至1970年毕业），十几年前曾给我们上过课的数学老师说："我从来没有给年纪这么大的学生上过课，也从来没有给这么多人上过课，让我们重新开始吧。"我们仿佛又回到美好的学生时代，也发现清华的好传统并没有丢失。

两次到清华接受教育，是我最幸运也是最珍惜的人生经历。

我在进修班学习期间又考取南京航空航天大学的研究生，1982年毕业后分配到无锡614所（现在称中国航发控制系统研究所）。一到所里就遇到好几位清华校友，比我年长的是我们的所领导，比我年轻的小伙子们是各个研究室的骨干，倍感亲切。这一切似乎还在眼前，一晃已过去41年。

二、清华教师

入学后，和我们接触最多的是辅导员、班主任和基础课老师，他们是清华教师的优秀代表。

辅导员、班主任经常和学生促膝谈心，宣传、落实蒋校长的教育思想，要求学生实话实说，勇于担当，敢于攀登高峰，做到又红又专，并向红透专深努力。当年的中秋节夜晚，他们没有回家和家人团聚，而是带领班上的外地学生到颐和园开了一个小型的游园晚会，几乎每个学生都像刘姥姥进大观园那样，既兴奋又好奇，尽情玩了很久才回校，上床后还久久不能入睡。以后去过颐和园多次，再也找不到那天晚上的那种感觉。我们的辅导员和班主任既是老师，也是朋友，深受全班同学的爱戴和尊重。

当时清华的基础课由经验丰富的老师担任大课讲解，每班还配一个小课老师，和我们一块儿听大课，负责答疑和批改作业。小课老师比我们大不了多少，和我们更容易打成一片，但并不放松要求，对我们的课程学习帮助很大。如果觉得你还有潜力，小课老师还会给你加点码，让你拓宽眼界。

清华教师是蒋南翔教育理念的遂行者，是校长和学生之间的桥梁。

蒋校长明确提出，清华大学是红色工程师的摇篮，清华教师有自己独到的教育学生的方法，让学生毕业后能很快适应工作需要，担当起工程师的职责。

蒋校长给清华确定的教育方针是培养又红又专的社会主义建设人才，为了达到这个目的，学校造就了一支知识渊博、作风朴实、心无旁骛、一心一意教好学生的教师队伍。正是在这些优秀教师的言传身教下，才培育出一批又一批合格的清华学生。

三、清华学生

入学不久，众多新生都有一个突出印象，国家、学校很爱护我们这些学生。粮食定量提高到每月35斤，每个月的伙食费规定不低于15.5元，这对于那个时期的全国人民的生活水平来说，已经是很高的水准了。困难家庭的学生有助学金，保证了每个学生都能达到这个水准。过去了60年，至今才意识到这是学校在不声不响地实施真正意义上的教育公平。

清华学生都深知上学机会的来之不易，学习自觉、刻苦。晚自习时图书馆一座难求，所有对学生开放的教室都灯火通明，坐满了人，大家安静地做着作业，或相互小声地讨论遇到的难题。高水平的教师队伍和刻苦学习的学生共同造就了学校一流的教学质量。

清华的学生不是书呆子，有广泛的兴趣爱好。学校的文艺社团、体育代表队集中管理，他们有专门的宿舍和饭厅。学生们最喜欢看清华男子篮球队的比赛，球队的水平在高校中已难寻对手，经常邀请体育专业队北京青年队来校比赛，也不落下风。

学校在校庆时召开运动会，总裁判长就是马约翰教授，他也是全国运动会的总裁判长，可见清华运动会的规格不低。那几天，学生运动员们为创造好成绩流汗，其他学生也暂时得到放松，组成啦啦队，为本班、本系的运动员擂鼓助威，呐喊加油。清华的学生追求全面发展，也追求卓越。

学校重点抓学生的学习，同时也经常组织学生参加劳动和社会活动。假期可以短期在学校干一些力所能及的体力活，一天工作4小时，还有一定的劳动报酬，我就曾用这个报酬买了一本《英汉大词典》。收获季节到了，学校就组织我们到郊区农村参加秋收秋种劳动。那时清华每年都是让大二的学生参加国庆游行，1964年我们班参加，当队伍到达天安门前，大家尽情地向天安门城楼欢呼，忘记向前走动了，毛主席拿着帽子向着队伍挥动了好几下，队伍才又继续前进。

学校有计划地组织学生参加军训和金工实习。军训辛苦但并不枯燥，我们系的女生在军民联欢会上表演节目，一个女生表演好后一个旋风般的侧翻潇洒离场，惊呆现场所有人，其实她是学校运动队的体操一级运动员。毕业前的金工实习，钳工、车工、锻工等工种，每个学生都要经历学习一遍。有了理论知识，又有了初步的实践，分到基层机械工厂的清华毕业生，相比其他学校的毕业生，要显得从容得多。

清华大学为学生的全面发展、健康成长提供了广阔的空间，清华学生也没有辜负校长和老师们的期望，在学校学习、练就了建设祖国的知识和能力，毕业后在祖国建设的各条战线上辛勤工作，发挥着巨大的作用。

四、清华教育是人生宝贵财富

清华毕业生有个共识：清华教育是人生宝贵财富。清华教育史是蒋南翔校长教育思想的集中体现，我体会或许可用以下八个字描述：知识、能力、精神、信念。知识和能力是清华毕业生敢于挑战任何困难工作的底气；精神和信念，即“求实、担当”的精神和“为祖国健康工作五十年”的信念，是蒋南翔校长向全体学生提出的基本要求和发出的号召（也是提出的更高要求），已成为所有清华毕业生的人生目标和工作动力。

刚到研究所，我主要参加的工作是航机陆用，即将所里的航空涡轴发动机改成地面泵水、泵气机组的动力。20世纪90年代，我们接到研制直升机涡轴发动机数字控制系统的任务，这是全新的项目，西方又对我们实行技术封锁，任务光荣、艰巨，压力山大。在设计、生产、试验过程中，特别是外场试验中，遇到的困难、问题很多，受到的责怪、不被信任也很多，这时任何委屈、退缩、怨天尤人都没用，只有自己救自己。在这种局面下，支撑着我和课题组渡过难关的恰恰就是务实、担当精神，我们每个人都韧性十足，不达目的誓不罢休，最后也总能找到解决办法，继续前进，直至任务全面完成。

清华培养的务实、担当精神是我在工作中一直坚持的行为准则。

2017年，为纪念蒋南翔校长提出“为祖国健康工作五十年”的口号发布60周年，我写了一篇文章，标题是“一个不会过时的口号”。文中说，从1968年大学毕业参加工作算起，包括退休后返聘10年，返聘结束后还经常到保留的办公室里做一些所里专业需要、自己感兴趣的事情，因此可以说到2017年我已为祖国工作49年，离定下的目标还差一年。

到了今年3月底，终于到了和我的办公室说再见的时候。离开以前，受邀参加技术党支部为一项攻关任务组织的微党课活动。我在会上感谢研究所和技术部帮我完成了两个心愿，一是41年坚持做一件事：航空涡轴发动机控制；二是实现了“为祖国健康工作五十年”的目标，达到55年。我也以清华精神与攻关组共勉，祝愿他们攻关成功。

能超额实现“为祖国健康工作五十年”的目标，颇感幸运和自豪。

五、最好的纪念

清华园是一片沃土，清华教师是优秀园丁，清华学生是园中一棵一棵成长起来的大树，蒋校长就是敬爱的园长。一棵一棵的大树成长为栋梁之材，也就是清华毕业生在各自的岗位上为祖国作出自己最大的贡献，这是对蒋南翔校长最好的纪念。如果每个毕业生都能健康工作五十年，那就能为祖国作出更大的贡献。

1961年蒋南翔校长主持起草的《教育部直属高等学校暂行工作条例（草案）》（简称“高校60条”）和1963年发布的“中学50条”“小学40条”，系统总结新中国教育正反两方面的经验，为中国社会主义教育体系的建立奠定基础。“高校60条”发布已过去62年，1998年颁布高等教育法也已过去25年，如何继承、发扬光大蒋校长的教育理念，并能与时俱进，依然是我们纪念蒋南翔校长诞辰110周年应该认真研究的课题。

作者简介：章霖官，1963年考入清华大学动力机械系，1968年毕业。曾就职于中国航发控制系统研究所。

发扬南翔精神　为祖国培养现代化人才

陈克金

陈云同志曾经说，蒋南翔同志一生唯实求是献身党的事业。蒋南翔同志不愧为新中国马克思主义的教育家，特别是关于高等教育的教育家。

蒋南翔同志一生大部分时间从事与青年和教育有关的工作。哈尔滨解放以后，他担任哈市的教育局局长。1952年，新中国百废待举，大兴教育。蒋南翔同志肩负重任，回到他的母校清华大学任校长，后又兼党委书记，一干就是14年。在此期间，蒋南翔同志还担任教育部副部长、高等教育部部长，指导全国的教育事业。之后，还做过国家科委、中央党校等单位的领导工作。蒋南翔同志在清华是任职校长时间最长的两人之一。他把清华打造成了有世界水平的、兼有理科特点的、规模上万的著名工科大学。蒋南翔同志根据党的教育方针，根据清华大学在国家培养人事业中的地位和作用，提出了一系列的治校育人的理念、政策、方法，形成了清华大学成为社会主义新中国一流大学的培养体系模式，铸就了一种南翔精神，也就是中国特色的教育精神。应该说，清华大学在改革开放中对世界一流大学目标的提出和建设正是依据了蒋南翔时期清华大学的基础和理念。例如，清华大学在校园方面大（校园面积之大全国数一数二）、美（上榜亚洲最美大学）、文（校园文化十分浓厚）、绿（建设绿色大学）的理念和建设；校园文化方面有爱国敬业文化、追求卓越文化、自强不息厚德载物校训文化；教育教学方面古今贯通、中西结合、文理渗透、重视基础等，这里都渗透着清华精神，都凝结着南翔同志的心血和创造。清华的这些理念和措施是符合党的宗旨的，是与社会主义现代化人才培养目标相一致的。

根据中央又红又专的要求，在蒋南翔同志的领导下，清华大学成为红色工程师的摇篮。在这个培养目标问题上蒋南翔始终和党的需要和祖国的建设看齐。蒋南翔同志知道要做清华大学校长后，他首先对工业比较发达的东北进行了详细的调研。他到任后坚决把培养人作为学校最核心的工作。他提出清华大学培养学生要有高水平，要能出爱因斯坦、林家翘那样的专家，行政上要能出任国家的副总理等工作。蒋南翔同志提出清华大学的学生要做到三个过硬，思想上过硬、业务上过硬、身体上过硬。思想上过硬的标准是要做到两个热爱一个服从，即热爱党、热爱社会主义，服从祖国分配。业务上过硬要能解决实际问题，要能和国际知名大学学术交流，要能研究理论问题。身体上过硬，要争取健康地为祖国工作五十年。

为了实现学校的培养目标，蒋南翔同志提出了一系列理论、政策、措施、办法和要求。

他特别重视学校的队伍建设，首先是师资队伍的建设。他重用学术带头人、著名专家、著名教授。为了解决他们发挥作用的问题，把他们放在重要的岗位上，负责学校的教育思想的贯彻、高水平的学术活动和缜密的教学科研工作。但同时又不让他们耗费很多的精力做行政工作。蒋南翔同志专门设置了行政秘书一职，让年轻教师党员干部做老专家教授的行政秘书，同时他还提出口号要老专家在政治上进步，争取成为共产党员，年轻教师业务上要努力，争取成为专家。清华要实现两种人会师。清华有108个副高以上职称的教师，他称这是清华的“一百单八将”，是清华办学的骨干，是清华的稳定因素。蒋南翔同志也很重视职工队伍建设，他说，教师队伍和职工队伍好比车之两轮、鸟之双翼，二者相辅相成。

在学校的办学指导思想上，他提出来要一分为二地看问题。解放前的清华学校也有很多好的传统要继承和发扬。比如基础厚、门槛高、要求严。新中国成立初期，中国教育从制度到课程全面学习苏联的一套。蒋南翔同志就指出，要从实际出发，要实事求是。他还说，美国的教育也有很多可以学习的。清华从中国的实际出发，从清华的实际出发，综合了苏联的、老清华的、美国西方的体系、内容和方法，形成了整体的系统的、适合中国需要的清华教育的体系和方法。这一套是新中国的第一套，是前无古人的、是无产阶级的。这是伟大的创造，它构成了新中国大厦光辉灿烂的一角。

为了达到清华的教育目标，他把学制增改成六年制。1955年起，根据世界科学技术发展趋势，为了适应国家经济建设、国防建设、尖端科学技术发展的迫切需要和社会主义建设对人才的需求，清华大学相继建立了原子能、半导体、远距离自动控制、燃气轮机、电子计算机等新技术专业，成立了工程物理、工程化学、工程力学数学、自动控制等系，并注意在这些新系内发展应用理科。几十年来，这些系和新专业的建立和发展为新清华的建设和发展发挥了很好的作用。清华大学很好地适应了祖国飞速发展的需要。当时，清华大学主导设计建设的密云水库解决了首都和首都人民对水的殷切期盼。改革开放后，清华大学开放办学、综合办学、重在提高办学。它方向正确、发展迅速。它在校生由一万多、以本科生为主，发展到四万多、以研究生为主。它的专业由工科为主变为理工文等综合型的大学。它由教育教学为中心变为教育教学与科研双中心的大学。清华大学研制的小卫星上了天。清华大学独立研制的高温气冷堆型已经作为优秀堆型进入核发电行列。它跟上了改革开放的步伐，跻身了世界一流大学的行列。清华大学今天的成就离不开老校长的奠基和指引。

蒋南翔同志特别重视做好学生的思想工作。他领导开展了四好班评选制度、创造了辅导员制度。从学生党员中选拔又红又专的人，让他们深入班级担任学生的政治辅导员，引导帮助学生全面健康的成长。他说，这是两个肩膀挑担子的“双肩挑”干部。他把政治课老师、政治辅导员队伍、有关的党政团干部组合成一个系统，对学生开展综合的思想教育。他要求学生工作上情下达、下情上达要不过夜。蒋南翔同志非常强调辩证法在大学教育中的地位和作用。对学生既要有严格要求，又要有分类的具体要求。他提出学生的思想要上三个台阶：爱国主义、社会主义和共产主义。学校的老教授、老专家刘仙洲先生和梁思成先生等都先后加入了共产党。他还写文章在报纸上介绍说，共产党是先进科学家的光荣归宿，走社会主义道路是知识分子的必由之路。高中阶段以前的知识学习和世界观学习主要是形式的，并非辩证的。大学阶段以后的知识学习和世界观学习进入了辩证的、自觉的阶段。大学教育的知识学习和世界观学习不仅要讲当然，还要讲所以然。这是大学教育的一个重要特点，也是青年成长的第一个特点。以课堂学习为主、书本学习为主、理论学习为主，这是当今青年成长的第二个特点。根据这个特点，他认为从理论上对青年进行世界观教育不仅是必要的，还是可能的。这是青年世界观教育的一般规律。它是相对于工农青年而言的。经过革命活动的锻炼，两种不同的青年就会汇合一处形成革命大军。

蒋南翔同志对全面发展有着更深刻的理解和创新。他认为要正确处理一般和特殊的关系。我们提倡全面发展，我们同样支持个性和特长的发展。清华校园里一直有一种氛围，在紧张学习的同时，文艺活动、体育活动、社团活动十分活跃。蒋南翔把学生的课外活动提高到学校整体工作的重要组成部分，从行政领导、教学安排、思想要求到食宿条件进行了精心细致的安排。学校成立了文艺社团和体育代表队，他们集中住宿，专门配备辅导员，建立单独的党团支部。蒋南翔同志为了培养学生，在工作中做到了这样几条：一是理论上有说法；二是制度上有规定；三是组织上有落实；四是干部上有责任。清华大学的辅导员政治上可靠，业务上学习扎实，组织能力强，团结同志，会做群众工作。蒋南翔同志的学生、学生的学生，在祖国的各行各业发挥着重要的骨干作用。胡锦涛同志当年就是清华大学文艺社团舞蹈队的成员，也是辅导员。

榜样的力量是巨大的。蒋南翔同志精心打造文艺社团、体育代表队、辅导员队伍是有内在联系和思想逻辑的，这些就是学生培养目标的登山队。按教育规律办事，培养人需要三种思维内容和方式。这就是理论思维、形象思维和实践思维。比如，团结奋斗的意思要理解得好首先要从理论上理解它。其次，你要在实际生活中看到人与人是怎样团结的。第三，你还要在一定的条件下参与到一个具体团队当中，亲自参加活动，才能深刻理解团结奋斗的真谛。蒋南翔同志狠抓三个队伍就抓住了培养人的要义。因此，把这样三支队伍的问题仅仅看作是唱唱、跳跳、说说，那就太片面了。三支队伍的学生等同于同时上了两所大学，一个是通常意义上的大学，一个是特殊的文艺、体育、政治的大学。他们过得充实精彩，全面发展很过硬。同样，这三支队伍的建立和活动在学校活跃了校园的气氛，带动了全体学生的全面发展。走出校园后，这些人不仅在业务上出类拔萃，在团结同志、活跃生活、坚定信仰、勤奋工作等方面都起了很好的带头和骨干的作用。20世纪五六十年代的大学生在改革开放中是骨干和领军人才，他们在岗位上兢兢业业、甘于奉献。现在他们退休了，依然是健康的生活者和社会活动者。上海有个全部由清华大学退休人员组成的合唱团坚持排练、坚持演出，他们精神饱满、充满激情，唱出一曲曲革命和建设的赞歌。这样的赞歌让老人的生活更有劲头，使老人的生命更有意义。这样的活动让社会充满生机和活力，促进人们特别是青少年昂扬奋进。这就是蒋南翔同志领导下培养的新时代的大学生的形象，这就是新时代社会主义大学教育应该起的作用。

蒋南翔同志提出学生培养是学校的中心工作，始终把年轻人的健康成长放在学校一切工作的中心地位。做好学生的培养工作，也是政治工作的核心工作。在业务培养问题上，他注重理论联系实际。他提出了教学科研生产相结合的教育理念，推动真刀真枪搞毕业设计。学校的工程物理系以平均年龄23岁半的师生员工团队独立设计建造了核能反应堆。这是全国全世界都少有的事情，是在我国经济十分困难的情况下完成的巨大工程。这是在国外对我们进行技术封锁的情况下完成的，显示了中国人的聪明智慧和自力更生精神。清华大学水利系完成了北京市密云水库的设计。毛主席、周总理亲自领导和审定了这项工程。保证首都用水是一项十分伟大而光荣的事情。为了做好学生的培养工作，他提出学校的教学体制，包括学制、专业和教学大纲就是学校的宪法，要非常严肃的对待，不得随意更改。清华大学的教学大纲和教材内容都是吸收国内外先进的教学内容，结合清华大学的实际自己编写的。其难度深度，既有学校统一要求，又有专业特色。蒋南翔同志特别注意深入学生实际了解学生的学习生活情况。他倡导清华设立了哲学教研组，亲自担任教研组主任，亲自给学生讲哲学课，他坚持定期到某一个班去跟班听课。

蒋南翔同志在马克思主义的学习和运用方面给学校和学生树立了很好的榜样。他在学生时代积极参加和推动了“一二·九”学生运动。他在《告全国民众书》中写下了令国人血脉偾张的豪言壮语：“华北之大，已安放不得一张平静的书桌了”。蒋南翔同志对马克思主义的信仰之坚定、理解之深刻、解释之通俗、践行之科学是出了名的。延安整风时期，他大胆上书中央阐述自己的见解。当有人胡说“顶峰”时，他立即指出这是不科学的。他说毛泽东思想是发展的。说“顶峰”就不能发展了。他十分注重运用马克思主义的唯物辩证法教育学生，让他们树立无产阶级的世界观、价值观和人生观。他在对毕业生讲话的时候指出，一个人的最终评价不是老师和学校，不是在校的各种评价，而是走向社会的评价、人民群众的评价、历史的评价。他说，实践是检验真理的标准。清华大学创造性地制定了许多科学而严格的管理制度。学生一入学就进行思想政治教育的制度，对学生进行学习目的的教育，进行理想和信仰的教育，就是一个很好的制度。它对学生的教育起了很好的作用。邓小平同志就曾在一次重要的会议上专门提到这件事，进行了肯定。蒋南翔同志严格要求自己，带头遵守规章制度。

社会上有人不能正确看待出身问题。蒋南翔同志指出，出身是不能选择的，一个人要走的道路是可以自己选择的。一个青年，只要他努力学习，严格要求自己，积极接近工农群众，多参与革命实践，就能树立无产阶级的世界观和方法论。而且他提出青年时期多读书，多从理论上认识马克思主义也会不断地坚定对马克思主义的正确认识。他列举了马克思等一些领袖的例子。很多领袖不是工农出身，却能树立无产阶级世界观。我们党的历史上有很多革命者不是出身工农家庭，最终通过革命实践背叛了地主、资产阶级的家庭，成为了无产阶级的战士。中国革命的实践也证明了，我们的党是用马克思列宁主义武装起来的政党。马克思列宁主义决定了我们党的无产阶级性质，而不是个别人的阶级成分决定了我们党的性质。一个人的理想信念决定了一个人的立场和方向。清华大学在招生的时候特别注意处理好出身和表现的关系，使得许多优秀人才得以进入清华大学深造。一个好的理念使他们成就了美好人生。蒋南翔同志作为无产阶级教育家，他不仅有教育家的气质和风度，他还有无产阶级革命家两袖清风、廉洁奉公的一面。今天，当我们每年有千万计的大学生走上社会的时候，当我们的研究生遍布各行各业的时候，当科教兴国战略引领国家日新月异的时候，我们不会忘记教育为国家作出的贡献，不会忘记我们的老校长、老部长为新中国教育事业作出的贡献。我们怀念老校长。他的理念和创新永远是我们前进的方向。南翔精神不仅是清华永远的财富，而且是中国永远的财富。

作者简介：陈克金，1965年考入清华大学工程力学数学系，1970年毕业留校工作。曾任清华大学副总务长、街道党委书记，现任清华大学校史编委会委员。

青运领袖，风范长存

——深切缅怀蒋南翔伯伯

何吉林

我的父亲何礼，1934年考入清华大学心理系。自“一二·九”运动起，就是蒋南翔同志的亲密战友，长期在他领导下从事青年运动和教育工作。我从孩提时代起，认识的第一个党的高级干部就是蒋南翔伯伯。1965年我有幸考入清华大学，又成了蒋校长的学生。从2016年起，“一二·九”后代联谊会着手编辑《唤起全民族的抗战——“一二·九”运动人物记》（上中下三卷，人民出版社出版），我是编委之一，了解了更多关于蒋南翔同志的事迹。2023年是蒋南翔伯伯诞辰110周年，作为晚辈，我很崇敬这位中国青年运动的杰出领导人和教育家，特撰写此文以表达深切的缅怀之情。

一、全国政协第一届全体会议的两张照片

1949年6月，应蒋南翔同志之邀，我父亲从沈阳调往北京，参与组建新民主主义青年团中央机关的工作。当时蒋南翔担任团中央副书记，我父亲任团中央学生工作部部长和少年儿童工作部部长。我从3岁开始记事起，到7岁上小学之前，一直住在团中央大院，因此认识了蒋伯伯。

1949年9月召开的全国政协第一届全体会议，是决定开国大业最重要的会议。我父亲作为全国青联代表团的代表，参加了这次会议，

并带回来一本珍贵的《中国人民政治协商会议第一届全体会议纪念刊》，这本纪念刊就成了我经常翻阅的画册。从纪念刊的照片中，我惊奇地发现，除了有我父亲外，还有住在团中央南小楼的蒋南翔伯伯和荣高棠伯伯（团中央办公厅主任），以及和我父母同住北小楼的杨述伯伯（团中央宣传部部长），因为住得近，孩子们经常互相串门，所以与几位长辈很熟悉。后来我才知道，蒋南翔和杨述是新民主主义青年团代表团的成员，荣高棠和我父亲是全国青联代表团的成员，他们这几位清华校友都是新中国开国大业重要会议的参与者和历史见证人。他们在团中央机关成立初期的工作中，开创了共青团和少先队的工作，为新中国青少年教育事业奠定了坚实的基础。

1953年，我父亲随蒋南翔调入清华大学工作。他当时因肺病不能担负繁重工作，但蒋南翔依然让我父亲接替他的政治辅导处主任工作，这是他在清华贯彻党的教育方针的一项创举，为我们国家培养一批“又红又专”的领导干部起到了重要作用。同时还让我父亲接替周培源担任清华附设工农速成中学校长，体现了他对老战友的信任和倚重。我记得有时晚饭后，父亲会带我从住的照澜院走到蒋伯伯住的新林院2号去谈工作，蒋伯伯总要亲切地问问我在清华附小学习的情况，然后才开始大人的谈话。后来我父亲肺病严重发作，才不得不离开清华的工作。

二、“一二·九”时期创办的两份青年刊物

蒋南翔同志长期领导青年工作，他非常重视通过办刊物来引导教育青年。在清华学习期间，他就担任过《清华周刊》的主编，把刊物办得有声有色，深受同学们欢迎。在“一二·九”运动期间，我父亲还协助蒋南翔创办了党领导的青年刊物《北方青年》和《战时青年》。

1937年4月，北平地下党学委创办机关刊物《北方青年》，由学委书记蒋南翔任主编。清华大学地下党支部书记杨学诚派何礼（何维登）去协助筹办，并担任该刊物的公开代表人。该刊物具有较强的战

斗性，在发动全民抗战还是单纯依靠政府抗战等原则问题上，坚持了共产党的正确主张。同时与进步教授吴承仕、张申府、杨秀峰等相配合，提倡“新启蒙运动”，对推动北方文教界的救亡运动起到了重要作用。在《北方青年》的创刊号上，刊登了两组文章，一组文章是当时学生们普遍关注的“一二·九”爱国学生运动和时事评论，体现了刊物的政治导向；另一组文章是关于体育和健康问题，可见这也是当时学生们普遍关注的问题。涉及体育和健康的文章有三篇，分别是马约翰先生写的《青年训练问题》，我父亲在南京中学和清华的同窗好友薛公绰写的《论民族健康》，以及我父亲写的《我的运动经验谈》。创刊号发什么文章应该都是主编精心选择的，说明蒋南翔同志在学生时代就认识到体育对青年健康成长和对国家发展的重要性，后来他当清华校长时提出“为祖国健康工作五十年”的口号，绝不是偶然的。

“七七”事变爆发后，蒋南翔和我父亲奉党组织指示一同南下，继续开展青年工作。在武汉期间，我父亲筹办了中共长江局（后改为南方局）秘密领导的公开刊物《战时青年》，中共全国学联党团书记蒋南翔任主编，何礼（使用我父亲的表字仲党）是编辑、发行人兼社长。该刊物又作为全国学联的对外公开刊物，1938年1月10日创刊。创刊号序言说：“现在中国的青年，被时代课负着一副逾量的重担；肩头上压着重负的青年们现在应该怎样认清世界？怎样生活？怎样学习？怎样战斗？是特别需要研究的。不然，将不能在这个险恶的时期内挑得起肩上的重担。”说明办刊的宗旨都是当时青年们最关心的问题。作为“青年们自己的园地”，《战时青年》刊登的内容大体有两类。一类反映青年人的思想现状和问题，“一切青年朋友们能在这块园地里，独立地发表自己的思想，充分地讨论各种问题，互相交换一切工作的经验和批判”。另一类则为青年“经常介绍一点各方领袖的文章给读者们参考，使青年朋友们可以有机会聆悉领导着中国现在社会的一切前辈们的意见和指示”。如创刊号上曾刊登周恩来的《现阶段青年运动之性质及任务》，也刊登过叶剑英、张申府、宋庆龄、何香凝、沈钧儒、马寅初、陈诚等各界领导人的文章。《战时青年》内容丰富，有短评、译文、信件、书评、人物介绍、木刻版画、漫画、现代诗和爱国歌曲等，在宣传和组织大后方青年运动方面，起到了很重要的作用，影响较大。当时的《战时青年》社不仅出刊物，还成为南方局青委和八路军办事处同广大青年加强联系的联络点，通过这里向延安和八路军、新四军各抗日根据地输送了不少青年学生和干部。当年杨学诚去新四军之前，就是同蒋南翔和我父亲一起商议准备工作的。

蒋南翔同志在办刊物的过程中，非常注意发现和培养人才，我母亲郑延的成长就得到他的鼓励和指导。我母亲考入西南联大后，观察到学校生活中的一些现象，写了一篇题为《西南联大生活拾零》的文章，登在联大的《腊月》壁报上，在同学中引起反响，她听好友陈琏说还上了三青团的黑名单。我父亲当时任中共云南省工委青委书记，直接领导西南联大的地下党组织。他将文章寄给了蒋南翔，并告知和我母亲订婚的消息。很快蒋南翔同志就回了信，说："文章已交给《战时青年》发表，小郑很能写，你要好好培养。"并对我父母的结合表示祝贺。我母亲的文章第一次在有影响的正式刊物上发表，受到很大鼓励。在东北解放战争时期，我母亲曾担任哈尔滨道里区委宣传部部长，她通过采访为前线军队制作衣被的妇女们，写了一篇《絮行战线的妇女》的长篇报道。蒋南翔同志时任东北局党报委员会秘书长，他亲自为这篇报道写了按语："这是描写哈尔滨道里区絮行工作的一篇生动的通讯。从这篇通讯中，不但可以看到中国共产党所领导的人民解放战争如何受到后方广大人民的支持拥护，所以能够所向无敌，而且可以看到这些旧社会连个名字也没有的被欺凌被压迫的妇女，在中国共产党所领导的新民主主义政权下面，都能充分地发挥她们的才能力量，成为英雄模范。"这篇文章登在1949年1月12日的《东北日报》上，为此哈尔滨市委书记张平化同志还在全市干部大会上表扬了这篇文章。蒋南翔同志的按语给我母亲很大的鼓励，是她心中永远难忘的纪念。应该说我母亲在工作中取得的成绩，与东北解放战争时期和团中央成立初期蒋南翔同志对她的指导和帮助是分不开的。从深入实际敏锐观察社会中的问题，继而用正确的观点和方法去分析阐述问题，直到良好的文笔文风，我母亲都受到蒋南翔同志很大的影响，这是我母亲生前多次说过的。前不久，我母亲当年的这两篇文章和蒋南翔同志的按语的原版复印件，都被西南联大博物馆的龙美光老师找到了。时隔七八十年，看到当年蒋伯伯主办的报刊上刊登的我母亲的文章的原貌，真是感慨不已，那是他们为建立新中国而忘我奋斗的青年时代的历史印记啊！

三、独立思考、实事求是、勇于提出不同意见的典范

1941年皖南事变爆发后，中共南方局安排蒋南翔和我父亲先后撤回延安，在中央青委共同负责大后方工作组的工作。延安整风后期，某位高层领导到中央青委贯彻康生的“抢救运动”精神，因为我父亲在云南从事过隐蔽战线工作，就被无端地怀疑成特务而被斗争和审查。蒋南翔对我父亲很了解，我父亲去云南工作就是他向南方局建议的，他坚持实事求是，反对这样的做法，不因领导中央青委运动的人地位高就随大流。他根据了解的许多事实，给党中央写了《关于抢救运动的意见书》，对审干中采取群众斗争方式的错误与危害，以及知识分子工作中的偏向，大胆地提出了批评意见。后来党中央纠正了“抢救运动”的错误，我父亲也得到了平反。从蒋南翔同志的意见书可以看出，他是我们党内较早认识到在审干和知识分子等工作中“左”的倾向的危害的高级干部，而这种错误后来又一再出现。直到“文革”后，党内才比较深刻地认识到蒋南翔同志当年所提意见的正确性。

抗日战争胜利后，蒋介石准备发动内战。党中央针锋相对，派遣大批干部和部队到东北去建立根据地。任弼时同志向中央建议派得力干部去东北开辟青年工作，为此，中央青委常委蒋南翔负责组建

“五四工作队”，我父亲奉命调集各单位干部90余人，1945年10月从延安出发，历时三个多月到达东北。那时我和蒋伯伯的儿子延东都在母腹之中，也随队长征，过封锁线，翻越恒山，到东北才出生。

当时国共两党在东北的斗争胜负未决，哈尔滨是解放区唯一的大城市，但这里的青年思想混乱，面临着选择什么政治方向、走什么道路的问题。教育他们摆脱对国民党的盲目正统观念，引导他们跟共产党走革命的道路，培养大批本地的青年干部，对于建立巩固的东北根据地意义重大。1946年冬快放寒假时，战争形势紧迫，学校要做“长期打算、随时撤走”的准备。在哈尔滨市委宣传部部长、市教育局局长蒋南翔同志领导下，开办了“哈尔滨市大中学生寒假补习班”，蒋南翔任班主任，何礼任副主任。把大中学生中初期的积极分子共500多人，集中起来学习。着重进行形势教育、分析解放战争前途，解决对土改问题的认识等，蒋南翔和何礼亲自上课。通过学习，学生的政治觉悟有很大提高，在国民党尚占据军事优势的情况下，多数学生决心跟共产党走，体现了教育工作的成效。蒋南翔还创办了哈尔滨青干校并担任校长，为党培养了大批青年干部，许多干部后来成为东北地区的省市领导。在青年工作中，特别注意了思想自由的原则，引导青年人敢于发表不同意见，通过学习、讨论、辩论逐步提高认识，以理服人；注意采取适合青年人的生动活泼的思想工作方法，把政治学习和丰富多彩的文体活动结合起来，开展体育、歌咏、新秧歌等竞赛活动；在松花江的太阳岛上举办夏令营，创办“青年之家”，寓教育于活动之中。解放战争时期蒋南翔领导的哈尔滨青年工作是一个典范，创造性地完成了党中央交给“五四工作队”的任务。

1947年东北行政委员会召开第一次教育工作会议时，发生了尖锐的争论。东北行政委员会教育部某些同志和东北大学校长推崇北满一些中学组织贫雇农出身的学生斗争地富子弟的“经验”，批评哈尔滨市“团结教育青年一代”的方针是“右倾”，一些学校发生了殴打、遣送地富子弟回乡的事情。我父亲时任哈尔滨市教委书记，在蒋南翔同志领导和支持下，坚决顶住了这种极“左”的错误。蒋南翔同志并向东北局领导王稼祥、凯丰陈述意见，得到他们的赞同和支持，使哈尔滨市各大中学校免于遭受一场灾难性的破坏。1948年1月，中共东北局正式作了《关于知识分子的决定》，纠正了某些干部中存在的“左”的错误观点，结束了这场争论。

1964年，中宣部向北京大学派出社教工作组，在“左”的思想指导下，全盘否定陆平同志为首的北大校领导。蒋南翔不赞成这些极“左”的做法，但是他不便于直接干预中宣部工作组的工作，希望了解更多的情况，以便向中央书记处反映他的意见。当时中宣部要求高教部推荐一些高校的领导参加社教工作组的工作，于是他动员我父亲参加，因为我父亲是陆平同志熟悉和信任的人，能够更好地沟通情况。但是我父亲刚调到吉林大学，工作刚刚开展，不想去趟北大社教的浑水。蒋南翔对我父亲说，这件事涉及对全国高等教育工作的评价，是方向性的问题，比一个学校的局部工作更重要，说服我父亲参加了北大社教工作。后来蒋南翔向中央书记处反映了自己的意见，体现了他的独立思考、实事求是和政治敏锐性。

1980年我回清华进修，去看望何东昌同志，他告诉我正在帮蒋南翔准备向中央书记处汇报的材料。鉴于“文革”对高等教育造成严重破坏和科技发展落后于西方，社会舆论和中央高层都有人主张优先大力发展高等教育。蒋南翔重新担任教育部部长，面临着极大的压力。但是他经过冷静地思考，主张各级各类教育还是要从中国的实际情况出发，按比例均衡地发展。并以新中国成立后几次不顾客观条件盲目发展高等教育，造成大起大落的事例，向中央陈述了自己的意见。

以上仅就我所知道的一些事例可以看出，蒋南翔同志在长期的革命生涯中，一贯地坚持独立思考、实事求是的思想路线，从不盲从和跟风，即使和上级领导的意见不一致，也勇于提出和坚持自己的看法，这是对党和人民的事业高度负责的非常难能可贵的品质，历史会为他对许多问题的看法和主张作出公正的评价。

四、中央党校党史研究班和发动“一二・九”运动的名言

为了及时总结历史的经验，1983年2月，中央书记处批准成立“中共中央党校党史研究班”（又称“一二・九”研究班），负责编写《“一二・九”运动史要》一书，研究班由蒋南翔同志主持。因为我父亲在“一二・九”运动期间担任北平学联的常委，与各校积极分子和社会各界人士联系较广，因此他邀请我父亲参加了研究班的工作。

由于“一二・九”运动涉及的地域、学校和人员非常广泛；当年许多白区的党组织遭到严重破坏，党员人数很少且处于地下状态；当年“一二・九”运动爆发时，许多积极分子都还没有入党，不了解党组织的情况。由于上述种种原因，关于“一二・九”运动的历史，长期以来存在着许多相互矛盾的甚至有争议的看法，比如：运动是学生自发的还是党领导发动的？如果是党领导发动的，具体成员和过程是什么？如何评价刘少奇批评过的“三三一抬棺游行”，等等。“一二・九”研究班的任务就是搞清楚这些重大问题，对历史作出负责任的交代。所幸当年运动中的各校骨干大都健在，研究班组织这些老同志进行了多次座谈和专题研讨会，访问了当年的领导者和参加者共百余人，收集查阅了大量的第一手资料，还到中央档案馆查阅了重要领导人的档案资料，搞清楚了许多过去不清楚的问题（尤其是党对运动的领导问题）。经过两年努力，由韦君宜和黄秋耘执笔，《“一二・九”运动史要》经反复修改后定稿，蒋南翔同志抱病为该书写了后记，彭真同志题写了书名。该书于1986年2月由中央党校出版社正式出版，成为研究“一二・九”运动的权威著作。这本著作是蒋南翔和“一二・九”研究班的战友们，以最后的生命烛光，对当年千百万热血青年参与的抗日救亡运动，作出的郑重的历史交代。这也是一部传世之作，对今天的中国青年是一本有益的爱国主义教材。

大家都知道“一二・九”运动中有一句醒世名言。在《“一二・九”运动史要》中却是这样低调叙述的：“清华大学救国会在十二月九日当天发的《告全国民众书》，痛陈华北危机，指出：

‘华北之大，已经安放不得一张平静的书桌了。’说出了学生群众心里的话。”当我看到这一段时感到很惊讶，这句名言不是蒋南翔写在清华学生救国会《告全国民众书》中的吗？他自己还写过起草这份《告全国民众书》的经过的回忆文章。为什么《“一二·九”运动史要》对这样一个有重大历史影响的标志性事件，叙述却如此简单？而且连蒋南翔的名字都没有提到，他可是“一二·九”运动著名的领导人之一啊！后来我参加编写关于“一二·九”运动的图书时才了解到，对这句名言的发明权有争议，一种说法是燕京大学陈絜写在北平大中学校的宣言上，另一种说法是陈伯达写的。此外，蒋南翔的回忆中说，他写完《告全国民众书》后，当晚就印成了传单，在12月9日的游行中散发。可是以前各种刊物（包括《“一二·九”运动史要》）上刊登的《告全国民众书》图片，都是12月10日出版的清华学生救国会刊物《怒吼吧》第1期，那这句名言在12月9日的游行中曾经被学生们广泛知晓并发挥过历史作用吗？我认为，蒋南翔作为“一二·九”研究班的主持人，面对这样的争议问题，他的态度是很严谨的，绝不争个人的功劳和荣誉。在当时没有找到充分证据的情况下，《“一二·九”运动史要》才会对这样一个重要的历史事件作出简略的叙述。后来我们“一二·九”后代联谊会查找了大量历史资料，证伪了“名言”由其他人所写的说法。更要感谢清华大学校史馆不懈的努力，2015年在国家博物馆找到了1935年12月9日《告全国民众书》的传单，确切证实了是蒋南翔同志把这句名言写入《告全国民众书》并在游行中广为散发，成为发动“一二·九”运动的战斗号角，动员起千千万万的爱国青年投入抗日救亡的洪流中。蒋南翔同志的这一历史功绩，是足以彪炳史册的！

作者简介：何吉林，1965年考入清华大学无线电电子学系，1970年毕业。曾任科博达技术股份有限公司管理部经理。系清华大学心理系老校友、原政治辅导处处长何礼之子。

缅怀我们的校长蒋南翔

田 芊

清华自1911年建校，至今走过了一个多世纪，我1964年来到清华，从此一直学习、工作和生活在这里，和清华相伴已走过了半个多世纪。

一百多年来，清华办学风雨兼程，在祖国苦难中崛起，在民族危难中前行，在国家建设中发展，在改革开放中提高，始终与祖国共命运同前行。清华治学厚积薄发，始终致力于以育人为根本任务，植根中华传统文化的沃土，汲取世界先进文化的新风，坚持“走自己经过实践检验的道路”为国家培养人才，形成了富有特色的大学精神和文化传统。

我是一个普通的人，却是十分幸运的人，因为我是一个清华人，几十年深受清华精神和文化传统的培育。我在校学习时的校长是蒋南翔，后来留校工作又深受蒋南翔教育思想的影响，我们称之为“南翔精神”，他“一生唯实求是”。

1964年9月，我满怀着激动与喜悦踏入了清华园，初入清华时的兴奋情景至今记忆犹新。开学后第一周是入学教育，主要是进行政治思想教育和专业介绍教育，参加如此正规的政治学习我还是第一回。那时，清华已经成为“红色工程师的摇篮”。我们先是听吕应中讲“又红又专”及“200号”创业故事，深为他们“知难而进、众志成城”和艰苦奋斗、自力更生的精神感动。又到图书馆参观清华校史展，以及进行以系为主的入学教育，主题是贯彻“又红又专，德智体全面发展”的教育思想。

清华一贯坚持以培养人为根本任务，蒋南翔校长一直坚持以“培养什么人、怎样培养人”“办什么大学、怎样办大学”为根本问题。他提出：“办高等教育，必须优先考虑和解决两个根本性的问题，一个是方向问题，一个是质量问题。”培养人“基本方向恐怕还是应该又红又专”。“红”就是要有方向，热爱祖国、坚定社会主义道路和树立共产主义信仰，“专”就是要有质量，掌握基本的文化知识和专门的科学技术。蒋南翔校长提倡“又红又专”，是希望引导我们树立起正确的世界观、人生观和价值观，做到政治与业务的相互融合渗透。他认为：“我们是要培养热爱祖国、忠于人民的社会主义建设者，不是要培养只认识钱袋、不惜把自己的人格和知识一同出售给任何反动势力的市侩和‘高等华人’。”

入学教育主要采取“自我教育”，就是全班座谈讨论“红与专”，还设定了如何看待“又红又专、以红代专、先红后专、先专后红”等议题，联系自己深挖“活思想”。说实话，因为我们那时都比较纯真，思想没有那么复杂，所以这样的讨论自感到很是乏味，我是团支书主持班会感到有些尴尬。但在年级会上一位同学的发言，让我若有所思、豁然开朗。他是清华第一位藏族同学，叫达瓦次仁，他说：“我来自西藏，是一个农奴的儿子，没有共产党就没有我们翻身农奴的今天。我不知道什么红呀、白呀，只知道送我来清华学习，我就好好学本领，将来建设好家乡。”他的话十分质朴，他的心是那么纯洁，让我心灵受到震撼。

为了建设新中国，清华坚持和发扬“又红又专、全面发展”的办学道路，清华人坚持和发扬“爱国、奋斗、奉献”的报国之志。选择了清华，就是选择对理想真理的追求，对知识未来的探索，对国家民族的担当，对时代社会的责任，对信念承诺的坚守。一代又一代清华学子，像钱学森那样坚信“我的事业在中国，我的成就在中国，我的归宿在中国”。学有所成后，就满怀豪情地奔向祖国最需要的地方，投身国家建设，在厂矿、乡镇、国家工程、重要产业、国防军工等工作岗位上发挥聪明才智、建功立业。

我感到庆幸的是，刚到清华的头几年里曾经几次见到蒋南翔校长。

我第一次见到蒋南翔校长，是在新生开学典礼上。

1964年9月11日，入学教育后不久，学校举行了新生的开学典礼。晚上，我们全体1964级1600多名新生排队走进大礼堂。主席台上坐着一排学校领导，其中两个人给我留下了深刻印象，一位是身穿蓝布干部服的蒋南翔校长，一位是打着西式领结的马约翰先生。蒋南翔校长讲了话，他的江浙口音让我觉得亲切，因为我来自江苏。会后，我们观看了纪录片《红专之路》。

蒋南翔校长在讲话中，勉励我们“做到思想好、学习好、劳动好、身体好，把自己培养成为无产阶级事业的接班人”。其他的大多内容我记不住了，但唯有两句话至今没忘。

第一句：在学校学习，不仅要获得“面包”，而且要获得“猎枪”。“面包”也有说“干粮”，即学到的知识，但在学校仅获得这些是远远不够的，因为总有一天粮食会吃完。因此更要有“猎枪”，必须要掌握不断获得新知识的能力，即掌握学习的能力，以后方可得到更多的食品。蒋南翔校长强调“面包和猎枪”，和“授人以鱼，不如授人以渔”是一个道理，就是教导我们应该学习什么和怎样学习、做到理论和实际相结合，需要培养掌握学习能力，还要具备实际动手能力、独立工作能力和适应生活的能力。

在清华我体会到，学习是不断积累、不断深化的过程，可分为三个层面。首先要学习各种知识打好基础，学知识越广博、越扎实越好；而且，既要有自然科学知识，也要有人文社会科学知识，不能像梁思成所说的那样成为“半个人”。其次要学习掌握学以致用的能力，尤其是具有分析和解决问题的方法与能力，而且要“干中学”，在实干中增长才能；最后还要学会思考、思索、思维，刻苦钻研深入学习，不断有所发现、有所创新。如蒋南翔校长所说：“能活学活用书本知识，既能动脑又能动手，善于在实践中创造新的经验，做掌握理论武器的主人，不做书本的奴隶。”所以，清华要求学生做到“基础厚，能力强，能创新”。

第二句：争取至少为祖国健康地工作五十年。在开学典礼上蒋南翔校长特地介绍了马约翰先生，他被大家尊称为“马老”，被毛主席称赞为“新中国最健康的人”。马老笑容满面起身向我们招手，他童颜鹤发、精神抖擞，那一年他已在清华工作50年了。马老1914年到清华任教，他呼吁“强国必先强种”和不做“东亚病夫”，深深感染了清华学子。蒋南翔校长提出“争取至少为祖国健康地工作五十年”，是要向马老学习，有健壮的身体；更要像马老那样，有“挺起胸来”的人格，矢志报国。

我深感，清华素有重视体育的传统，一百多年来始终延续和不断发扬，“无体育，不清华”。清华自建校起，就提出德智体“三育并举”，坚持培养学生“体魄与人格并重”，体育不及格是不能毕业的。我很喜欢上体育课，因为学习项目丰富多彩，既增强体质又陶冶情操。课上有田径（男子3000米、女子1500米长跑），有体操和球类（篮球、排球、足球和垒球）等。尤其在体育馆里打篮球、练体操，夏天在西湖游泳池游泳，冬天在荷花池滑冰，是难得的享受。

课后的体育锻炼更是十分活跃。清华从20世纪10年代的体育锻炼“强迫运动”，到20世纪五六十年代下午四点半纷纷自觉走上操场，在校园各个角落都可看到同学们锻炼的青春身影。学校有体育代表队，各个系里也有，我就被同学拉入系体操队、长跑队，各班还有篮球、足球队等。体育文化融入了一代代清华人的血液中，养成坚持锻炼强健身体的习惯，现在“为祖国健康工作五十年”这句清华人唱响的口号，早已广为传扬深入人心。

我第二次见到蒋南翔校长，是在参加“半工半读”试点大会上。

1965年3月14日，清华为进行“半工半读”试点工作举行了誓师大会，参加“半工半读”试点的是我们精密仪器及机械制造系（以下简称“机械系”）一年级学生。晚上，全年级机械制造、精密仪器和光学仪器3个专业4个班全体140多位同学来到第二教学楼会议室，参加了动员誓师大会。

二教会议室是学校举行重要会议的地方，同学们排队鱼贯上楼进入。我第一次来到这里，看到明亮的木地板地面和挂着厚窗帘的圆顶大窗户，感到隆重而庄严。我们已学习了一个多学期，并不清楚“半工半读”是怎么回事，心里揣摩着将要面临什么样新的学习生活。在会议室宽大的紫红色屏风前，坐着蒋南翔和刘仙洲、刘冰、高沂等七八人，还有机械系主任金希武，学校主要领导都出席了，可见学校对此会议的重视。因为距离近，我很清楚地看到蒋南翔校长的面容，他略胖的脸上戴着宽边眼镜，还是身着蓝布衣装，平易近人、和蔼可亲。

蒋南翔校长首先讲话，他说：“党和国家对整个青年一代的培养目标，就是培养三大革命战士。”“三大革命”即阶级斗争、生产斗争和科学实验。阶级斗争就是要参加重大的政治活动、关心国家大事，生产斗争就是要参加生产劳动、参加社会实践，科学实验就是要学好文化科学知识、学会科学技术研究。当时我国的教育方针是培养和造就千百万无产阶级革命事业接班人，将来要报效祖国，服务人民，奉献社会，造福人类。

对于为什么要进行“半工半读”，蒋南翔校长讲道：“学校必须进行教育制度的改革，打破资本主义教育制度的旧框框，创造新的经验。”“半工半读的教育制度，就更多地跳出资本主义教育的旧框框，可以说是探索培养三大革命战士的新道路。”他很了解和体会同学们的疑惑，有人担心搞了半工半读会不会降低质量、将来能不能攀登科学高峰，他说，不能用形而上学的方法理解为，只是一半参加劳动、一半学理论。同学如能做到思想觉悟高、科学技能强、身体素质好，能集体作战，就将能在改造自然的斗争中，发挥更强大的战斗力，成为攀登科学高峰的生力军。他还指出：“在具体的教学和劳动中，可能会有各种缺点，这就要认真重视，不断总结经验。”

“半工半读”教育制度是我国曾经探索的一种非全日制高等教育形式，旨在贯彻执行“教育与生产劳动相结合”的教育方针，使脑力劳动与体力劳动相结合，理论与实践相结合。1958年，清华就实行过半工半读制度，学生经常参加生产劳动。这一次，我们穿上蓝色帆布工作服犹如穿上军装，都为能参加“半工半读”的教育改革感到兴奋。

清华历来强调理论和实践结合、实践出真知，我在学习期间最难忘的是金属工艺课实习和“半工半读”试点。我们在基础课上进行过机械制图的严格训练，为了完成机械制图作业，好几个星期日一整天都是泡在清华学堂和水利系馆的制图教室里度过的。我们还在机械设备厂等车间参加过金工实习，尝试冷加工车铣刨磨钳、热加工铸锻焊的各项工艺技能。实习中既有老师讲解又有师傅示范，很快就初步掌握了基本操作。其中锻造打铁给我留下了难忘的回忆，我和一个同学搭档轮流一人抡大锤、一人使小锤，我既喜欢双手抡大锤的豪爽，更喜欢左手拿铁钳夹住烧红的铁块、右手握小锤指挥捶打的灵巧。锻造车间里热火朝天，大伙儿一起打铁叮叮当声不断，仿佛演奏着一首金属交响曲。

后来，我们在9003工厂机加工车间开始参加“半工半读”劳动，工人师傅耐心教、同学们认真学，大家一起流汗建立了友谊。首先我们在师傅指导下学习刮研大平板，刮研即以人工用刮刀修整工件表面的粗糙度作精加工，非常考验耐心和细心。我们手握半米长条的刮刀用肩膀顶着一刀一刀刮，从细刮到精刮，最后是学刮花。当平板面上布满一片燕形花纹时，我们心里也乐开了花。然后我们由老师傅带领着拆装了一台旧的C-618车床，将床身、主轴箱，变速、进给机构和操纵系统等全部拆开进行维修。在大家集体努力下，车床终于修理组装完成，看着焕然一新的车床，我们脸上的黑机油也难掩兴奋的笑容。

接着学习机加工一个月后，我们开始跟着师傅一起上班操作机床加工零件，我被分配到磨床组，朱师傅和房师傅是我的老师和朋友。在他们手把手悉心指导下，不久我已可以独立操作内圆磨和外圆磨机床了，看到手里加工合格的成品确实有点激动。然而很可惜，“半工半读”试点只进行了一年多，就因为“文化大革命”而中止。但是我感到已经非常有收获，我们一边上课一边劳动，极大地增长了实际动手能力，培养了工匠精神。“半工半读”成为我们后来开始参加工作的“第一桶金”，并让我们终身受益。

蒋南翔校长一直在探索中国特色的社会主义高等教育的发展道路，他坚持理论要联系实际，重视实验课和实践，建立教学、科研和生产的联合基地，到工厂、工地实习；面向国家战略需求发展新兴学科，加强理工结合，为清华学科发展奠定了坚实的基础。尤其是，他坚持调查研究，不断总结群众产生的经验，认为“基层出政策”。因此，他看到师生们创造的以教学为主的“教学、科研、生产三结合”，结合实际工程的“真刀真枪做毕业设计”等，就及时加以总结推广，形成了社会主义建设时期清华特色的办学经验。“教学、科研、生产三结合”是清华的创举，对中国高等教育的发展也有着深远的影响。

1966年5月，“文化大革命”在北京爆发并很快席卷全国，清华也裹挟其中，所有的教学和科研都停止了，并很快成为运动的聚焦点、重灾区。之后，我再也没有见到蒋南翔校长。但在“文革”中，他坚定信仰，敢于讲真话，直率发表对办好理工科大学的意见；他坚持学习，每月有很多钱买书阅读。他坚定地认为：“中国总是要发展的，发展就需要科学技术。我们已落后很多年，故不学习，将来怎么能赶上世界潮流。”1976年十年内乱终于结束，已逾花甲的蒋南翔重新就任教育部部长，又为振兴和发展我国教育事业呕心沥血，他在就职会上要求：“大家要以党的事业为重，团结起来向前看。”蒋南翔校长是马克思主义的杰出教育家、中国青年运动的著名领导者，是新中国教育事业的开拓者和贯彻党的教育方针的践行者，为探索适合中国国情的社会主义办学道路，作出了不可磨灭的贡献。蒋南翔校长唯实求是的一生，为追求真理的坚贞不屈、坚忍不拔和高风亮节，让我深深地由衷钦佩。

1970年我有幸留校，几十年来在教学、科研和管理岗位上工作过。无论是讲课教学、编写教材和担任班主任，是进行科学技术研究和开发，还是在学校、院系从事管理工作，尤其是后来在校史研究工作中，我都无时不感受到蒋南翔教育思想和品行的影响。他的教育思想充满唯物辩证的哲学思维，他提出和倡导的办学育人理念，有许多对于我们这一代人是耳熟能详、铭记在心的：继承和发扬老清华的好传统，清华历史“三阶段，两点论”；老教师“各按步伐，共同前进”，要“团结百分之百”“共产党是先进科学家的光荣归宿”；老教师和年轻教师要“两种人会师”，推进学校工作要依靠教师和职工“两支队伍”“两个车轮”。希望学生“又红又专、全面发展”“上三层楼”：爱国主义、社会主义、共产主义世界观，做到“三过硬”：思想过硬、业务过硬、身体过硬；培养“必须充分注意到学生的个人特点”“因材施教”“全面发展和个性专长的发展，并不矛盾”；建设好政治辅导员、科学登山队、文体代表队“三支代表队”殊途同归，学会“双肩挑”学习与工作两不误；在集体中成长、在战斗中成长，争创“先进集体”；教导毕业生，“从根本上说，不是人选择工作，而是工作选择人”，“要像杨柳一样，不论到什么地方，就在那里生根成长；要像青松一样，不怕风雪严寒，挺拔长青”。

我深切缅怀蒋南翔校长，他的教育思想和人格品德需要我们继续深入学习。我敬重，他坚持用马克思主义立场、观点、方法，实事求是地研究、分析和解决问题，走中国特色的办学道路；他懂得教育规律、坚持教育实践，用辩证和历史唯物主义办学育人，他是有哲学思想的教育家。我钦佩，他忠于事业矢志不渝，忘我工作鞠躬尽瘁；为人正派、待人宽厚，深入群众、联系群众；他光明磊落、刚正不阿，生活艰苦朴素，不谋私利、不搞特权，他是有高尚情操的革命家。

在清华几十年，每当我面对青春洋溢的青年学生时，都感受到作为教师应恪尽的神圣职责；每当我走在历史悠久的清华园里，都会意识到清华应当肩负的时代使命。我认为，选择做清华人，就要不忘国耻、有更多一份爱国之心，不忘初心、有更多一份振兴中华的责任感。清华人就是“有追求而又尽责，有思想而又务实，自信而又谦逊，不俗而又合群”的人。清华人要成为民族的脊梁，以自强铸就青春，勇于担当作为；以厚德酿造未来，不断砥砺奋进，始终践行爱国、奋斗和奉献。

在纪念蒋南翔校长诞辰110周年之际，我谨以嵌名对联表达深深的敬意和爱戴：

蒋山风雨①

要真理、要真知、要真诚、有真情，清风亮节塞北江南；

不唯书、不唯上、不唯洋、只唯实，华夏崛起展翅飞翔。

作者简介：田芊，1964年考入清华大学精密仪器及机械制造系，1970年毕业留校工作。曾任清华大学校长办公室主任、副秘书长，精仪系党委书记、系主任，公共管理学院党委书记、副院长，校史研究室主任，教授。

① 蒋山即为钟山，三国东吴孙权在南京钟山为汉末蒋子文立庙，改称蒋山。

学习“两种人会师”思想的几点体会

孙道祥

蒋南翔老校长是一位著名的无产阶级革命家和马克思主义教育家。他在1952年至1966年间担任清华大学校长，为清华大学的建设与发展作出了重要贡献。在办学治校的过程中，他创造性地贯彻党的教育方针，结合学校的工作实际，总结提出了许多重要的教育思想理念，对今天我们建设世界一流大学仍然有着很强的借鉴和指导意义。

蒋南翔教育思想内容丰富。我仅想就他提出的“两种人会师”思想，谈点个人学习体会。

一、“两种人会师”思想的内涵和实质，是要建设一支“又红又专、全面发展”的教师队伍

“两种人会师”中所提到的“两种人”，是指当时清华的老教师和青年教师两部分人。学校的老教师，多数是留学归国的老知识分子，新中国成立前较长时间在清华大学任教和工作，总体来说，业务素质比较好，教学经验比较丰富，但他们受经历所限，在思想政治素质方面还有一些与办学要求不相适应的地方；而新教师多数为党团员，他们有一定的党内生活锻炼，或有参加过一些革命实践活动的经历，思想政治素质较高，但由于毕业较晚，业务水平尚显不足，教学经验也有待进一步提高。他们中大多数人是助教。因此，院系调整后的教师队伍的状况，与学校要建立全国一流的社会主义多科性工业大学的目标要求，还是有着很大的差距。

学校老领导何东昌曾在文章中回忆道，南翔同志到校以后就立志把学校办成一流的社会主义大学。他经常爱引用解放前清华的一句话，“所谓大学者，非谓有大楼之谓也，有大师之谓也”，而且他对大师也赋以新意，即作为社会主义大学的大师应是相信马克思主义的。为此他一再强调要扩大马克思主义思想阵地和组织阵地，促进“两种人会师”，即党员教师要钻研业务，提高学术水平，成为教授；同时，要帮助非党教授、副教授提高觉悟和政治思想水平，吸收其中一些合乎条件的人入党。这样，两种人就能在又红又专的方向上共同前进。

由何东昌同志介绍的情况我们不难看到，“两种人会师”的问题，本质上是学校教师队伍的建设问题和如何坚持“又红又专”方向的问题。

二、积极采取有效措施，认真抓好落实，是保证“两种人会师”目标实现的唯一正确之道

毛泽东同志曾经说过：“我们不但要提出任务，而且要解决完成任务的方法问题。我们的任务是过河，但是没有桥或没有船就不能过。不解决桥和船的问题，过河就是一句空话。不解决方法问题，任务也只是瞎说一顿。”

蒋南翔校长深谙这一道理，在落实“两种人会师”思想的过程中，他不但提出了科学正确的思想理念，而且采取了许多具体有效的举措，坚持亲力亲为，狠抓落实，收到了很好成效，使得学校在院系调整后不久，很快就成为全国著名的多科性工业大学，在人才培养、科学研究和社会服务等方面为国家作出了突出贡献。

蒋南翔校长非常重视教师政治上和业务上全面发展，走“又红又专”的道路。他在学校1953年教学研讨会的报告中强调，培养教师必须做到“业务政治并重，数量质量兼顾，理论与实际结合”。对于培养新教师，他说，核心的问题“是要动员并组织教师和学生中的党团

员，以身作则，学好业务，把提高业务作为一个政治任务来完成”。

在提高新教师的业务素质方面，从1953年到1956年的三年中，学校派出了70余名青年教师到各相关高校进修、短期学习；另外，学校从各专业的发展要求出发，从1953年起，有计划地从清华优秀助教、研究生、毕业生中选拔分批派遣149人前往苏联留学和进修。这些青年教师后来都成为学校教学、科研和管理方面的骨干，对清华大学新学科的建设和学校高质量发展起到了重要作用。

在提高教师的政治思想素质方面，学校重视发挥工会的作用，把全校的教师和职工都组织起来，定期进行政治学习，并在小组生活会上适当地开展批评与自我批评，在思想上、政治上互相帮助，工会在一定程度上发挥了“共产主义学校”的作用。为帮助教师提高理论水平，逐步确立起辩证唯物主义和历史唯物主义世界观，在1956年第10次教学研讨会的报告中，蒋南翔校长提出要在四年内（到1959年年底），全校教师一般都要系统学完中国革命史、马列主义基础、政治经济学、辩证唯物主义和历史唯物主义等四门课程。

除上述措施外，蒋南翔校长和清华党委还特别重视在高级知识分子中做好发展党员的工作。1955年，他和何东昌同志作为刘仙洲教授的入党介绍人，亲自介绍刘仙洲教授入党。同年12月4日，刘仙洲教授在《人民日报》发表了题为《我为什么加入中国共产党》的文章，详细地介绍了自己的思想进步过程与对党的认识情况。12月6日，蒋南翔校长在《北京日报》发表了题为《共产党是先进科学家的光荣归宿》的文章，在知识界和教育界引起了很大反响。此后，梁思成、张子高、张维、张光斗等30多位知名老教授陆续入党，成为“又红又专”的典范。由于学校坚持做好在知识分子中发展党员工作，教师中的党员比例得到进一步提高，到20世纪80年代，学校在职教师中的中国科学院学部委员（后称院士）80%以上是中国共产党党员。党组织的进一步发展壮大，有力地加强了党对学校工作的领导，更好地促进了学校工作的开展。

三、新的历史时期，要继承、发扬好“两种人会师”思想的优秀传统，继续抓好教师队伍的建设工作，努力为推进世界一流大学的建设工作提供坚强保障

1. 要坚持“又红又专、全面发展”的正确方向，抓好新时期教师队伍的建设

新的历史时期，我们正肩负着建设教育强国、科技强国、人才强国和实现中华民族伟大复兴的历史重任。清华大学的世界一流大学建设工作也进入新的历史阶段，要在“2030年迈入世界一流大学前列，2050年前后成为世界顶尖大学”。我们的教师要心系“国之大者”，坚持以实现中华民族伟大复兴、切实办好高等教育为己任，努力为国家培养出“立大志、明大德、成大才、担大任”，堪当民族复兴重任的时代新人。我们的教师必须继承“两种人会师”的优良传统，坚持“又红又专、全面发展”的正确方向，坚持把“教书育人”作为自己的第一学术职责，努力使自己成为和当好新时代高校的“大先生”。只有这样，教师队伍才能胜任人才培养工作的要求。

前一时期，学校在教师队伍的建设工作方面取得了很大进展，教师整体水平有了很大的提高。但是，我们应该看到，新时期的办学任务更加繁重了，对教师的业务要求也越来越高了。我们要根据实际需要有计划地安排教师到国内外进修培训，参加重要的科研项目和承担具体的教学任务，不断提高教师的业务水平。

在改革开放新的历史条件下，国际环境和社会环境发生了很大变化，加上每个人的学习、工作和成长的经历也有所不同，教师队伍的思想政治素质也一定会存在差异，更需要我们学习“两种人会师”的思想和做法，继承和发扬学校教师队伍建设的宝贵经验，在注意加强教师业务培养、发挥业务作用的同时，还要认真在教师队伍中加强马克思主义、中国特色社会主义理论和时事政治的学习，不断提高教师队伍的业务水平和政治素质，真正做到“政治与业务”的统一、“红

与专”的统一，为实现建设世界一流大学任务、落实培养“社会主义建设者和接班人”的根本要求提供坚强保证。

2. 要贯彻“两种人会师”的精神，继续做好在优秀知识分子中发展党员工作

在优秀的知识分子中发展党员，是实现“两种人会师”的一项重要举措。1955年清华大学在发展高级知识分子入党问题上取得了突破性进展。清华大学第一副校长刘仙洲教授入党并带动了一批老教授申请入党。1956年清华大学党委组织部对发展高级知识分子入党工作进行了深入总结，归纳出三条工作经验和体会：第一，针对高级知识分子的特点，做好教育培养和考察工作。第二，领导重视，亲自动手，全体统一认识。在党委常委会上研究最近要发展的对象名单，深入帮助支部正确掌握标准，或亲自动手做发展工作。第三，掌握标准的问题。强调在党员发展工作中，一方面要注意防止不适当地提高党员条件，另一方面也要防止降低党员条件的偏向。蒋南翔校长在他发表的《共产党是先进科学家的光荣归宿》的文章中，也谈到了如何掌握党员标准的问题，强调吸收共产党员是严肃的工作，不能降低入党标准，破坏党的严肃性；但是也不能把新党员入党条件同对于共产党员的最高要求混为一谈，以致把有些政治上合乎入党条件和应该吸收入党的人关在门外。

这些经验、体会和做法，特别是党委重视、主要领导亲力亲为、做主要发展对象的联系人的做法是值得推广和学习的。值得欣慰的是，学校历届党委一直继承和发展着“两种人会师”传统，努力开展党的组织建设工作。

20世纪90年代末期，学校生物系、电子系等单位党委，学习20世纪50年代学校发展高级知识分子入党的经验，认真抓发展优秀青年教师入党的工作。时任两系党委主要领导的赵南明、张秀芳和陈旭等同志，分别亲自做饶子和、昌增益和李星等教授的入党工作并担任联系人；时任学校党委副书记的胡显章同志还参加了发展饶子和教授入党

的支部大会。这些工作取得了很好的效果，在青年教师和青年学生中产生了积极广泛的影响。

21世纪初以来，学校在继承过去做法和经验的基础上，进一步加强工作上的创新。2018年5月，学校党委决定成立青年教师骨干领航工作站，并建立了校、系和支部的三级联系人制度。工作站为追求思想进步、积极靠拢党组织的青年教师搭建了共同学习成长的平台，学校教职工党的组织建设工作取得了显著成绩。

新中国成立以来，学校办学与教师队伍建设所取得的各项成果，已经充分证明了蒋南翔校长提出的“两种人会师”思想的正确性。今后，我们仍要学习和继承这一优良传统，进一步加大有关工作力度，努力把教师队伍的政治、业务素质提升到更高水平，为加快国家亟需的优秀人才的培养，为实现清华大学“2030年迈入世界一流大学前列，2050年前后成为世界顶尖大学”，为实现中华民族伟大复兴作出更大贡献。

作者简介：孙道祥，1965年考入清华大学精密仪器及机械制造系，1970年毕业留校工作。曾任清华大学党委组织部部长、纪委书记，研究员。

学习领会蒋南翔教育思想的理论精髓

王孙禺

从1952年年底赴任到1966年6月因“文化大革命”而被“停职”，蒋南翔校长连续14年担任清华大学校长，是新中国成立后清华历史上任职最长的一位校长。在20世纪五六十年代的风云变幻中，他团结和依靠全校师生员工，从实际出发，创造性地贯彻党的方针政策，克服了重重困难，排除了多方面干扰，把清华大学迅速建设成为一所被誉为“红色工程师的摇篮”的全国最著名的多科性工业大学，为国家培养了一大批社会主义建设的骨干人才。他以一个无产阶级革命家和马克思主义教育家所特有的深厚的马克思主义理论功底与“唯实求是”的高尚品格相结合，逐渐形成了颇具特色的蒋南翔教育思想。

蒋南翔在清华所积累的长期的、系统的出自基层第一线的实践经验，以及在此基础上凝练出的一系列哲学理念、政治理念、教育理念，正是蒋南翔教育思想中的精髓，是最核心、最鲜活、最富创见的部分。

一、哲学理念

学哲学、讲哲学、用哲学，是蒋南翔校长在学校工作中一贯坚持的理论思维，是蒋南翔校长办学治校的理念及实践中凸显出马克思主义哲学的智慧与品格。

蒋南翔校长是一个真学马克思主义、真信马克思主义、真心实践马克思主义的无产阶级革命家和教育家，有着深厚的马克思主义理论功底。特别是对马克思主义哲学原理即历史唯物主义和辩证唯物主义有着很深的造诣。

蒋南翔校长一贯强调要学习和运用马克思主义哲学原理来指导学校工作，他自己更是善用哲学的典范。他在清华任职期间提出的一系列教育思想及其实践，就是最具说服力的例证。他在各种场合，总是从哲学的观点、理论和高度，深入浅出地分析一些实际问题，解释一些复杂的现象。他在会上讲话作报告，极少长篇大论，时间不长但总能抓住实质，切中要害，给人留下深刻印象，深受全校师生员工的欢迎。反映了他作为一位马克思主义哲学家所特有的深邃和睿智。

蒋南翔有关教育的一系列论述，闪耀着唯物辩证法的思维，具有极强的逻辑性和说服力。在发展新中国的教育事业上，如何处理好数量与质量、需要和可能、眼前和长远、普及与提高等关系；在办好社会主义大学上，如何处理好教学科研与生产、加强党的领导与发挥行政作用、教师队伍建设与职工队伍建设等关系；在人才培养上，如何处理好政治与业务（红与专）、理论与实践、个人和集体、知识与能力、全面发展与因材施教等关系，蒋南翔校长都运用唯物辩证法这个“伟大的认识工具”进行科学分析，得出令人信服的结论。

蒋南翔校长在1962年8月提出了著名的“三阶段，两点论”。他说：“第一阶段是老清华，第二阶段是一九五二年学苏，第三阶段是一九五八年以后。每个阶段好的都应保留，有缺点都应想办法克服，肯定成绩，克服缺点，推陈出新，加以分析，再加以综合。”“我们做过的好的要有勇气坚持，不合适的也要有勇气来否定。需要比较彻底地总结工作，应该是三阶段，两点论。”这篇讲话和所提出的“三阶段，两点论”，被公认为是体现唯物辩证法的“经典之论”。

再如，蒋南翔校长强调实事求是、一分为二的科学分析，体现了马克思主义的立场、观点和方法。他强调对新中国教育事业的成绩与缺点、成功与失败有过多次论述。他指出：“马克思主义者对缺点的态度是，一要正视，二要作历史唯物主义的分析。走点弯路，碰钉子，是不足为怪的，这正是符合规律的现象。”他强调：“我们对于自己做错了的事，不能马马虎虎，无动于衷；必须严肃对待。”

蒋南翔校长在任期间，始终强调学哲学、讲哲学、用哲学，在学校加强马克思主义理论教育，特别提倡要学习马克思主义哲学，掌握唯物辩证法原理。他经常鼓励身边工作的同志学习哲学，说“不懂哲学不行”，强调唯物辩证法关于矛盾共性和个性、绝对性和相对性的学说，是事物矛盾问题的精髓，无论在理论上还是在实践中都具有十分重要的意义。把握辩证法的原理是做好一切工作的关键。

蒋南翔校长一贯强调学习。在他到清华就任不久，就在校领导中组织了“甲组”政治学习，校级主要干部17人参加，他自己任组长。开始时每周学习两次，后改为每周一次，主要学习马恩列斯原著、学习毛泽东著作，包括《实践论》和《矛盾论》《苏联社会主义经济问题》等著作；后来又吸收各系系主任参加。这个“甲组学习”活动在五六十年代一直坚持，成为学校师生政治理论学习的引领者。

后来，他亲自兼任学校哲学教研组主任，而且亲自为高年级学生讲授“马克思主义哲学原理”课程。60年代初，他已出任高教部领导职务，并兼任清华校长，仍在百忙中为我校研究生讲授“自然辩证法”，这在当时的高校中是绝无仅有的。在蒋南翔校长的倡导和带动下，校党委的其他几位领导同志也分别担任了几门政治理论课的主讲教师，有的也兼任了有关教研组的主任或联系人，各系领导和团委也都重视和关心政治理论课的教学，全校上下重视马克思主义理论课教学的优良传统，正是在蒋南翔校长身体力行的精心培育下形成的。

蒋南翔校长运用唯物辩证法教育学生，还体现在他每年给毕业生的讲话中。他说：“从根本上说，不是人选择好工作，而是工作选择人。”他对毕业生讲：“能够当好领导，还要当好被领导；要能当好主角，还要能当好配角。”蒋南翔校长从哲学的高度，要求毕业生处理好个人与组织的关系，个人与社会的关系，使毕业生终生受益。

不唯上，不唯书，一切从实际出发，是蒋南翔校长一贯坚持的重要原则，是他坚持党的实事求是思想路线的鲜明体现。他经常讲“要把中央的方针政策与实际情况结合起来”，干部要有理论功底，“领导干部必须心中有数，决不要做墙上草，随风倒”，这些话几乎成了他的口头禅。

二、政治理念

蒋南翔校长一贯高度重视加强党对高校的政治领导，认为“坚持党的领导是一个不可动摇的根本原则”，是社会主义教育与资本主义教育最根本的区别之一。

蒋南翔校长强调高等教育要培养又红又专的人才，需要解决两个根本问题。他说：“我国长期的教育实践告诉我们一条最重要的经验，办高等教育，必须优先考虑和解决两个根本问题，一个是方向问题，一个是质量问题。评价教育的成败优劣，归根到底，取决于这两个根本问题解决得如何”。他认为，方向问题是政治问题，“是解决为谁服务的问题，也是教育战线必须解决的首要问题”，“对于我们社会主义教育事业来说，恐怕没有比坚持正确的方向更为重要的了”。而质量问题“是解决怎样更好地为人民、为社会主义建设服务的问题”。也就是“在教育上要求不断提高全民族的文化水平，培养出大量又红又专的具有世界第一流科学水平的各方面人才”。

蒋南翔校长非常重视加强学校领导班子的政治团结和思想建设，始终注意依靠集体的力量，发挥集体的作用。蒋校长到任后，没有从校外调入大批行政干部，起用的大多数党政干部是解放前后在清华地下党基础上成长起来的年轻知识分子，平均年龄只有二十几岁。他所提倡和坚持的这种干部队伍构成，在当时全国高校中是很少见的。

在领导班子中，蒋南翔校长十分重视党的知识分子政策，对德高望重的第一副校长刘仙洲极为尊重。凡是刘老的意见，他都尽量加以采纳，并说明是“刘老的意见”。学校改行党委领导下的校长负责制以后，每当党委常委开会，他总要提出请刘老列席，并嘱咐“刘老可以不来，但是一定要请到”，关照得很仔细。两人合作共事，关系融洽，结下了深厚的友谊。党政一致，讲政治、讲团结，依靠集体力量是清华党政班子的一贯风气。

蒋南翔校长到校之后，就建立了每星期天晚上各部门负责人汇报工作的制度，学校领导班子几乎所有节假日都要抽一段时间研究工作。60年代起他在高等教育部担任领导职务，尽管工作更忙了，但坚持在星期六、星期天回校抓工作，常常在周六晚上或星期天召开书记、校长会。这些制度一直延续到“文革”爆发从未中断。从1961年开始，学校每年暑假召开党政干部会，总结工作，研究情况，统一思想，部署任务，提出学校下一学年工作的初步意见。此后每年召开的务虚会和中层干部会成为学校领导干部政治统一、思想统一、行动统一的传统。这个传统一直保持到现在。

蒋南翔校长具有强烈的家国情怀，以国家利益为至高无上，做出重大决策。1955年9月蒋南翔亲率中国高等教育代表团前往苏联考察和学习。回国后写出了访苏报告，报中央及周总理。报告提出，拟定在清华大学当年设立实验核子物理、同位素物理、远距离自动控制、电子学技术、无线电物理等5个专业；次年增设半导体及介电质、空气动力学、固体物理、热物理、稀有元素分离工艺等5个专业。这就是此后大家所称的“创办了十个新技术专业”。

清华大学经过院系调整后，学科建设非但没有萎缩，反而抓住了新的起点。清华创办一批高新技术专业的重大战略举措，体现出学校对国家强烈的责任意识，体现出蒋南翔校长的政治勇气、远见卓识。

邓小平同志说过：“如果60年代以来，中国没有原子弹、氢弹，没有发射卫星，中国就不能叫有重大影响的大国，就没有现在这样的国际地位。”可以看出50年代蒋南翔创办一批新技术专业做出的战略部署，远见卓识，对国家、对学校的长远发展影响是非常重大的。

蒋南翔教育思想不仅具有坚定的政治原则性，而且富有鲜活的创造性。由于蒋南翔校长一生唯实求是，反对教条主义和形而上学，所以他的有关教育思想的论述，从不照本宣科，人云亦云，也没有悬虚空泛或故作艰深的说教，而是叙事说理讲究唯物辩证法，讲究“准确性、鲜明性、生动性”。比如，他提出的“团结百分之百”、“两个肩膀挑担子”、“两种人会师”、“上三个台阶”、建立“三支代表队”、教师与职工“如同车之两轮，鸟之双翼”、“猎枪与干粮”、“各按步伐，共同前进”、“为祖国健康工作五十年”，强调领导班子应该是“永不漏气的发动机”等口号，不仅内涵丰富深刻，时代感强烈，而且表述形象生动，令人耳目一新。

三、教育理念

蒋南翔教育思想内容十分丰富，涉及教育领域的诸多方面。蒋南翔校长的教育理念，来自丰富的教育实践。蒋南翔校长在教育基本理论和教育教学实践方面有着广泛的研究和阐述。比如：

关于教育方针和教育属性的问题；

关于教育价值与人的全面发展问题；

关于高等教育培养目标问题；

关于高等教育与经济社会发展问题；

关于高等教育领导管理体制问题；

关于高等教育职能与“教学—科研—生产相结合”问题；

关于高等教育教学理论问题；

关于高等学校德育问题；

关于高等学校学科建设问题。

还有一些重要的教育思想体现在教育实践当中：比如，制定发展战略报告、制定“高校六十条”、增设高新技术专业，跨越新的科学技术水平；重视体育，提出“争取至少为祖国健康地工作五十年”；尊重客观规律，重视“因材施教”和“个性发展”，甚至具体到民族学生、干部子弟、出身成分、女生工作等等方面，都是可圈可点，都有深入完整的阐述。

总而言之，今天的中国高校，特别是清华大学，依然可以从蒋南翔的办学实践和经验中获得具体的直接的借鉴和启示，研究蒋南翔的教育思想对当今中国的高等教育具有重要的现实意义。蒋南翔教育思想是马克思主义哲学、政治学、教育学三个理论来源的完美结合，哲学、政治学、教育学是蒋南翔教育思想理论精髓的组成部分。蒋南翔校长在对新中国教育发展目标把握的基础上创造了清华教育发展模式，培养了一大批杰出的学术大师、兴业英才、治国栋梁，为国家、为民族作出了重要贡献。

在蒋南翔校长诞辰110周年的今天，留给我们的是无限的敬重和深深的怀念！

作者简介：王孙禺，1977年考入清华大学电机工程系，1982年毕业留校工作。曾任清华大学教育研究所所长、人文社会科学学院党委书记，教授。

新中国教育的重要逻辑起点

——蒋南翔教育思想体系与实践

李树勤

回顾新中国走过的70多年历史，称得上教育家的可举出多人，但是能作出像蒋南翔同志那样划时代贡献的教育家，却并不多见。蒋南翔同志成长为这样的教育家，绝非偶然。

作为无产阶级革命家，他亲身参加了争取民族独立、人民解放和建立中华人民共和国的伟大斗争。蒋南翔同志是“一二·九”运动的主要领导人之一。他一直战斗在抗日战争和人民解放战争的第一线，经历了艰苦卓绝的斗争考验和淬炼。面对崭新的社会主义事业，他深知国家、民族需要什么样的人才来建设。

作为马克思主义教育家，他谙熟马克思主义哲学辩证唯物主义的世界观和方法论，并在实际工作中运用自如。他长期的工作对象是知识分子和青年学生，积累了引领知识分子进步和培养青年学生成长成才的丰富经验。他将马克思列宁主义、毛泽东思想关于知识分子和青年工作的学说，运用到炉火纯青的程度；对不同年代的特点和工作任务都能作出马克思主义的分析，提出工作目标，并能找到实现目标的方法。

作为教育战线上的主要领导，他长期兼任清华大学的校长和党委书记。这使得他既有登高望远、胸怀全局的战略视野，又有立足基层、脚踏实地的育人体验；既能提炼出理论观点，又能具体而微，进行实践检验和发展理论。

作为曾经的老清华在校生，他对新旧大学有着切身的感受和对比，能够深刻把握新型的社会主义大学与旧社会大学的本质区别。既能从质上、全局上划清界限，又能从量上、局部上加以借鉴。他运用“一分为二”的辩证法提出的“三阶段、两点论”，是对不同阶段的大学精辟的、马克思主义的透彻分析。

尤其值得指出的是，马克思主义理论武装和长期的斗争考验，锻造了他坚强的党性和“为真理而斗争”的精神。他经常强调“彻底的唯物主义者是无所畏惧的”，正是他自身品格的真实写照。他写于1945年党的七大召开之前的《关于抢救运动的意见书》和26年以后写于1971年的《关于高等学校的培养目标和校办工厂的意见》就是最好的证明。

所有这些，铸就了他成为新中国教育思想的集大成者和社会主义教育制度的主要创立者。

在我看来，蒋南翔教育思想体系的基本点如下。

一、旗帜鲜明地坚持党对学校的领导、巩固和扩大马克思列宁主义阵地

1952年12月31日，清华大学召开了教职员工及学生代表参加的大会，欢迎蒋南翔同志受党中央委派，就任清华大学校长。蒋南翔同志在热情洋溢而又简短的讲话中，旗帜鲜明地提出：“加强党的领导，日益巩固和扩大马克思列宁主义在学校中的阵地，这是我们学校胜利完成教育改革的关键。”从此以后，这两条一直是他经常的话题和工作重点。

上任三个月后，他在给北京市和中央的报告中提出：“要求清华大学党的组织，不仅在一般政治性的活动中发挥作用，而且必须在经常的教学工作中发挥作用。也就是说，现在清华大学的情况，要求加强党在整个学校工作中的领导作用。”他曾深刻指出：社会主义教育与资本主义教育最根本的区别有两点，“一是服务方向”“二是由谁

来领导”，这两点“决不能含糊”。1956年，党的八大召开之前，他提出建议：高等学校的管理体制应由校长负责制改革为党委领导下的校长分工负责制。这就是我国高校现在实行的党委领导下的校长负责制的由来。60多年来，高校在领导体制问题上虽然有过反复，但最后的定论还是坚持党委领导。特别是党的十八大以来，习近平总书记多次强调“高校党委对学校工作实行全面领导”，从而使党的领导成为学校工作的根本保证。

蒋南翔同志最先提出：“马列主义理论是必修课”“我们的教育培养出来的人才，既要有现代的科学文化专业知识，并能够结合中国的实际运用这些知识；又要有相当高的马列主义、毛泽东思想的水平和觉悟，树立共产主义的理想和人生观，敢于同各种封建主义、资本主义的传统观念实行决裂。”为此，他身体力行，亲自兼任清华大学哲学教研组主任，为学生讲授“马克思主义哲学原理”，并在全国高校中第一个开设“自然辩证法”课程。在他的倡导下，学校党委的其他领导同志也走上讲台，为师生讲授马列主义。他对用马克思主义造就一代新人坚信不疑。直到1988年去世前，还在叮嘱长期在他身边工作的邢家鲤同志说：“要相信马克思主义能够掌握群众，也要相信青年能够掌握马克思主义”，“你们的岗位在青年中，你要到青年中去”。

二、提出并坚持“又红又专、全面发展”的教育思想

纵观蒋南翔同志领导教育工作几十年，贯穿始终的一条红线，就是“又红又专、全面发展”的教育思想。在他的晚年，五花八门的教育理念、口号纷纷涌入，他仍然奋不顾身地坚守初心。1987年，他在病榻上对去看望他的王凤生等同志说：“‘又红又专’的口号是对的。现在有只看重业务的倾向，评教授、副教授只看业务，对于教师的评价不能光看业务，不看思想。‘又红又专’的口号有的学校不敢提了。”“我认为‘又红又专’比‘德才兼备’这一提法更确切。”

蒋南翔“又红又专、全面发展”的教育思想，不是抽象的，而是具体的、可操作的。

他强调的“红”，是指“思想过硬”。但他并没有对青年学生提出千篇一律、一刀切的要求。他说：“我们可以把思想过硬概括为三个境界或比喻成‘上三层楼’来要求。第一层楼是爱国主义，即爱我们伟大的中华人民共和国；第二层楼是社会主义，即愿意为社会主义服务，拥护社会主义制度；第三层楼是树立共产主义世界观。”他同时对当年的毕业生进行了分析：“就目前同学的情况来看，第一层楼可以说都登上了；第二层楼虽然比第一层楼要求高一些，也可以说绝大多数同学都登上了；但是，登上第三层楼的，恐怕就是少数了。因为建立共产主义世界观的问题，不单是一个愿望问题，这需要我们努力学习马列主义理论，积极参加实际斗争，在斗争中逐步进行世界观的改造。”他及时为没有上到第三层楼的同学指出了方向：“首先就要有必要的马克思主义理论修养，这就要努力学习毛主席著作，还要学习其他的马克思主义的重要理论著作；其次，要有革命化、劳动化的实际锻炼；第三，要有不断革命的自觉精神。”他的话，既体现了从实际出发，又起到了润物细无声的作用。

他强调的“专”，是指“业务过硬”。他说：“要做到业务过硬，第一，要把学校的功课学好，对功课的理解应该广一些，不仅指基础理论课程、专业课程，还包括语文工具、制图、实验操作技术等方面。一句话，就是基本的业务训练要扎实。”他坚持将实验、教学实习、生产实习、课程设计、毕业设计等各种实践性较强的环节列入教学计划，在教务处专门建立了生产实习科，选派优秀干部负责，并进而提出“教学、科研、生产相结合”的方针。他及时肯定了水利系“真刀真枪地作毕业设计”，并在全校推广。他始终鼓励师生攻坚克难，敢打硬仗，“尖端分解为一般，一般综合成尖端”。1955年，党中央批准了他极具战略眼光的建议，在清华大学设置了工程物理系等一批新技术专业，从原有的系选调优秀学生进入这些新专业学习。这些新专业培养了一大批为包括“两弹一星”在内的尖端科技领域作出突出贡献的专家。获得2020年度国家最高科学技术奖的王大中院士就是他们中的一员。

如果说蒋南翔同志强调的“红”，是解决为谁服务的问题，“专”是用什么去服务的问题，那么他强调的全面发展，就是遵循马克思主义关于人的自由全面发展理论，培养各类人才，解决更有效地为人民服务的问题。

他说：“把音乐、体育、美术叫作小三门这里面包含着鄙视的意思，我们搞教育工作的同志们，不应该有这种观点。”“重点学校应该是‘三好’的模范，体育的模范。”早在20世纪50年代，他就提出“争取至少为祖国健康地工作五十年”的口号，成为清华师生始终不渝的遵循。这一口号至今在全国高校乃至全社会都产生着广泛影响。1958年，他在为学生编的《烈火诗集》写的序中强调：“科学、劳动和优秀的文学艺术密切结合，将产生移风易俗的最伟大的改造力量。”

他极富创造性地通过各种组织和制度形式，将“又红又专、全面发展”的思想落实到队伍建设、人才培养的方方面面。

1953年，他在清华首创的“双肩挑”政治辅导员制度，是新中国高等教育史上的伟大创举，至今仍是全国各高校学生工作系统的“标配”。

他提出，“教师也要又红又专”，要“两种人会师”。一方面充分发挥原有老教师的作用，同时帮助他们学习马克思主义，提高觉悟，及时将符合入党条件的老教师发展为共产党员。他率先垂范，亲自做刘仙洲教授的入党介绍人，在党支部大会上介绍刘仙洲的思想发展过程，并将自己的发言整理成以《共产党是先进科学家的光荣归宿》为题的文章，发表在《北京日报》上。另一方面大力加强对年轻党员教师的业务培养，通过在职进修、出国进修等多种方式，帮助他们成长为新的专家。到20世纪80年代，清华大学在职教师中的中国科学院院士，80%以上是中国共产党党员。追根溯源，他们都得益于蒋南翔校长主校期间的培养。

他提出："培养学生要抓好三支代表队（政治、业务、文艺体育），通过多种渠道殊途同归，向着又红又专、全面发展目标前进。"这三支代表队分别由学生政治辅导员、业务学习上拔尖的学生和有文艺体育专长的学生组成，对这三类人"因材施教"。

他提出，学校工作要调动教师和职工两个积极性。他把教师和职工比喻成推动学校工作前进的两个"车轮"。他说，重教是应该的，但不能轻职。两个"车轮"必须互相配合、协同工作，学校工作才能做好。他把在学生中开展的评选先进集体和优秀个人的活动，推广到教职工中。使学先进、赶先进在全校蔚然成风，形成了全员育人、全方位育人、全过程育人的校园氛围。

所有这些，都指向一个目标——保证人才培养的正确方向和质量。1985年，逝世前三年，他在最后一篇关于教育的论著《高等教育要认真解决两个根本问题》中指出："我国长期的教育实践告诉我们一条最重要的经验，办高等教育，必须优先考虑和解决两个根本性问题，一个是方向问题，一个是质量问题。评价教育的成败优劣，归根到底，取决于这两个根本问题解决得如何。"

三、还要特别指出，蒋南翔教育思想是涵盖从初等教育、中等教育到高等教育的一整套的、环环相扣的教育理论

早在20世纪60年代初，他就在党中央领导下，主持起草了《高校六十条》，参与主持起草了《中学五十条》和《小学四十条》。这三个教育工作条例系统地总结了新中国成立以来社会主义教育事业正反两方面的经验，创造性地、系统地落实了毛泽东教育思想和党的教育方针。改革开放后，他又主持制定了《关于中等教育结构改革的报告》《关于普及小学教育若干问题的决定》《关于高等教育自学考试试行办法》《中华人民共和国学位条例》，分别经党中央、国务院和全国人大常委会批准实施。

不难看出，蒋南翔教育思想是一个完整的体系，是在马克思列宁主义、毛泽东思想指引下，在中国社会主义教育实践中产生的重大理论成果，是党和人民的宝贵精神财富。

和蒋南翔同志本人几经沉浮一样，蒋南翔教育思想在历史风雨中也经历过多次检验和洗礼。“欲知松高洁，待到雪化时”。1980年3月12日，邓小平同志在中央军委常委扩大会议的讲话中特别强调：“清华大学的经验应当引起全国注意。又红又专，那个红是绝对不能丢的。”2011年胡锦涛同志在庆祝清华大学建校100周年大会的讲话中，高度评价了“又红又专、全面发展”的教育思想。习近平总书记在2016年给清华大学建校105周年的贺信和2021年考察清华大学时发表的重要讲话中，又先后两次肯定了“又红又专、全面发展”的教育思想。

我们很高兴地看到，2022年2月28日，邱勇同志就任清华大学党委书记第三天，在与大学生座谈时，就旗帜鲜明地提出“坚持又红又专、五育并举”，《新清华》在头版以此为标题进行了报道。

在蒋南翔同志诞辰110周年的时候，传承蒋南翔教育思想，在传承中发展，在发展中创新，就是对老校长最好的纪念。

作者简介：李树勤，1965年考入清华大学水利工程系，1970年毕业留校工作。曾任清华大学校长助理、水利水电工程系党委书记、人文社科学院党委书记、法学院党委书记，教授。

又红又专、全面发展：社会主义教育的人才培养特色

——学习蒋南翔教育思想与实践

张再兴

我们的蒋南翔老校长，一位杰出的马克思主义教育家，他在教育战线奋斗30多年，为探索开拓中国特色社会主义教育发展道路作出历史性的卓越贡献。蒋南翔坚持以马列主义、毛泽东思想、邓小平理论为指导，植根于社会主义教育实践而形成的教育思想丰富了我国教育理论的宝库。

蒋南翔1952年年底出任清华大学校长，随后又同时担任校党委书记。在他主政学校的14年间，清华园里走出了两万多名毕业生，他们绝大多数响应党的号召，到祖国最需要的地方去，投身社会主义建设，逐步成长为各行各业的中坚骨干，涌现出一大批学术大师、兴业英才、治国栋梁，成为党和国家各项事业发展的接班人。这些20世纪五六十年代毕业的清华校友，他们回忆在母校的学习收获，怀念老校长的谆谆教诲，比较普遍地都有在“政治与业务结合”“又红又专”“德智体全面发展”这些方面深受教益的体会；在走向社会“争取至少为祖国健康地工作五十年”的工作生涯中，由衷感到“又红又专”的信念激励自己成长发展，使自己受益终身。“又红又专”“全面发展”的这种校友的“清华情结”、这种大量涌现优秀杰出人才的教育反响，是一个并非偶然的“清华现象”。

“又红又专、全面发展”是蒋南翔教育思想及其实践的核心之一。“又红又专、全面发展”是社会主义教育的人才培养特色。围绕教育的根本问题“培养什么人，怎样培养人，为谁培养人”，这种人才培养特色在清华大学的成功实践中得到了明确的体现。

一、培养什么人：在全面发展的培养目标和要求上，突出“又红又专”红专关系的融合性统一性

1957年毛泽东同志提出“又红又专”的方针。他在《工作方法六十条（草案）》中指出：“红与专、政治与业务的关系，是两个对立物的统一。一定要批判不问政治的倾向。一方面要反对空头政治家，另一方面要反对迷失方向的实际家。政治和经济的统一，政治和技术的统一，这是毫无疑义的，年年如此，永远如此。这就是又红又专。”①

可见，“红”“专”及二者的关系，即指政治、业务及二者的关系；而“又红又专”，则是对于正确处理政治与业务关系的原则描述及其简明表达。“又红又专”的精神实质是强调政治与业务关系的统一。

蒋南翔非常赞同和拥护而且创造性地贯彻“又红又专”的方针。他联系教育领域的实际，结合培养学生全面发展这个根本目标，对“又红又专”的特定内涵全面准确地阐发，而且基于正确处理政治与业务关系的实践经验，把握人才培养的教育本质和规律，突出“红”与“专”的辩证统一关系，提出了一系列深刻的思想理念创见，同时付诸生动的办学育人实践。

培养学生德智体全面发展，是社会主义教育人才培养的基本方针。蒋南翔明确：“从一九五三年初，清华大学开始努力贯彻培养学生全面发展的方针。”工作目标是“培养出政治与业务结合、理论与

① 毛泽东文集（第七卷）[M]. 北京：人民出版社，1999：351.

实际联系、具有独立工作能力的全面发展人才”，而且在工作中充分重视学生的体育锻炼。①

蒋南翔在贯彻全面发展方针的过程中，着重政治与业务、“红”与“专”的关系原则，强调“德”与“智”的发展要求，阐明“又红又专”红专关系的融合性统一性。

——政治与业务同样重要，又红又专突显全面发展人才素质的特点。

“德”与“智”，是全面发展目标中核心的两个基本方面，是政治与业务的要求在人才素质中的体现，而“红”，不等于中性的“政治”概念；“专”，也不等于一般的“业务”水平。

蒋南翔到任清华校长之初就提出：“我们培养出来的人，要有高度的业务水平和政治觉悟”，“学校前进的基本点”之一是“更有计划地发展新的力量——提高党、团员的业务水平与政治觉悟”，“这个要求实际就是要政治与业务相结合，使有高度的政治觉悟和业务水平的干部成长起来”。他向中央报告（到任三个月时）开展工作的措施中提出：“在教学工作中努力贯彻科学技术和政治相结合的原则”，“提高学生的科学技术水平，使高度的科学技术和高度的政治觉悟密切地结合起来。”②

蒋南翔总体上用“高度的政治觉悟”概括“红”的基本内涵，主要包括“要求有个社会主义的方向，有为人民服务的思想，有集体主义的精神，有共产主义的品德，有辩证唯物主义的实事求是的科学态度”。③他深入把握毛泽东同志提出的“又红又专”的核心要义：首先要讲政治、学政治，同时，既不要空头政治，也不要单纯业务观点。他明确地指出：“我们要培养同学成为又红又专的干部，不是只红不专，也不是只专不红，红专统一是我们的要求。”提出思想、业务、

① 中国高等教育学会，清华大学.蒋南翔文集（上）[M].北京：清华大学出版社，1998：543、550.

② 中国高等教育学会，清华大学.蒋南翔文集（上）[M].北京：清华大学出版社，1998：455、456.

③ 中国高等教育学会，清华大学.蒋南翔文集（下）[M].北京：清华大学出版社，1998：1002.

身体都要好，要做到“三个过硬”。改革开放新时期，他提出，“四个现代化的建设要求我们把学生培养成为又红又专的人才，既要有坚定正确的政治方向，又要有必要的科学技术文化知识和专门技术”，同时还具有“健全的体魄”。他强调要贯彻邓小平同志对红专问题的深刻阐述：“专并不等于红，但是红一定要专。”[①]更加鲜明地提出“社会主义学校的培养目标是使受教育者在德、智、体几方面都得到发展，成为又红又专的人才。”[②]

——政治与业务并重但不同位，又红又专突显全面发展内在机理的特性。

政治觉悟与业务水平在工作中发挥作用都很重要，但发挥作用的价值属性并不相同。相应地，在全面发展的内在机理上，“德”与“智”的作用也不是同位关系。“又红又专”要求的红专关系并不是“红”与“专”的简单并列。

蒋南翔总结清华三年教学改革的成绩时指出，由于同学们具有了社会主义觉悟，就具有了明确的政治方向，就能顽强地钻研科学，积极为祖国和人民服务。他高度评价全校同学积极响应毛主席的“三好”号召，贯彻全面发展的方针取得成绩，并且指出，其中的共同原因，首先就是“树立起共产主义的世界观和人生观”，“有了明确的政治方向和政治责任感，工作和学习就有了充分的动力，就能勇于克服困难，迅速地前进”。他勉励毕业生走上工作岗位以后还要继续学习，强调“学习有两方面：政治的和业务的”，政治学习“将使我们取得辨别方向的能力，这是我们工作成就、个人前途的决定关键”。并指出，“技术只有在正确的政治领导下才能发挥作用。”他对刘仙洲教授入党作出“先进的爱国的科学家在政治上的光荣归宿”的评价，指出：“科学技术同政治应当而且必须建立正确的关系。科学技术必须同政治结合，必须接受马克思列宁主义的思想领导，然后科学

① 邓小平文选（第二卷）[M].北京：人民出版社，1994：262.

② 中国高等教育学会，清华大学.蒋南翔文集（下）[M].北京：清华大学出版社，1998：1235.

技术才能更好地为社会主义建设服务，为人民服务。”

蒋南翔总体上用“坚定正确的政治方向”概括“红”的价值属性，明确“红”对于“专”的引领、导向作用，以及动力、保证作用。他强调：“方向问题必须首先解决，放在第一位”；“红正是专的无限的动力和最主要的条件”；“一个人的成就和他对社会贡献的大小，不只取决于他的业务能力，政治往往成为更重要的决定因素”。同时又深刻指出：思想品质、政治思想方面的要求与业务的要求这是两个不同的概念，不能混淆起来；红与专相互并不排斥，把钻研业务和政治上的“白”等同起来是不正确的，不能红而反专，要克服“宁左勿右”的倾向；根据工作性质、各人情况，在红和专的具体要求上也要有所区别，学生在校期间要把主要时间和精力用在业务学习上。

“又红又专”好比“从清华走到天安门”①，蒋南翔用这个深入浅出的比喻阐明红专关系——为达到既定的行程目的地、行进方向与行进步伐的关系。按此比喻，“政治”如行进方向，“业务”如行进步伐；“红”是确定方向、测控方向，“专”是迈开有力步伐。于是，“红”为首要、“专”为必要（方向首先要对，步伐必须要好）；不能只专不红、先专后红（方向不对，愈走愈远）；也不能只红不专、以红代专、红而反专（光看方向、老看方向不迈步，也走不到目的地）。

蒋南翔对于红与专关系的这种透彻充分的论述，深刻地揭示了全面发展中德育首位、德智结合的内在机理。

——政治与业务融合而统一，又红又专突显全面发展目标要求的特征。

蒋南翔提出，“学生要有正确的政治方向，这是红的要求，有了方向，怎么实现，还要落实到学习中去”，要“抓红落专，政治

① 中国高等教育学会，清华大学. 蒋南翔文集（下）[M]. 北京：清华大学出版社，1998：738、739.

落实到业务”。“我们有了具体本领才能实现政治要求，使具体业务和理想目标互相联系起来，这就是政治和业务的统一。”[①]对于人才培养，他明确指出，这个“理想目标”就是培养的人才要服务社会的问题。又红又专、成为工人阶级的知识分子，就是要求“我们的知识是准备为人民服务的，是要为祖国的社会主义建设服务的”。[②]这里的“服务”，就是政治与业务、红与专关系融合性统一性的体现。

蒋南翔认为，又红又专的理想目标——“为人民服务、为社会主义服务”，正是全面发展教育方针的基本要求。对此他论述道，在全面发展方针的基本要求中，“第一，是解决为谁服务的问题。这是一个政治方向问题，是我们的教育方针中必须首先解决的问题。”“第二，是解决用什么去服务的问题。这就是一个学习业务掌握知识的问题。”“第三，是解决怎样更有效地为人民服务的问题。”“青年人还要有强健的体魄”。在这里，“为人民服务、为社会主义服务”统一了德智体全面发展人才的成才目标和要求。他指出，全面发展的基本要求，之于“德”，是“学生具有明确的为人民服务的政治方向”，成为“热爱祖国、忠于人民的社会主义建设者”；之于“智”，是运用文化科学和技术知识、自然和社会的发展规律去为人民服务；之于“体”，是要有健全的体魄，并且还“要有革命乐观主义精神，要有勇于克服困难的毅力。只有这样，才能胜任艰苦的劳动，才能更有效地去为人民服务”。[③]值得注意的是，“体”的这种要求是身体素质与思想政治素质的结合，这种要求与蒋南翔校长提出的“争取至少为祖国健康地工作五十年”的号召完全一致。政治与业务、红与专融合而统一的原则，贯穿了德智体几方面的发展要求。

① 中国高等教育学会，清华大学. 蒋南翔文集（下）[M]. 北京：清华大学出版社，1998：943.

② 中国高等教育学会，清华大学. 蒋南翔文集（下）[M]. 北京：清华大学出版社，1998：762.

③ 中国高等教育学会，清华大学. 蒋南翔文集（下）[M]. 北京：清华大学出版社，1998：676、677.

二、怎样培养人：在全面发展的教育培养中，突出思想政治教育的贯通性和结合性

培养又红又专、全面发展的人才，必须进行思想政治教育。蒋南翔指出："对学生进行思想政治教育本身就是学校教育的一个重要组成部分，是实现培养目标必不可少的。这体现了社会主义教育同资本主义教育的本质区别。"①他到任清华校长之初就明确："学校的政治工作，就是要保证学生既有高度的政治觉悟，又完成了学习任务，有高度的业务水平和健康的身体。如做到这一点，即完成了我们最大的政治任务。"他强调，总结政治工作的经验是办好学校最根本的一条，"有了好的政治思想工作才能保证学生、教师、职工做到又红又专"。在蒋南翔又红又专思想和实践中，一定要通过思想政治教育工作全面落实红专关系的原则，既管"红"，又管"专"，要做实"抓红落专"的成效。这其中，坚持思想政治教育工作的贯通性和结合性是突出的特点。

——蒋南翔强调，"坚持地贯彻思想政治教育的进行"是学校教育的"主要关键"。他对于思想政治教育的贯通性要求，体现于全面发展教育的整个体系，实行于全方位、全过程、全员"三全"育人的工作之中。

他明确学生思想政治教育工作任务的三项内容：一是解决学生的基本立场问题，即解决拥护党、为人民服务的问题；二是教育学生掌握业务的问题，即解决妨碍学习的思想障碍，用实际本领拥护党、服务祖国人民；三是解决"在业务上具有马克思列宁主义的思想观点""马克思列宁主义与业务相结合的问题"，并指出"使业务科学渗透着马克思列宁主义思想是一个长期的奋斗目标"②。而按照第一项内容，对于"红"，他具体地提出了基本的政治要求——"两个拥

① 蒋南翔. 坚持社会主义的教育方向[M]. 北京：人民教育出版社，1987：147.

② 中国高等教育学会，清华大学. 蒋南翔文集（上）[M]. 北京：清华大学出版社，1998：501、502.

护、一个愿意”，即“拥护共产党的领导，拥护社会主义，愿为社会主义事业服务，为人民服务”。①

他提出“思想过硬”的“三层楼境界”：第一层楼是爱国主义，即爱我们伟大的中华人民共和国；第二层楼是社会主义，即愿意为社会主义服务，拥护社会主义制度；第三层楼是树立共产主义世界观（辩证唯物主义与历史唯物主义的世界观）。他鼓励学生不断登高，而且明示学生努力走上“第三层楼”的路径——通过马克思主义理论修养、实际锻炼、不断革命的自觉精神的结合达到最高境界。②而对于“业务过硬”，他提出，“基本的业务训练要扎实”“要有较强的独立学习能力和适应能力，不怕改行，不怕跨行”；“还要有一定的组织工作、群众工作的经验”，以及在工作中、在业务领域中学习运用毛泽东思想和辩证法的能力。③

他确立思想政治教育工作的三条渠道：一是政治理论课程，比较系统的马列主义教育，帮助学生解决政治方向、为谁服务的问题，是“最基础的课程”、是“公共必修课程”。（他亲自组建哲学教研组并兼任主任，带头讲授马克思主义哲学课。）二是课外活动和日常教育，包括学生广泛参加校内外各种社会服务工作，培养为集体服务的共产主义思想品质；在群众性义务劳动中进行劳动教育，增强团结友爱的集体主义精神；开展体现美育的文化艺术活动和体育活动等。三是通过全部教学过程进行思想政治教育，努力贯彻辩证唯物主义的观点和爱国主义思想。“每一门课程，不仅是传授一定的知识，同时还应当在一定程度上培养和巩固着正确的世界观和历史观。”④“三条渠道”体现了课内课外“两个课堂”的结合，“思政课程”与“课程思

① 中国高等教育学会，清华大学. 蒋南翔文集（下）[M]. 北京：清华大学出版社，1998：1078、1079.

② 中国高等教育学会，清华大学. 蒋南翔文集（下）[M]. 北京：清华大学出版社，1998：857、862.

③ 中国高等教育学会，清华大学. 蒋南翔文集（下）[M]. 北京：清华大学出版社，1998：858、859.

④ 中国高等教育学会，清华大学. 蒋南翔文集（上）[M]. 北京：清华大学出版社，1998：547、550、613、614、357.

政”的共同担当和互相配合。

他要求建设好又红又专的三支队伍：教师队伍——“必须逐渐做到使所有的教师都能以马列主义和毛泽东思想的精神来教育学生”，在教书中育人；政治工作队伍——“双肩挑”要求的教师干部以及学生政治辅导员形成思想政治教育与管理相结合的骨干队伍，在管理中育人；职工队伍——职工“在政治上也要能够担当责任”，以自己的模范行动去影响学生，在服务中育人。

——蒋南翔强调，必须把坚定正确的方向放在第一位，又必须坚持教学为主的原则。他坚持思想政治工作围绕教学这个中心，紧密结合各个教学工作环节去做，结合学生思想实际去做；思想政治工作不能冲击或代替教学工作，也不能因为“教学为主”而抹杀了思想政治工作的重要地位重要作用。

他对政治理论课教学强调“学习理论、联系实际、提高认识、改造思想”的原则，要求各门政治课都注意联系每个时期党的重大方针政策，加强马克思列宁主义政治课程的战斗性，提高学生的学习兴趣。一方面要反对照本宣科的教条主义倾向，另一方面要反对把马克思主义理论庸俗化、断章取义、贴标签的实用主义和形式主义。强调要掌握马克思主义的立场观点方法，“用马列主义之‘矢’去射中国革命之‘的’”。

他于1953年首创“双肩挑”政治辅导员制度、设立班主任制度，辅导员与学生同住同吃同学习，思想工作结合学习生活实际，做在日常、做到个人、落实到班级基层；思想工作贯穿教学工作环节的始终，保证学习任务的完成。新生入学，结合专业实际开展多样的专业教育，激发为祖国而学习的爱国主义精神；结合教学进程，进行学习态度、学习方法的学风教育；结合“真刀真枪”毕业设计，推动学生把握党的有关方针政策，理论联系实际，团结协作、攻坚克难，成为“教学、生产科研、思想工作的一个重要结合点”。（他亲自和学生保持密切联系，从入学到毕业，每年多次同各方面学生座谈讲话。）

他推行以争创“三好”、全面发展为条件的学生“先进集体”评选表彰制度，调动和发挥学生的主动性、积极性，创新了“自上而下”倡导、“自下而上”配合的思想政治教育工作方式，加强教育与自我教育的结合、管理与教育的结合，使“政治思想工作自然就与业务学习及日常生活紧密地结合起来”。

他实行因材施教，着力建设学生的政治、业务、文艺体育“三支代表队”：挑选学习成绩优良、政治觉悟较高、工作能力较强的高年级学生党员担任政治辅导员，“半脱产”做学生思想教育工作，政治、业务“两个肩膀挑担子”，言教又身教，育人也育己，工作锻炼与重点培养相结合；在校系两级挑选业务拔尖学生，实施“提高课”强化教学培养计划，同时加强学习目的性教育，树立“攀登科学高峰”的发展方向；挑选文体特长骨干学生集中住宿、专门建制，与原来的专业班级形成“两个集体”，艺术教育、体育上重点培训，而且与辅导员一样，如果学习受影响、成绩下降，就要流动调整。“三支代表队”形成个性发展与全面发展相统一的平台，“殊途同归，全面发展”，产生了又红又专又健的典型示范、引领带动作用，同时成长起大批优秀的骨干人才。

三、为谁培养人：深刻把握人才培养的教育本质，突出社会主义教育的特殊性和优越性

培养什么人、怎样培养人，归根结底在于为谁培养人。“培养什么人”，这是人才培养的培养目标、要求问题，体现教育的本质；而“为谁培养人”，这是人才培养的教育目的、宗旨问题，体现为教育本质的内核。为社会发展的需要培养人，这反映人才培养的教育本质的普遍性。我国是中国共产党领导的社会主义国家，这就决定了为着党和国家的社会主义事业的发展，培养“又红又专、全面发展”的社会主义建设者和接班人，就是我们社会主义教育区别于其

他社会、其他政治要求的人才培养的教育目的宗旨，以及人才培养的目标要求。这深刻反映了人才培养教育本质的特殊性和普遍性的正确结合，而且相应地，又具有大量培养优秀杰出人才的显著的优越性。

——蒋南翔在30多年的党和国家教育事业的实践中，始终坚持社会主义教育的性质和目的宗旨，牢牢把握为社会主义事业培养又红又专、全面发展人才的目标要求。

他在高等学校全面发展教育方针的论述中鲜明地指出，相比旧社会、资本主义社会，我们的教育目的是“为广大劳动人民服务、为社会主义服务”；“我们可以而且必须明确地标榜我们的教育目的，必须教育学生具有明确的为人民服务的政治方向”。进一步指出，“全面发展的方针是我国教育历史发展过程中所必然产生的，是社会主义的国家所要求的”。①在清华的迎新大会上他强调：“我们学校是社会主义大学，要培养红色工程师、社会主义的建设者，要求又红又专，这一点是绝不能动摇的。”②

1983年，在中国高等教育学会成立大会上，蒋南翔在他的会长讲话中提出：“新型的教育是改造社会的有力手段”，“从根本上说，它的作用就在于通过它所培养的一代又一代又红又专的社会主义和共产主义的新人，为完善和发展社会主义制度、逐步实现共产主义的远大理想服务。”③这一精辟的论述对于社会主义教育人才培养的教育目的宗旨以及目标要求，给出了马克思主义教育思想的深刻回答。

在这个讲话中，蒋南翔深入总结30多年我国教育的发展，强调指出：“可以说，尽管我国的工业、农业和科学技术的水平还不如某些资本主义国家，但是我国教育的指导思想远比资本主义国家先进，我们培养的大学生的质量远远胜过了它们。在马列主义、毛泽东思想的

① 中国高等教育学会，清华大学. 蒋南翔文集（下）[M]. 北京：清华大学出版社，1998：676、678.
② 中国高等教育学会，清华大学. 蒋南翔文集（下）[M]. 北京：清华大学出版社，1998：820、821.
③ 中国高等教育学会，清华大学. 蒋南翔文集（下）[M]. 北京：清华大学出版社，1998：1071.

教育下，我们新中国的大学生，又红又专，绝大多数热烈拥护社会主义、拥护共产党，自觉地服从国家需要，到艰苦的地方去工作。应该说，这是在我国高等教育领域获得了大面积丰收，也是新中国教育带有根本性的重大成就，所有资本主义国家的教育制度是不可能大量培养出又红又专的先进人才的。这是马克思主义指导下的社会主义教育制度优越性的具体表现。”①

——蒋南翔在30多年的党和国家教育事业的实践中，始终坚持为党育人、为国育才的初心使命，牢牢把握又红又专、全面发展的社会主义教育方向。

他在1953年到任清华校长之初给中央的工作报告中就提出，只有依靠自己的学校来大量培养具有较高质量的新工程师，我们国家才能独立掌握较高的科学技术、摆脱科学技术上的依赖地位。1956年，他在党的八大会议上的发言中又提出，必须依靠本国培养的专家来独立解决工业建设中的重要关键问题，科学技术的落后意味着工业建设和国防建设的不能独立。我国的高等教育应该而且必须成为提高全国科学技术水平的有力杠杆。而到了1980年，在他再任教育部部长时的教育部会议上，他又指出：“我愿意重复强调这样一个观点：我们的高等教育如果不能在本世纪内为国家培养出具有世界先进水平的各方面的专门人才，不能主要依靠自己的力量解决我国‘四化’所遇到的最新科学技术问题，那就意味着我国的教育不独立，科学不独立，经济和国防也没有真正独立。”②

历经探索开拓中国特色社会主义教育发展道路的艰苦奋斗，蒋南翔矢志不渝地坚守着自主培养高层次人才、科技自立自强对于中国式的社会主义现代化事业的使命担当，他把对教育的战略性基础性作用的深刻把握落实到造就又红又专、全面发展的优秀人才的教育工作实践。

① 中国高等教育学会，清华大学. 蒋南翔文集（下）[M]. 北京：清华大学出版社，1998：1074、1075.

② 中国高等教育学会，清华大学. 蒋南翔文集（下）[M]. 北京：清华大学出版社，1998：996.

改革开放新时期，蒋南翔围绕总结17年办社会主义大学的基本经验，首先提出的是“我们坚持社会主义方向，坚持又红又专、德智体全面发展”，要“按照国家的需要办社会主义大学”，强调“思想政治工作必须做好”。他明确指出，“十七年的方向，也就是我们现在要坚持的方向”，强调要“始终坚持又红又专、全面发展的社会主义教育方向”。在蒋南翔的教育思想中，“又红又专、全面发展”作为人才成长的目标要求，是明确我们培养的人才要能够为人民服务、为社会主义服务；而教育培养学生努力做到“又红又专、全面发展”，就实现了办学育人为党和国家的社会主义事业服务这个教育的目的宗旨。由此，人才培养的教育目的宗旨与培养目标要求的一致实践，就是“坚持又红又专、全面发展的社会主义教育方向”的核心体现。

1987年，《红旗》杂志刊登蒋南翔《高等教育要认真解决两个根本问题》重要文章，文中，蒋南翔从“我国长期的教育实践”中深刻地凝练出“一条最重要的基本经验”——“办高等教育，必须优先考虑和解决两个根本性的问题，一个是方向问题，一个是质量问题”。他指出，方向问题，“这是解决为谁服务的问题，也是教育战线必须解决的首要问题”“我们要为祖国培养社会主义建设者和无产阶级革命事业接班人”“不断加强社会主义的教育阵地和党对高等学校的领导，发扬全心全意为人民服务、为社会主义服务的教育思想”。他强调这就是社会主义教育事业要坚持的正确方向，也是“我国社会主义教育必须解决的历史课题”。他指出，质量问题，“这是解决怎样更好地为人民、为社会主义建设服务的问题”。我们社会主义国家的奋斗目标，“在教育上要求不断提高全民族的文化水平，培养出大量又红又专的具有世界第一流科学水平的各方面人才”。

蒋南翔在文中对这“两个根本性问题”作出精辟的总结：“毛泽东同志提出了又红又专的要求，邓小平同志对红与专的问题作过深刻的阐述：‘专并不等于红，但是红一定要专。’这在实质上解决了方向问题和质量问题的全面要求。”“我们教育战线的同志和所有真诚拥护社会主义的知识分子，好好领会和实践毛泽东和邓小平同志有关又红又专的深刻思想，现在仍有重要意义。”①

“又红又专”的思想是蒋南翔教育思想的一条红线，贯彻于他领导指导全国教育战线的全局事业，贯穿于他领导清华办学育人的身体力行的工作实践。在社会主义新清华的发展历程中，“又红又专”作为坚持社会主义办学方向、提高人才培养教育质量的重要方针，首先见之于直接的培养学生全面发展的教育体系，同时也见之于师资队伍建设（如“两种人会师”“团结百分之百”等）、见之于干部队伍建设（如“双肩挑”的普遍要求等）、见之于学科建设和科研工作（如按国家重大战略需求创办尖端高新技术专业、“占领科学高地”等）等。“又红又专”的教育思想和成功实践促成了清华大学突出的发展成就，也在正反两方面经验的实践检验中得到坚定和发展。长期以来，在清华，恪守“又红又专”的理念和举措形成了许多重要的基本制度、长效机制，形成了一种传承发扬的优良传统和精神文化。新时代建设教育强国，我们要坚持立德树人的根本任务，围绕“又红又专、全面发展”的时代要求，守正创新、丰富发展，彰显世界一流大学建设的中国特色，培养担当民族复兴大任的时代新人。

作者简介：张再兴，1964年考入清华大学自动控制系，1970年毕业留校工作。曾任清华大学党委副书记、高校德育研究中心主任、校史编委会主任，教授。

① 中国高等教育学会，清华大学. 蒋南翔文集（下）[M]. 北京：清华大学出版社，1998：1129-1134.

别样年华

——忆蒋南翔校长提出的“为祖国健康工作五十年”

杨巾农

在学校纪念蒋南翔校长提出的“为祖国健康工作五十年”的大会上，在参会的人员队伍中如果说90岁的黄克智老院士是年龄最长的一位，那么当时68岁的我也许就是年龄最小的一个。而我最初亲身经历感受到清华对体育的重视，体会到蒋南翔校长对贯彻教育要德智体全面发展的重要宗旨影响，还要从人们常讲的豆蔻年华说起。

一、豆蔻年华

我的父亲杨道崇1937年大学毕业，1946年抗战胜利后经人推荐并通过马约翰教授亲自面试进入清华大学体育教研组（即现在的体育部）工作。清华自建校起就有着重视体育的优良传统，蒋南翔出任清华校长后，清华大学是当时非体育专业院校的大学中，第一个把教授、副教授职称授予体育老师的大学。体育始终是清华教育和南翔精神的重要组成部分，在他提倡的又红又专精神指导下，父亲在坚持钻研专业的同时一直追求思想进步，并光荣地加入了中国共产党，成为实现为人民美好事业奉献一切的教授党员。这使我从孩提时代开始有了追求理想的朦胧概念。

也正是在蒋南翔校长发出的“为祖国健康工作五十年”口号的那一年末，我家从清华大学校外宿舍搬入清华园内，那年我刚好7岁，上附小一年级。在我幼小心灵中第一次感受学校对清华体育工作和体育工作者的重视与关爱。

我清楚地记得小学三年级时，在毛主席“发展体育运动，增强人民体质”伟大号召下，北京体育学院（即现在的北京体育大学）来清华附小挑选少年业余体操班学员。身体是革命的本钱，体育是强身的武器。在蒋南翔校长“体育工作是学校工作中的一个重要方面”的指示下，此项工作得到当时学校各级领导部门的大力支持，委派大学陈蒂乔等体操老师辅导我们，还批准我们每周下午自习课时间两次去体院参加训练。我们这些坚持参加训练的小学员不但体质有了改变，意志坚强了，学习成绩也提高了，体育成绩更有了长足进步，短跑从落后跃居到班里的前几名，走路姿态也变得优美自信。我们成为贯彻落实蒋南翔校长教育要重视体育工作指导思想的最小年龄受益者。那时我们虽是小学生却也感受了一把“无体育，不清华”的氛围。

1961年4月第二十六届世界乒乓球锦标赛在北京举行，中国乒乓球队获得男子团体及男女单打世界冠军，全民掀起了乒乓球热。学校落实党委的要求，积极创造条件支持开展这项活动，小学一下子没有办法弄那么多乒乓球台，我们这些小球迷听说大学有的系楼道一端会放置乒乓球台，休息日我们经常把乒乓球拍子藏到衣服里到各系的楼里去寻找，顺着声音真让我们找到了好几处。或许被我们的执着感动，他们默认了我们小孩的“鸠占鹊巢”。我们立志要做蒋校长一贯倡导的又红又专的清华未来之星，今后要堂堂正正地走进这个大门。

记得我在1963年小学毕业考试作文里曾写下了“我的理想”，希望按照校长一贯倡导的德智体全面发展，梦想着像清华父辈那样做到为祖国健康工作一生。

我带着对体育的这份热爱，带着我的理想报考并进入了清华附中。我们小学那届毕业班总人数近200人，只有13人考入了当年已全市招生的清华附中，当属佼佼者。其中有一多半儿是少年体操班的三好学生。考入附中后开启了我的第二段清华的学习与生活。

二、青春岁月

那时清华的体育设施西大饭厅、西体场馆是供大学球类活动的重点场所，中小学生通常不在服务对象之内，但我们利用暑假期间，经常跑到西大饭厅球场找人少的场地站在旁边看，等到大人休息时候我们上场就打，有时遇上大学校队训练也跟在后面比画。附中开学一个月后我被选进清华附中乒乓球代表队，队里只有我是来自清华“西大饭厅出身”的选手，其他人都是全市招来的各少年宫体校的优秀选手。在教练指导、团队的带动下，一年后我的球技有了飞速进步，这也为我后来有机会代表海淀区队参加北京市比赛打下了基础。

由于附中的教育一贯秉持蒋南翔校长倡导的要德智体全面发展的教育方针，所以和大学一样，政治思想不红，学习成绩不好，也是不能进代表队的。

我深知要实现自己的梦想，在又红又专的道路上前行，德智体全面发展就是保证。自打进了校队，有了动力和压力，我的各科学习成绩也从入学的第36名进入班里的优秀行列。

我多想沿着这条路去实现自己的理想和人生价值。然而，一场史无前例的政治运动将我们的青春年华带入了上山下乡的大潮。

我去的工厂就坐落在颐和园后面，是个只有100多人做体育器械的小厂，入厂没多久我就被分配跟着钳工师傅学徒制作冷冲压模具。这是一个技术含量很高的工种，我意识到要干好这项工作，光有为国家和社会做贡献的决心不行，必须要有专业知识。于是我用自己的学徒费跑到当时技术书售卖比较全的海淀书店买了模具、机械制图等书籍，每日里加紧学习和手工实践。在后来的十年，我成长为厂里设计制作专用模卡具刀具组的副组长，这段经历在我后来上大学和在核研院工作派上了用场。我们用自己的行动践行了蒋南翔校长一贯倡导下的科学研究工作离不开学习实践的铁律，靠从一个永远催人上进的地方——清华园学来的科学严谨、吃苦耐劳、不言放弃的工作作风，引领我们不断攻克一道道难关、取得一步步胜利。

我参加工作之初，大学还没有恢复上课，但清华人热爱体育锻炼的习惯却一直延续着。冬天结冰期，清华园内荷花池就成为大家集中锻炼的重要场所。当时买一双花样滑冰鞋需要30多元，相当于我两个月的学徒费。正当我为筹钱买鞋节衣缩食时，忽然有同学告诉我蓝旗营旧货商店进了一批学校刚刚处理的旧冰鞋，饥肠辘辘的我顾不上吃饭骑上自行车，就奔向旧货商店，五块钱买到一双花样冰鞋。我兴高采烈磨亮了冰刀，迫不及待地奔向冰场。尽管不断摔倒，丝毫没有减低我的学习兴趣。每早滑到七点半蹬上自行车再赶去工厂上班，脸冻得通红，看到我神采飞扬地进来上班，一起分到工厂的同学也纷纷买了旧冰鞋上场操练。几年工作下来，我们不但出色地完成了生产任务，还一直坚持出全勤，并经常为厂里安全生产搞一些小的技术革新，受到厂里表扬。我们用自己朴实的青春年华在工厂续写着蒋南翔校长提出的“为祖国健康工作五十年”的豪迈！

恢复高考后我们陆续带工资进了大学，工厂默默为我们承担了一切，为此我一直对工厂心存感激。他们在我们最困难的时候接纳和帮助了我们，教会我们劳动本领，让我看到了工人师傅永远值得我们学习的淳朴善良的本质。

三、走进战略前沿核研院

核研院老教师都知道是蒋南翔校长任职期间从极高战略性前瞻的设想向中央建议在清华大学建造试验原子反应堆，并建设相关实验室。所以有了“200号”核实验基地，也才有我们新老教师和工人们前赴后继的奋斗故事。

毕业以后，1986年正值清华大学核能技术研究所（即后来的清华大学核研院，简称“200号”）承担设计建造的国家“七五”重点科技攻关项目——5兆瓦低温核供热反应堆进入最后冲刺阶段，急需技术人员。由于我有在工厂工作和上学的共同经历，很快被核反应堆控制棒专家吴元强教授选中，开启了我在清华的第三段学习工作生活。

凭借着从小就被清华氛围培养磨炼出的执着的精神和对事业的热爱，我在老师的指导下很快投入紧张的工作，顺利完成了反应堆控制系统的重要部件的后续设计与实验任务。三年后，1989年11月3日，由清华大学主管核能所设计建造的世界第一座投入运行的自然循环一体化壳式5兆瓦低温核供热反应堆首次临界试运行获得成功。

随后我陆续参加了200MW低温核供热堆、CARR反应堆设计研发工作、新一代先进核动力水堆装备的设计研发工作、“985”规划中高温多效海水淡化装置的大型实验研究以及国家高温气冷堆核电站重大专项HTL大型氦回路电加热器的结构设计等工作，并获得多项国家发明专利和科技成果奖。我受聘参加了国防重大项目的设计和实验，并取得阶段性的成果。

在各阶段紧张工作的岁月里，我从没有放弃过对于体育锻炼的关注，更没有减低对体育活动的热爱。只要不和工作冲突我几乎每年都参加学校教工网球比赛，并和同伴夺得了女双第三名。

当年的“200号”试验基地，生活区没有正规操场，更没有室内活动场地。借助饭厅场地打球是南翔时代清华的传统。缺少网架就一端用木杆儿架住，另一端借助饭厅原有舞台边缘放上砖头调整高度临时支起网子。就在这简陋的场地上，我从学习羽毛球比赛规则开始，在年轻老师和研究生们的指导培训下，经过一年刻苦训练一举夺得当年清华教工羽毛球女单冠军。当时的工会主席十分惊讶，“200号”什么时候冒出个女子羽毛球赛手。

除了室内场地，“200号”也是全民体育清华精神继承与创新的尝试者。在生活区我还亲眼见证了“200号”开展体育锻炼的火热场面，在一片仅有230米一圈儿的小操场上，核研院工会照样将历届运动会搞得如火如荼。虽然“200号”承担的国家科技攻关任务之重在全校是出了名的，再忙我们的运动会也连年举办。每届运动会不但院领导班子成员都参加，学校也每次都派领导来参会，给了我们很大鼓舞。领导班子换了一届又一届，我们这批普通的科研工作者、老运动员一直战斗在学校和“200号”的各个工作岗位和各条体育战线。

半个世纪的工作经历让我切实体会到，没有党的教育方针的引领，没有组织领导关怀和培养，就没有了方向；没有一个健康的体魄，就没有实现为祖国健康工作五十年的本钱；而没有好的工作态度和技术专长，也会错失许多工作机会，活过50年不等于是健康工作了50年。所以，初心不改执着地追求一个理想就是一切活动的动力。

退休后我依然喜欢参加学校各项活动和体育竞技比赛，2022年72岁的我获得清华大学老年组乒乓球女单冠军。

回顾往事，我非常感谢学校和体育部60多年来为广大教师员工所创造的体育锻炼环境。如今在校园内各种先进的体育场馆和场地设施齐备，有各种场地和场馆供选择使用，人们再也不用像我们当年那样四处奔波去寻找可供锻炼的地方。每当我走过综合体育馆两侧栽有法国梧桐树的林荫路去网球场打球时，常常会在场地周边驻足停留，去看那些悬挂在围墙四周的承载着历史的大幅照片和熟悉的人。透过高大的梧桐树向远望去可以清楚地看到操场那边“无体育，不清华”的大幅标牌。

作者简介：杨巾农，曾任清华大学核研院核反应堆工程实验高级工程师。系清华大学体育部离休老教授杨道崇之女。

弥足珍贵的回忆

——与蒋南翔校长相伴的十日

陈养民

我是七三级机械系焊接专业三（2）班学生，1968年10月下乡插队，1970年12月招工至合肥机床配件厂铸锻铆焊车间，1972年6月26日加入中国共产党。1973年9月4日晚，我在厂正常上夜班，突然车间主任通知让我去清华招生老师下榻的招待所。匆忙赶去后，何世忠老师将录取通知书交给我，并很神秘地要求我必须在9月6日赶到学校报到，我说怎么这么仓促，晚两天行不行？转户口、转党员关系等都需要时间。他说不行，所有关系都由组织接转，原因日后跟你解释。当晚我回家将通知书交给父亲并索要10元进京路费，告诉他我要上清华啦，父亲疑惑地举着通知书对着15瓦的电灯翻来覆去地看了几遍始终似信非信。9月5日下午，党委召开全厂职工大会让我披红戴花登台，党委书记黄键（1935年参加革命）亲致勉励贺词，2000多名职工鼓掌祝贺，厂大门外两侧的邻街围墙上两幅大标语红亮醒目：一幅“热烈欢送陈养民去毛主席身边上大学”，另一幅“陈养民录取清华大学是我们全厂的光荣”。9月6日我来到了北京，当学校接站的汽车路过天安门时，我下意识地掐了一下大腿，疼痛是真实的。在校大礼堂前辅导员刘文焕和班主任庄丽君两位老师热情地接待新生，分配我住七号楼325宿舍，就餐在七食堂。

七三级焊接专业录取新生58人，来自全国多个省市，工、农、兵都有，分别占80%、10%、10%，党员占25%。在那个特殊的年代，虽然没有严格的高考，但是基本的数理化外语考试我们还是经历了。其间还发生了辽宁考生张铁生交白卷事件，加之层层推荐、招生老师反复的政审，故有幸录取清华大学的皆是所在省市的优秀青年。入学第一学期学校就为我们安排了文化补习，又称“填平补齐”，拉近新生文化差距。第二学期上专业课前，为让我们大致了解机械加工全过程及金属属性，系党总支安排我们一个月的学工劳动，其间梦幻般地让我邂逅了蒋南翔校长。记得那是学习铸工的第一天，系党总支军代表让我单独陪一位老者翻砂，并私下叮嘱我，那是一位反动学术权威，你是党员，相信你能把握。我怀着本能的戒备蹲到老者身旁埋头不语地干活，沉默尴尬了近半个多小时，老者微笑地搭讪问我：“同学你是哪里人啊？”我说：“安徽合肥市的。”他说：“看你翻砂挺熟悉的，原来干过吗？”我说是的，他说：“我姓蒋，叫蒋南翔，你怎么称呼啊？”我一听，差点惊掉下巴，语无伦次地回答道：“我姓陈，您，您是蒋校长？”他说：“校长已是过去的事啰，你就直呼我名字吧，或叫一声老蒋也行。”听到他这么说，我思忖了一会儿感觉称校长、前辈、师傅都不太合适，于是说：“那怎么可以，您比我父亲还大，我称您蒋先生行不行？”蒋校长微笑地答道：“那是我的荣幸哦。”

随着时间的推移，面对这位慈祥老者我也不再拘谨，我们边干边聊，聊的范围也越来越广。他问及我的家庭背景及如何上的清华，我也直言相告：家父是拉板车的搬运工；母亲是壮工大队抬大土的；家庭没有任何背景。打小我就知道，要想改变自己的命运只有勤奋学习努力工作争取进步，所以在到农村插队和招工进厂的五年中始终坚持自学初中高中的课程。并告诉蒋校长我能上清华也极富戏剧性，起初填报志愿时，分别是清华、南开和合肥工大，后来一打听，填报清华的考生中有十几位都是高干子弟。我又划掉了第一志愿，但也正是这一划，引起了清华招生组何世忠老师的注意，他几次背地里深入我们厂组干科、车间、市机械局政治处，细致了解我的情况后，慎重地找我约谈。记得在他下榻的招待所不足9平方米的房间里，何老师问我：你难道不想到毛主席身边上大学吗？我因为无所求也就无所忌，当时还引用电影《兵临城下》里的一句台词“报告长官，做梦都想”，甚至还说了“京城阳光明媚，但照不到合肥这个小地方”的牢骚话。同时我还向何老师汇报了1972年被上海第一外语学院录取，厂欢送会都开了，但还是被别人顶替的往事，也汇报了家境贫寒及在农村工厂学习工作的情况。谈话进行了近两个小时，何老师平易近人，与他交谈感觉十分轻松。原以为这次谈话只是对放弃清华的情绪宣泄而已，万万没想到，1973年9月5日晚，何老师将清华大学的录取通知书发给我！要求我务必在9月6日到清华报到。我当时都懵了，不敢相信这事儿是真的！

入学三个月后方知，9月5日晚，合肥市委常委会议研究大学招生事宜，很多领导的口袋都装着拟推荐名单。当清华招生组何世忠老师说：经三次请示校党委，已录取贵市陈养民同学，该生已在去北京的路上了。说完这段话，当时的会场鸦雀无声。这就是何老师为什么让我仓促赴校、日后再解释的原因所在！蒋校长听着我的讲述，表情时而凝重，时而开朗。最后感叹地说了一句，真是好事多磨啊！

相谈甚欢的时间总是短暂的，临近学工结束，老校长反复叮嘱我，你要珍惜这来之不易的求学机遇，人民送你上大学，你上大学为人民。要不负党和人民的重托，将所学知识回馈社会，知识是浩瀚的海洋，在攻读专业的同时也要博览群书，这些都是你走向社会的工具和钥匙，在学习的同时要加强体育锻炼，有了好的身体才能为祖国多工作几十年。最重要的是，作为清华人要学会掌握两个能力，即分析问题的能力和解决问题的能力。凡遇问题都有切入点，只有找到最佳切入点，才能圆满解决问题，而你所学的所有知识才是你的工具和金钥匙。

邂逅老校长转眼已过去49年，老校长的叮嘱如警钟长鸣，几十年响在耳边。与老校长相伴十日终生难忘！清华毕业后踏入社会46年，运用母校授予的知识和老校长赐予的“两个能力”的教诲，为党和国家的经济发展努力工作，面壁三思，自我感觉对得起“清华人”这个称谓。2023年是母校112周年华诞，也是蒋南翔老校长110周年诞辰，在此谨以此文祝母校紫荆花满园，砥砺再前行！时值清明，也以此文追思伟大的革命家、新中国高等教育事业的开拓者蒋南翔老校长仙逝35周年，愿老校长天堂有知，学生永远怀念他！

作者简介：陈养民，1973年考入清华大学机械制造系，1977年毕业。曾任中国木材公司合肥供应站主任。

承继传统 坚守信念 创造历史

——我所认识的蒋南翔

袁 帆

蒋南翔（1913—1988），毕生与中国青年运动和教育事业结缘，被清华人亲切地称为“老校长”。笔者晚生，1975年到清华求学时早已没有可能接触到他，但“蒋南翔”的名字和故事却总能从各种途径汇入我的脑海。几十年来，随着阅历的不断加深，特别是通过对清华校史的不断关注与研究，我对他的了解逐渐增多，对他的认识也不断深刻，他在我心目中的形象愈加清晰。

一、蒋南翔与清华历史的必然联系

在清华既有的百余年历史上，对其产生影响的人物众多，但其中尤有两位校长因为曾长期执掌校务，影响深远而特别著名，他们就是梅贻琦和蒋南翔。两位校长是年龄相差24岁的两辈人，是曾经有过几年交集的老师与学生，虽然二人生长的时代背景不同，政治立场也有差别，但他们的命运却都与清华紧密联系，对清华的感情极深，对清华乃至中国教育发展的贡献卓著。而这势必成为每个清华人了解、认识他们的重要理由。

19岁的蒋南翔于1932年秋天考入清华大学中文系。蒋南翔在清华园度过的大学生活，正是其传奇人生铺展开来的初始阶段。他在这里汲取使其受益终生的知识与学养，通过担任《清华周刊》主编锻炼才干，深度介入清华人的日常学习生活；他在这时加入中国共产党，奠定自己的政治信仰，于中华民族面临危亡的至暗时刻，成为“一二·九”运动的领导人之一，并写出了振聋发聩的历史名言“华北之大，已经安放不得一张平静的书桌了”，从此走上职业革命家的道路。

历史的安排十分诡异而有趣，就在蒋南翔离开清华园15年之后，这位曾受清华培养却没有拿到毕业证书的“肄业生”，竟然成为梅贻琦校长之后的又一位清华掌门人，只不过他是新中国成立后的第一位清华校长，肩负起新的历史使命。好在那时他刚39岁，相比梅贻琦42岁当校长还要年轻，可谓“年富力强，踌躇满志”，怀抱“边学边干，学成一个工业大学的普通学生总可以”[①]的决心踏上清华领军人的岗位，此后又将清华的历史续写了14年，并留下了“刀劈斧凿”的深深印记。

我之所以要将蒋南翔与梅贻琦两人联系起来，并非牵强附会，而是要说明一个常识：没有人天生就是革命者，也没有人生来就是教育家。尽管由于种种原因，从未见过蒋南翔宣示自己与梅贻琦之间有师承关系，但他的心里一定对梅贻琦校长及其代表的“老清华”有着自己的理解与态度，或者说，他对清华同样怀有学子对母校、对师长的朴素感情，这样说是有足够证据的：

首先，1941年5月3日，在延安的39位清华同学正式成立“延安清华同学会分会”，蒋南翔担任总干事。他们特意于6月19日向清华同学总会致函，报告会务，热烈盼望与各地校友互通音讯，保持沟通，“临纸匆匆，书不尽意，翘首南天，静待覆音。”[②]一批毅然投笔从戎走上革命道路的清华学子，对母校的感情，对同窗的惦念尽显，实为难能可贵，今天读来，依旧给人耳目一新之感。

其次，1943年7月5日，延安清华同学会特向梅贻琦校长致慰问

① 韦君宜. 思痛录[M]. 北京：人民文学出版社，2013：253.

② 清华校友总会史料选编. 清华大学校友总会/档案馆/校史馆，2013年版，第90页。

信，其中除有“自离母校以来，生等极少机会晋谒先生并倾听教诲，但怀念之意未尝或已”之谦恭语句，更有明确表达之意，“敬祝先生健康，并冀先生继续以清华传统之科学与民主精神，作育青年，以应中国当前抗战事业之迫切需要；尤祈国内民主政治早日实现，使各地清华同学都能欢聚一堂，互相切磋，共为建设新中国而奋斗，此实生等所无任企盼者也。”[①]按照一般逻辑，如果不是对梅校长怀有真心敬意的人，能够写出此等诚挚之辞是难以令人置信的。这封信的签署者是会长曹葆华，总干事蒋南翔，但就凭主持过《清华周刊》的经历这一点，执笔人是谁其实已经不言自明。

迥异于那个时代大多数清华毕业生的职业选择，蒋南翔走上的是另外一条革命道路，但清华园给他的耳濡目染，加上他自己对“教育立国”的理解与追求，促成其后来的一生事业都与“青年与教育”有着直接的关系，并且将人生年富力强的14年光景投入以清华为基地，促进中国教育发展的宏伟大业中，这里既有历史的偶然，更是历史的必然。

二、蒋南翔对清华办学道路的探索

自从蒋南翔于1952年11月受命担任清华大学校长之后，他对清华办学道路的探索就一刻都未停止。关于这个问题，包括《蒋南翔传》在内的一系列专著已经有非常系统的研究与阐述。将他在清华的教育实践从各个角度汇总起来，一条脉络清楚地表明，他从来没有停止“积极探索适合中国国情的社会主义办学道路”之步伐。虽一路风尘，步履匆匆，但历史已经证明，他对清华办学道路的探索实践可圈可点、硕果累累。在他给清华留下的宝贵财富中，特别具有深刻、长久现实意义的，包括但不限于下列几个方面。

（1）坚持“三阶段、两点论”的鲜明立场

按照当年盛行的“阶级与阶级斗争”观点，蒋南翔当然也属于

① 清华校友总会史料选编. 清华大学校友总会/档案馆/校史馆，2013年版，第92页。

应被改造之“旧社会”培养的知识分子，不过由于近20年的革命家经历，他在执掌清华时却又处在“改造者”的主动位置上。于他而言，如何看待曾经教育他的“老清华”自然就显得十分敏感，是不能回避的重要问题。

1961年6月30日，蒋南翔在全校教师大会上讲道：“文化领域里有文化遗产继承问题。……文化是上层建筑，有相对独立的部分，要承继。学校不是要打碎，而是有个很细心的承继问题。在文化科学上更是如此。科学没有国界，也没有历史阶段。”1962年8月26日，他又明确提出了总结清华历史工作的“三阶段、两点论”，指出：“第一阶段是老清华，第二阶段是1952年学苏，第三阶段是1958年以后。每个阶段好的都应该保留，有缺点的都应该想办法克服，肯定成绩，克服缺点，推陈出新。”①

要知道，这些论述都是在“千万不要忘记阶级斗争”的大环境下提出来的，如果没有深刻的理论基础和亲身实践后的深思熟虑，没有足够的政治勇气，是根本不会如此言词凿凿地表明立场的。

此外可以想见，这些鲜明观点的提出，是蒋南翔对“实事求是”这个“马克思主义活的灵魂”具有深刻理解。

历史证明，1966年以前清华大学的教育事业能够克服重重困难，得以快速稳步发展，“三阶段、两点论”的提出和被清华师生广泛接受，是不可忽视的重要原因之一。

在一个需要长久发展的过程中，永远存在一个如何看待过去、正确认识传统的问题。对于建设“世界一流大学”的巨大系统工程而言，随着时间推移，一定会由“三阶段”“四阶段”变为“N阶段”，这是不可改变的客观规律。但无论怎么定义、看待过去的发展阶段，蒋南翔在60年前提出的“两点论”，其基本哲学思想都是不会过时的。

① 方惠坚. 蒋南翔传[M]. 北京：清华大学出版社，2005：237.

（2）设立新学科，为提高综合国力奠定“核”基础

1952年“院系调整”之后，清华从一个具有“五大学院”的综合性大学变成了只保留土木、水利、建筑、机械、动力、电机等传统工业学科的“工业大学”。蒋南翔到任后并没有消极“守摊”，即使身处当时极其复杂的国内外局势中，眼睛仍是紧盯世界科学技术发展前沿，主动向上级提出设置一批新学科、新专业的原则与建议。1955年起，经党中央批准，清华陆续开设了工程物理、工程化学、自动控制等新学科与相关专业，并很快就为中国成功发展“两弹一星”事业输送了大批关键性急需人才。①

除此之外，蒋南翔另一项具有极高战略性前瞻的设想，是向中央建议在清华大学建造试验原子反应堆，并建设相关实验室。从1960年开始建设的清华“200号”工程，克服重重困难，终于在1964年国庆节建设成功。从那以后，中国具有了第一座全部由国内设计、建造与运行的“屏蔽试验反应堆”，扎扎实实地为提高中国的综合国力奠定了至关重要的“核”基础。

60年后的今天，中国已经从一个无核国发展成为核工业大国，并且跃升为世界第二大核电大国，国际地位举足轻重。当然，核工业发展带来的潜在风险也在加大，人们对核污染的忧虑也在增加。但这只是事物普遍存在两面性的又一案例，并不能改变中国发展核工业的初衷，也不能就此贬低清华当年勇于填补国家空白的历史功绩。相反，如果没有中国第一座核反应堆的及早建立，我们至今也不会积累如此多的第一手核经验，也就不能正确判断核威胁的程度，并及时采取正确的应对措施。抚今追昔，我们怎能不对蒋南翔当年锐利的战略眼光和果断地实施决策深加敬佩！

① 方惠坚. 蒋南翔传[M]. 北京：清华大学出版社，2005：196.

（3）提出“争取至少为祖国健康地工作五十年”的响亮口号

从清华学校时期的校长周诒春（1883—1958）提出“三育并重”的科学理念，到国立清华大学时期的校长梅贻琦（1889—1962）大力支持学校体育发展，清华的体育传统逐渐形成并得以延续。在蒋南翔时代，如何将新的社会理念注入体育传统，使之成为学校乃至全社会经久不息的发展动力，成为一个新的课题。

蒋南翔是20世纪30年代清华体育蓬勃开展的亲历者和见证人，这也为他后来不断完善清华体育教育观积累了宝贵的体验。他在担任清华校长后，旗帜鲜明地倡导与支持学校体育工作，有针对性地提出“普及与提高相结合”的体育工作方针，为清华体育的长盛不衰注入新的理念。

蒋南翔将清华体育发展目标提炼成为一句响亮的口号，那就是他在1957年11月29日提出的“争取至少为祖国健康地工作五十年”。从那时起，他倡导的这句能量不可低估的金句，就对培育一代代清华学子具有坚强体魄，发挥了至关重要的作用，也为后来在20世纪90年代，清华进一步总结出“育人至上，体魄与人格并重”的新时代体育教育观奠定了坚实基础。

此外，人们千万不要忽略这句口号提出的时代背景。在当时那种习惯于将“新”“旧”对立，“否定一切”的极“左”化倾向日趋严重的政治语境中，能够公开喊出这句既可以延续清华优秀传统，同时在政治上又无可指摘的口号，足见倡导者具有的高超政治智慧。

（4）为清华校园发展争取到宝贵空间

蒋南翔是一位开创性意识极强的实干家。他当然知道，要建设“新清华”，“老清华”发展的校园空间远远不足，土地问题至关重要。为此，他在全面考虑学校教学与科研发展的同时，也制定了清华东扩的校园发展规划。

从1911年清华建校开始，校园东边界就与南北向的京张铁路紧紧相邻。40余年后，这条铁路带来的便利又变成了校园扩张的最大障碍。让铁路搬家，这在任何时代、任何地点都是一件被视为“异想天开”的难事、大事。但蒋南翔偏偏不怕啃“硬骨头”，知难而上。从1956年起他就代表清华，反复向国务院和北京市打报告，积极协调、处理各方利益问题，经过一次次沟通与耐心工作，最终于1960年实现将铁路向东平移800米的梦想，一下子打破了制约校园发展的瓶颈，在原线路与新线路之间形成了如今完整的清华大学东区。

铁路东移、校园东扩，使得清华大学校园面积从1948年的1708亩（113.87公顷），到1966年时增加到3288亩（219.22公顷）①，整整翻了近一倍，为清华后续发展储备了巨大空间。懂得这个举措价值的人都会明白，今天及以后的清华人能够穿行在宽阔的南北干道“学堂路”，徜徉在美丽的清华校园，学习、工作在拔地而起的各类教学科研建筑物中，无不受益于蒋南翔对学校发展的远见卓识、坚韧耐性、果断措施。仅此一点，清华人岂能不对他保持深深的感激之情呢？

三、蒋南翔与清华同在

蒋南翔的生命历经75个春秋，其中先后竟有30年的时间直接与清华相关。他曾在这里求学，曾在这里创业；他曾在这里思考，曾在这里实践；他在这里曾有高光时刻，在这里也曾经历屈辱时光……

金无足赤，人无完人。就像莎士比亚说的，“一千个观众眼中有一千个哈姆雷特”，那么在蒋南翔直接、间接影响的无数人眼中，也就会有无数个“蒋南翔”，这也是再自然不过的客观规律。但无论你如何看待他，有一点谁也不可否认：他的心早已和清华融在一起，他的功绩使得清华人受益，他与清华同在。

看了那么多对他的评价，最精辟的还是老一辈无产阶级革命家陈云（1905—1995）的那句，“蒋南翔同志一生唯实求是献身党的事

① 方惠坚. 蒋南翔传[M]. 北京：清华大学出版社，2005：230.

业”[①]。看了那么多对他的回忆，最打动我的还是清华老校友韦君宜（1917—2002）那篇《他走给我看了做人的路》，因为作者呈现给我们是有血有肉的，是值得作为人生榜样的蒋南翔。

在我长期收集的各类清华史料中，蒋南翔的两段题词给我的触动颇深。一段刊登在《做共产主义播种者》（1958年清华大学优秀毕业生和先进集体专刊）上，他这样写道：

你们就要离开学校，开始新的战斗生活。

在革命的征途中，随时要准备经历风险，接受困难和失败的考验。

希望你们勇于坚持正确的原则，也勇于克服和改正缺点；善于虚心向群众学习，也善于同周围的同志们密切合作；在社会主义和共产主义的建设事业中，永远站在斗争的最前线！

祝你们高举红旗，奋勇前进，在伟大的中国共产党的领导下，作一个不屈不挠的红色战士——光荣的共产主义的播种者！

另一段刊登在清华大学动力机械系1958级毕业生专辑《红旗飘飘》上，他如是说：

动力系1958年毕业班同学：你们就要开始新的生活，祝你们高举红旗奋勇前进，永远做社会主义和共产主义建设事业的促进派！

两段题词的时间被定格在那个火红的1958年8月，前后相隔仅7天。他反复希望经过“真刀真枪”设计实践后毕业的同学们，要做“光荣的共产主义的播种者”与“社会主义和共产主义建设事业的促进派”，那种强烈愿望几十年后仍似要破纸而出。这其实既是他对青年一代的希冀，更显现出他的坚定政治立场和个人品行，光明磊落，胸怀坦荡！

一句经典评价，一段发自肺腑的回忆，两段震人心魄的铿锵心声，将它们串联起来，其实恰恰勾勒出蒋南翔平凡而又传奇的人生脉

① 方惠坚. 蒋南翔传[M]. 北京：清华大学出版社，2005：235.

络，成为后世清华人了解他的钥匙，也彰显出“他与清华同在，清华以他为荣”的深刻内涵与特殊价值。

四、结语

蒋南翔校长离世已经35年，其实他并未走远，甚至从没有离开清华园。只要你开悟，就会在大礼堂前草坪边与他相见，透过他落在日晷上的目光，看到刻在他心中的“行胜于言”；只要你有心，就能在课堂上聆听到他“又红又专”的教导，只要你愿意，就会在运动场上感受金句的激励——“为祖国健康工作五十年”！

毫无疑问，蒋南翔属于一个激情燃烧的革命时代，属于一所不断发展的历史名校，属于立志要“自立于世界民族之林”的中国人民！仅从这个角度，认识蒋南翔就是一项极有意义的过程。我愿秉持实事求是的态度，运用“规律、常识、逻辑”三位一体的思维模式，继续去了解他，认识他，并以此寄托我对他永久的深深敬意……

作者简介：袁帆，1975年由海军选送清华大学建筑工程系，1979年毕业。清华大学档案馆“清华史料和名人档案征集工程”特邀顾问。

从蒋南翔诞辰110周年想起的故事

牛铁航

接到清华大学校史馆金富军老师的电话告知，今年是蒋南翔伯伯诞辰110周年，清华大学筹备一个纪念蒋伯伯的活动，让我从我父亲牛荫冠和哥哥牛力生与蒋伯伯一生的交往讲起，写一篇小文。我欣然答允但心情浮躁一直无法动笔。当我静下心来，认真回忆那些战火纷飞和青春似火的年代，许多见微知著的小故事便从脑海中涌现出来。

其实蒋伯伯比父亲晚一年出生，但他无论是上清华还是入党担任清华大学地下党支部书记都比父亲早，因此父亲打小就让我们尊称蒋南翔为伯伯。除此之外，父亲和蒋伯伯一生中还有许多交集与不同，让我一一道来。首先不同的是俩人一南一北，蒋伯伯是江苏人而父亲是山西人，俩人肯定是吃不到一处，然而奇怪的是当俩人共同经历“一二·九”学生运动的烈火考验和史无前例的“文化大革命”的迫害之后，第一时间想到的竟然是跑到我家吃起父亲特意为他准备的山西莜面来了。这是我第一次亲眼见到蒋伯伯。那时，他历经磨难劫后复生，刚刚出任天津市委书记不久，父亲也刚刚恢复工作，回到他干了一辈子的商业战线。没有想到的是在我家饭桌上的谈话主题又是他们二位战友毕生的共同主线——如何办好教育，培育人才。

父亲牛荫冠1933年考入清华大学电机系。他后来因为参加蒋伯伯主办的清华大学救国会和社会科学家联盟等革命活动，从理工类转到经济系做了陈岱孙老师的学生。跟他一样理由从理工科转到文科从而有更多时间投入抗日救亡的革命工作的，还有从化学系转到历史系的姚依林和跟父亲同系的宿迁才女、后来牺牲在山西的抗日女英雄纪毓秀等。纪毓秀与蒋伯伯还有另外一位江苏才女韦毓梅共同出版《清华周刊》和救国会刊物《怒吼吧》。正是在这份刊物上，在1935年12月9日夜，蒋伯伯奋笔疾书，发出了历史的怒吼“华北之大，已经安放不下一张平静的书桌了”。它不仅代表了清华大学莘莘学子的心声，更激励了成千上万的青年知识分子投笔从戎走上抗日救亡的革命道路。父亲就是其中的一员，他接受蒋伯伯的引导，与其他北平高校的十几位同学一起出发到山东黄河开展水灾赈济，沿途宣传动员民众起来抗日救亡，并为“一二·九”运动大本营和设在女一中的北平学联筹措到600大洋的活动经费。父亲在“一二·九”运动中火线入党后，接过蒋伯伯的接力棒担任清华大学的地下党书记。次年，他在《清华校刊》上发表《“一二·九”告诉了我们什么》的文章，鼓励同学大敌当前要投笔从戎到抗日前线去。之后，父亲带头，纪毓秀、凌则之、陈大年等一大批清华学子随后，步蒋伯伯的脚印奔赴抗日前线。他们的青春与鲜血乃至生命洒在了抗日斗争的战场上！

及至全国解放，为新中国的解放和建设，父辈们又投身到祖国最需要的工作中。蒋伯伯回到清华大学担任校长。父亲新中国成立之初就担任江西财经委员会副主任兼江西财经大学首任院长。他在清华的专业是电机，因而被选中当了沈飞（沈阳飞机制造公司）的老总，为新中国制造出世界一流的喷气式战斗机。1962年国民经济亟须恢复，主持经济工作的主帅陈云同志又将父亲从军工口调整到财经口，与他清华大学的战友姚依林搭档担任中央商业部副部长，兼任中央商学院院长。殊途同归，30年后蒋伯伯和父亲又一次在同一个战壕里战斗了。

为了新中国的教育事业，蒋伯伯呕心沥血制定了《高校六十条》。沿着这个高标准、又红又专的教育方针指引，我的哥哥牛力生一路努力钻研，终于成为新中国第一代研究生。但不幸的事还是发生了，1966年“文化大革命”爆发，高等教育首当其冲，蒋伯伯受到严重的伤害。直到11年之后，蒋伯伯坚强地挺过来，并恢复工作赴天津市担任市委书记，主管科学与教育，此时哥哥也被贬到天津的工厂当工人，但他在工人的岗位上发挥出所学的坚实作用，赢得了天津市劳动模范的称号，后在全国科技大会上二度获得一等奖，被蒋伯伯赞扬并多次请他到蒋伯伯处边吃边聊。蒋伯伯和父亲在清华大学学习时马约翰是他们的体育老师。父亲虽然在黄河边上长大但始终是个旱鸭子，而蒋伯伯却坚持游泳一辈子。蒋伯伯主政天津，特意邀请哥哥一起游泳，同时面授机宜，鼓励哥哥再接再厉，争取当天津市的科技带头人。蒋伯伯一直视哥哥为己出，当他奉调从天津回京重新掌管全国的教育工作后，在父亲面前还夸赞哥哥是他“文革”前按照他的教育理念培养出来的优秀人才。那时我已成为“文革”后的“工农兵大学生”，蒋伯伯对我则坚持要求“宁缺毋滥”。正是因为他和父亲的坚持，使我之后一口气先后上了包括牛津大学和哈佛大学的五所研究生院。

蒋伯伯和父亲共同之处在于重视教育、重用知识分子，他们走到哪里就把教育办到哪里，甚至在沈飞父亲通过各方支持办起了从幼教到小学、中学，直至沈飞航空大学。蒋伯伯更是从清华大学校长到办中央党校还亲自授课，教书育人一辈子，不愧为教育战线上的“大先生”。

晚年的蒋伯伯因病住进北京医院，恰与父亲的病房相邻。两位奋斗一生的清华学人，竟在生命的尽头还相互交流、相互支持、相互学习，共同走完了人生之路。他们俩的骨灰盒都在八宝山的东一室正面存放，好像30多年来始终在相互对话、相互交流。二位同学、同志加战友，九十年近百年的革命友谊地久天长！

此篇小文作为纪念蒋南翔诞辰110周年，献给蒋伯伯吧。

作者简介：牛铁航，曾任中国国际经济交流中心机关刊物《全球化》总编。

干粮与猎枪　人生的宝贵财富

——纪念蒋南翔校长诞辰110周年

俞富裕

“一个大学生进入社会，就像一个猎人进入森林，我们不仅要给他足够的干粮，更应给他一杆猎枪。”

这是1979年在清华大学新生入学欢迎大会上，一位校领导引用的一位清华校长的论述。作为新生，尽管当时我不能完全理解其含义，却由此让我知道了蒋南翔校长，以及他的这个“干粮与猎枪”的著名论述。

1979年是中国恢复高考的第三年，我有幸从东海之滨的江南水乡宁波来到北京，来到清华，开启了我的大学生活。从此我的血脉，就深深烙上了清华基因。刚进入清华，一切都让我感到新鲜，比如每个班级除了班主任老师，还有一位政治辅导员。比如每天下午4点半，校广播会准时响起：“同学们，现在是课外锻炼时间。走出教室，走出宿舍，去参加体育锻炼，保持强健的体魄，争取至少为祖国健康地工作五十年。”

当时我以为，其他大学也应该都是这样的。

多年以后，我才知道，班级辅导员、争取至少为祖国健康地工作五十年、干粮与猎枪等当时我作为新生所接触的新鲜事物，唯有清华独有，而且，这些都同蒋南翔校长有关。

蒋南翔同志是新中国成立以来任期最长的清华大学校长，从1952

年11月开始，一直到1966年。14年来，他开拓创新、锐意进取，把培养学生成为“又红又专、全面发展”的人才作为学校的中心任务，使清华大学成为“红色工程师的摇篮”，享誉国内外。

1979年，中国刚刚开始改革开放，当时社会流传这样一句话，叫“学会数理化，走遍天下都不怕”。这生动描述了当时全国上下各界，尤其是年轻人对于学习科学知识的渴望和追求，以及掌握知识为祖国现代化建设贡献自己力量的一种真情流露。所以能够考入作为工程师摇篮的清华，自然是当时青年学好数理化的高考第一志愿。

清华园五年的学习生活，成为我人生的宝贵财富。1984年大学毕业来到杭州，我先后做过汽车发动机设计工程师、外贸公司外贸业务员，创立汽车零部件外贸公司担任总经理，创立数智医疗公司担任总经理。40年的时间，尽管经历了不同的工作内容，担任着不同的工作角色，我都能够兢兢业业，注重细节，做好本职工作。这无不受益于母校五年的知识学习和能力培养，受益于母校教给我的“干粮与猎枪”。

据考证，“干粮与猎枪”的论述，是在1962年的一次研究生座谈会上，蒋校长在谈到学生要扎扎实实打好基础时，提出了这个比喻：“你们进入大学要学知识，要提高能力。就像一个人要穿过原始森林，重要的不仅是给他一袋干粮，更应给他一杆猎枪。因为干粮吃光了不会再有，而用猎枪，可以不断地获得新食物。”这个干粮和猎枪的比喻，形象地诠释了知识和能力的关系。干粮指的是知识，猎枪指的是能力和素质。

20世纪70年代末80年代初，大学新生入学时都是有专业的。根据不同专业，学习不同的基础课、专业基础课和专业课知识。学会并掌握这些知识，尤其是专业课知识，毕业后在与本专业相关工作中得到实际应用，这就是母校教给我们的“干粮”。我的专业是内燃机专业，除了“内燃机原理”“内燃机设计”等专业课程，我们还系统地学习了诸如“机械设计”“画法几何”等专业基础课，清华教给我的扎实的专业知识，帮助我在进入发动机厂担任工程师进行内燃机设计工作时，做出良好成绩。尤其是参加了20世纪80年代的国家重点项目——斯太尔91系列重型汽车整车制造技术引进项目，我荣幸担任其中的斯太尔柴油机整体布置组（00组）和缸体组（01组）的设计工程师。在柴油机中国化过程中，我的专业知识得到很好应用，工作表现不错，受到了所在企业的领导的好评。我本人也深深感到，清华学习的扎实的专业知识，助力我良好地完成本职工作。

但是知识也是在不断创新发展的，尤其是后来随着中国改革开放的深入，社会和经济的发展日新月异，不断涌现出新的机遇。面对各种机会，我们必须具备抓住机会的能力。

毕业后做了10年机械设计工程师，随着一个偶然的机会，我进入了省外贸公司开展外贸业务，又过了7年，我开始创办自己的汽车零部件外贸公司，再过9年，我创办了第二家公司——智慧医疗数字化解决方案公司。两家公司经营范围不同，跨度也很大。如何做好公司，这就受益于母校教给我的“猎枪”，即自我学习能力和分析问题、解决问题能力。

清华的学习给学生很多独立思考的机会，我想这个应该与当年蒋南翔校长的“干粮与猎枪”的清华人才培养观有关。

记得大三有驾驶实习，驾驶的是摩托车。实习过程中有一个内容，教练故意随机造成一个发动机故障，可能是点火系统的问题，也可能会是油路的问题，每个人的故障问题都不一样，然后教练就让我们自己找到故障原因并解决，并且要求每个同学必须自己独立分析，直到解决问题。这样的教育方式，就是教给我们“猎枪”，教给我们分析问题和解决问题的能力。而这种分析问题和解决问题的能力，对学生形成了一种思维逻辑，不断外延，会在其他各种工作中发挥作用，而不仅仅局限于解决发动机故障问题。

可以举很多例子，其中一个例子是，2000年我开始创立自己的外贸公司时，自己原来只做过工程师和外贸业务员，对公司经营和管理不懂，更主要的是，这家外贸公司不是一般概念的外贸公司，而是专营汽车零部件供应链管理的外贸公司。所以创立之初，面临的问题很多，包括如何搭建公司组织架构，如何做好供应链管理的产品开发、质量控制、仓储物流、资金回收等工作。

这时候清华教给我的“猎枪”就大起作用。我将公司面临的全部工作进行分门别类，按照类别制定细致的工作流程，按照流程完成关键控制点，并制定相关追踪表和工作全记录表；然后配备技术、质量、物流等相关人员，各自按照职责开展工作。流程运行过程中会发现问题，及时予以纠正，并持续改进。这样的工作流程，确保了产品开发、质量控制、收汇结算等工作的良好的可追溯性。经过几年运行，公司管理井井有条，效率很高，并形成公司独特的文化，得到了公司全体员工的认可，也得到了客户的高度认可，这有助于维护同客户的良好关系，保证业务稳定。这也受教于母校教给我的“猎枪”。

现在我已经年过花甲，但还是一直忙碌着，退而不休，继续经营着自己创立的两家公司。受教于蒋南翔校长倡导的“争取至少为祖国健康地工作五十年”的清华体育精神，我坚持长跑，身体健康，能够保持强健的体魄，有能力管理好公司。

干粮与猎枪，我人生的宝贵财富。

谨以此文纪念蒋南翔校长诞辰110周年。

作者简介：俞富裕，1979年考入清华大学热能工程系，1984年毕业。杭州万腾贸易有限公司和杭州美腾科技有限公司董事长，清华校友总会理事。

学习蒋南翔教育思想 发扬卓越的文化心理

彭凯平

2023年是蒋南翔老校长诞辰110周年。对于清华大学来说，蒋南翔校长可以说是一位具备跨时代意义的领路人。国家也给予蒋南翔同志极高的评价：他是一位忠诚的共产主义战士、无产阶级革命家、马克思主义教育家、我国青年运动的杰出领导者，是新中国高等教育的主要奠基人之一，为开拓中国特色社会主义办学道路作出了重大贡献。

学习了解蒋南翔校长的一生，我们看到了一位从少年时代起就立志于为中华之崛起而不息奋斗终生的高贵的灵魂。蒋南翔出生于1913年，1932年进入国立清华大学中文系学习，1933年秋加入中国共产党，并先后参加党领导的“社联”和“民族武装自卫会”的工作，主编《清华周刊》和《北方青年》等进步刊物，传播进步思想。

1935年，在著名的“一二·九”爱国救亡运动中，作为领导者之一的蒋南翔起草了清华大学救国会《告全国民众书》，发出了著名的“华北之大，已经安放不得一张平静的书桌了!”的呐喊，成为唤起民众争取民族独立的号角。此后，历经抗日战争和解放战争时期，蒋南翔一直从事青年工作，站在我国青年运动的前列。

1952年，蒋南翔出任清华大学校长，后又兼任党委书记，1955年10月任北京市委常委、北京市高等学校党委第一书记。20世纪60年代初，蒋南翔还主持起草了“高校六十条”等学校规章，得到党中央的肯定，也受到各地高校的欢迎，起到了当时高等教育基本法规的作用。他提出要有计划按比例发展教育；充实加强小学、整顿提高初中、调整改革高中、大力发展职业教育；主持起草《中华人民共和国学位条例》等，为整顿恢复教育秩序、推进教育改革、加快教育事业的发展，作出了不可磨灭的贡献。

蒋南翔校长在清华大学长达14年，也为清华大学留下了宝贵的财富。作为一个海归教授，我个人感受到的蒋南翔教育理念的历史影响主要体现在以下四个方面。

第一，他首创政治辅导员制度，体现了他希望培养又红又专人才的教育理念。1953年，蒋南翔倡导建立的“双肩挑”的政治辅导员制度在清华园里诞生了。所谓“双肩挑”，就是一肩挑学生政治思想工作，一肩挑业务学习。这种“双肩挑”政治辅导员制度已顺利地走过了半个多世纪，成为清华大学的一个富有时代生命力的光荣传承。从我个人的清华工作体验中，感受到了这项制度给清华学生、清华大学以及整个国家带来的持久不息的益处，也为清华大学开创新时代的清华风貌提供着源源不竭的力量。

第二，他创造性地坚持德智体全面发展的培养目标，积极探索适合中国国情的社会主义办学道路，他提倡实行以教学为中心的“教学、科研、生产三结合”，使学校成为教育与科研两个中心。他重视最新科学技术的发展，率先在清华创建了原子能、自动控制等一批新技术专业与学科，促进了我国新技术的发展。他深入理解并贯彻党的教育方针，将当时党中央所提出的“教育与生产劳动相结合”融入清华大学学生学习与生产实际相结合的毕业设计。在办学的指导思想上，蒋校长十分注意处理好数量与质量、理论与实际的关系。他重视教学中理论联系实际，加强实验、实习和设计等实践环节。最著名的例子就是水利系的毕业生参与建设北京密云水库。蒋校长敏锐而及时地号召全校师生总结学习这个先进典型并将其与制度文化相结合，塑造了一代代清华学子“实干兴邦”“不空谈误国”，踏踏实实学习，老老实实做人，实实在在做事的实干精神。他还特别强调体育锻炼，提出“争取至少为祖国健康地工作五十年”的口号，促进了德智体全面发展。

第三，他重视教职工队伍建设，提出“要争取团结百分之百的教师”和“各按步伐，共同前进”的主张，他呕心沥血，为清华培养了一支新老结合、又红又专的教师队伍和“双肩挑”的干部队伍。在这一时期，清华大学的规模和水平有很大发展和提高。教职工由1200余人增到5300多人；在校本科生超过万人规模，为国家培养了大批优秀人才，同时获得了许多重大科研成果。

第四，他在工作中坚持实事求是的思想路线，大力强调要从本单位的实际情况出发。在特殊的时代背景下，以身作则，以大智大勇，坚持原则，捍卫真理。他在20世纪60年代初期提出对学校的历史要实事求是地用“三阶段、两点论”的态度，其核心就是要客观实际。在当时，能够提出这样的见解并付诸具体工作是需要有极大的勇气的。这个观点对于清华大学正确处理继承与发展的关系是重要的指导思想，至今，仍然是指导学校处理继承与发展的关系的重要原则，既保持了学校的百年优良传统，又能够按照新的情况不断改革创新，使学校工作稳步前进。这种对历史文化传统负责任的态度，是蒋南翔为清华大学留下的巨大财富。

最后一点，也是我认为综合以上几点所体现出的老校长对于清华学术文化心理优秀模式的塑造。文化是社会最终的背景，文化心理也是一所学校的内在基因。一所从优秀奔向卓越的大学，必然是在一颗更加卓越的文化心理的助力之下。

我们都知道，思想和文化是不可分割的。人们受到文化的影响，文化也是由人们塑造的。正如理查德·施维德（Richard Shweder）所说：“文化心理是对文化传统和社会实践调节，表达和改变人类心理的方式，这一方式导致人类精神上的统一少于种族间在思想、自我和情感上的分歧。”大学是人们思想最重要的策源地，而卓越的思想必将来自于一所有着深厚文化底蕴的卓越的大学。

清华大学20世纪五六十年代培养的学生，数以万计，他们活跃在祖国的各条战线，成为科学家、教授、工程师、企业家以及党政各级领导干部，为国家经济建设和社会发展发挥了积极作用，受到社会的好评。清华大学能够培养出大批优秀人才，客观上来说，一个是由于生源好，各地中学和家长把优秀的中学生送到学校；一个是学校有正确的政治方向，坚持培养具有爱国奉献精神的又红又专人才；一个是学校注意培养学生实事求是的思想作风，使他们毕业以后，不论从事业务工作或管理工作，都有正确的思想作风。不过，我认为，蒋南翔校长很早就提倡学生在校期间多做一些社会工作的主张最后经过一代代清华人的坚守而成为了一种文化。

蒋南翔校长曾说：一个人在20岁左右的时候，做一些社会工作，终身受用不尽。这句话十分朴素，却非常具有力量。正如文化如水，无欲则刚，经年累月，水滴石穿。一个积极而正向的引导在当时可能成就一批学生，一个积极而正向的文化心理则有可能成就一所伟大的学校，这可能就是大量清华毕业生在工作岗位上能够团结同志共同工作，受到领导和群众信任，并且不断为国家作出巨大贡献的一个原因吧。

作者简介：彭凯平，曾任清华大学社会科学学院院长，现任清华大学心理与认知科学系教授。

追忆蒋南翔校长创建“200号”的初心，实现服务国家发展战略的使命①

张作义

今天我们怀着崇敬的心情纪念清华大学老校长蒋南翔同志诞辰110周年。我很荣幸代表清华大学核能与新能源技术研究院的同志，追忆当年蒋南翔同志和学校党委创建“清华200号”的初心，努力实践服务国家发展战略的使命。

1955年1月，党中央做出建立和发展我国原子能事业的战略决策。1955年年初，国家成立核教育领导小组，加强对培养原子能事业技术人才工作的领导，蒋南翔校长是领导小组的成员之一。1956年清华大学工程物理系正式成立，两年后已有专业教师120余人，学生1300余人。校党委和蒋南翔同志进一步认识到，要想加快培养国家急需的高质量的原子能科学技术干部，单靠讲课等教育环节是不够的，提出筹建一座实验原子反应堆——清华大学屏蔽试验反应堆，筹建以屏蔽试验反应堆为中心的原子能教学、科研和生产联合基地。这一建议得到了教育部、二机部和北京市的大力支持。屏蔽试验反应堆于1960年动工，厂址设在燕山脚下的昌平县虎峪村，工程代号为“200号”。从此“200号”成了我们的代号。当时我国从苏联进口了两套游泳池式实验堆燃料元件，在蒋南翔校长的争取下，国家将其中的一套拨给清华大学，供屏蔽试验反应堆研究使用，这也成为“200号”早期研究工作中

① 本文系作者于2023年11月10日在纪念蒋南翔同志诞辰110周年座谈会上的发言。

最重要的资产。

从那时起，在学校党委的领导下，一批平均年龄23岁半的创业者在吕应中同志带领下，在“用我们的双手开创祖国原子能事业的春天”的口号激励下，于1964年成功建设了我国第一座自行研究、设计、建造的屏蔽试验反应堆。时任清华大学校长兼党委书记的蒋南翔同志以“清华大学党委蒋南翔”的名义向中央上报了《关于清华大学建成原子反应堆及附设的零功率实验反应堆的报告》，详述了反应堆的建造过程及后续如何应用等问题。

在20世纪60年代中期“200号”承担的“溶剂萃取法核燃料后处理”重大项目中，蒋南翔同志也给予了极大支持，曾经指示“为了完成这项重要任务，要人给人，要东西给东西，要技术给技术”。1966年研究获得成功，为我国“两弹一星”事业作出重要贡献。

80年代以来，以王大中同志为带头人的清华大学“200号”团队将研究目标聚焦在实现反应堆固有安全的学术理念上，于1989年建成了5MW低温核供热实验堆。2000年，王大中、吴宗鑫带领团队建成了10MW高温气冷实验堆。2021年，作为实现反应堆固有安全的带头人，老校长王大中院士荣获国家最高科学技术奖。

进入21世纪以来，“200号”的发展面临新的发展瓶颈：一是如何把清华大学校园内的试验反应堆发展成为祖国大地上放大数十倍的商业规模示范电站，二是如何实现“200号”有战斗力的大团队传承。我和我的同事们一道，在王大中、吴宗鑫等老一辈科学家的支持下，知难而进，众志成城，完成了历史性跨越，迎来了“200号”历史上最好的发展局面，在涉及经济和国家战略若干领域取得一系列重大成果。2006年“高温气冷堆核电站”被列入国家科技重大专项，清华大学成为唯一牵头实施国家科技重大专项的高校，我被国家任命为总设计师。2021年12月，世界首台模块式球床高温气冷堆核电站示范工程实现首次并网发电，至今已累计发电近3亿度，即将开始商业运行。新的商业化高温气冷堆项目在中国核工业集团、中国华能集团等企业的支持下，已经在我国若干省开始启动，24个反应堆模块已经订货并开始加工。

我们建设了一个完整的核电站，工程规模相当于我国首台秦山核电站。采用了一大批新的“0到1”技术。除了实现创新性工程技术突破外，还具有重大的科学意义。2023年8—9月，我们首次在商业规模的核电站上通过试验证明核裂变能也能够实现固有安全，不依靠人为干预和应急冷却，仅依靠自然定律，实现裂变反应堆的自然冷却，不会出现堆芯熔化。人类发现了核裂变能，开启了原子能时代，但是因为3次重大核事故，有的国家开始放弃核裂变能。国际上一批科学家提出了固有安全反应堆的学术思想，王大中院士开创了在中国实现固有安全反应堆的道路。现在，我们在实际建成的核电站上，在世界上首次验证这一学术梦想，这将是世界核能发展史上的一个重要里程碑。

一路走来，蒋南翔校长提出的一系列思想指导着“200号”的一代又一代师生员工。“要在战斗中成长，边干边学，理论联系实际”；“要建堆又建人，打破专业框框，勇于创新”；“要大兵团作战，发扬集体主义精神”等等成为“200号”的优良传统。

“200号”60多年的发展过程中，深刻见证了清华大学历届党委和学校领导像蒋南翔老校长那样，引领和支持着“200号”的发展服务国家的战略发展。

作者简介：张作义，1979年考入清华大学热能工程系，1984年毕业。曾任清华大学核能与新能源技术研究院院长，现任清华大学校务委员会副主任、核能与新能源技术研究院总工程师，高温气冷堆国家科技重大专项总设计师，教授。

干粮与猎枪

——蒋南翔校长的教育理念

李建臣

读清华，我受益良多。最大收获是得到“猎枪”。

既要给学生足够的“干粮”，又要给学生“猎枪”，这是清华的教育传统，始自老校长蒋南翔。

蒋校长1932年考入清华大学，是“一二·九”运动重要领导人，1952年11月到1966年6月任清华大学校长，后来同时担任校党委书记，其间还曾同时担任北京市委、教育部、高教部的领导职务。蒋南翔任清华校长的13年半，正值新中国成立伊始、清华步入新时代，教育理念、教学模式等许多基础性工作都亟待重新奠定。因此，蒋校长的教育思想，对清华大学发展方向起到了决定性作用。

蒋校长的教育思想博大精深，“干粮与猎枪”只是一个侧面。他说，大学毕业进入社会，就像猎人进入森林，不仅需要足够的干粮，还要有猎枪。语言质朴生动形象，却揭示了大学教育本质。那便是，既要让学生掌握足够知识，更要重视学习方法，使学生具备科学思维方式、浓厚学习兴趣和较强学习能力。

关于教育，古今中外思想家教育家提出过许多真知灼见。苏格拉底提出“美德论”，夸美纽斯提出“泛智论”，杜威提出“做中学”，斯普朗格提出“激发人的创造力、生命感和价值感”……中国古人则提出“授人以鱼，不如授人以渔”。这些先哲从不同角度、不同层次、不同侧面对教育目的做了阐释，都有道理。而蒋校长的教育理念，对当今社会则更具现实性。

进入工业文明以来，人类探索自然、改造社会的能力突飞猛进，学科分支、社会分工越来越细，不仅新知识的产生速度急剧加快，不同行业甚至相邻领域的知识鸿沟也越来越大，“以邻为壑”。一个人在学校短短几年，学到的知识十分有限，充其量算是入门。有时甚至还没毕业，知识便已更新。特别是进入数字时代，知识爆炸的特点更加凸显。面对知识海洋，你所掌握的只是沧海一粟。如果一味抱定死知识去应对活世界，那么被时代淘汰便是宿命。所以面对日新月异、瞬息万变的社会环境，具备学习能力和解决问题的能力尤为重要。而能力之形成，与所掌握知识的宽度厚度、对不同领域知识内在相关性的认识以及自身的思维能力和感悟能力，都有千丝万缕的联系。

正是这种理念，指引我完成清华学业。我读的是机械工程系锻压专业。我的理论力学、结构力学、物理化学等专业课程都曾名列前茅，毕业设计亦获好评。在学好专业知识同时，自己有意识地在拓展知识面和参加社会实践方面做了些努力，选修了中国文学史、世界文学史、人类文明史、西方近代政治思想史、经济学史、宗教史、音乐概论等课程；做过班长、团支部书记、党小组长、校学生会办公室主任；学业之余还吹过笛子、拉过二胡、唱过京剧、说过相声、赛过桥牌、打过篮球、玩过拳击；获得过全校语文竞赛二等奖、校级三好学生。大学生活既紧张充实又丰富多彩，令人终生难忘。

多角度淬炼，为毕业后更快更好适应社会打下了基础。在后来职场上摸爬滚打数十年中，不管是面临科技、文化、新闻、出版、金融等不同领域的知识挑战，还是应对企业、事业、机关等不同性质的角色变换，大体上能够较快适应岗位要求，交出及格答卷。月有阴晴圆缺，此事古难全。一帆风顺时，如临如履三省乎己；身处风雨中，泰然处之自信不减。自信人生二百年，会当水击三千里。把好人生之舵，总会迎来阳光普照风轻云淡。

如果说数十年的旅程还算平稳行远，那么我真的感谢清华母校对我的培育。值蒋南翔校长诞辰110年之际，仅撰小文以示纪念。

作者简介：李建臣，1983年考入清华大学机械工程系，双学位1989年毕业。曾任中共中央宣传部文化体制改革和发展办公室副主任、一级巡视员，现任中国作家协会会员、中国散文学会会员、中国科普作协会员。

老校长蒋南翔的教诲滋润我一生的成长

杨宜勇

2023年是敬爱的蒋南翔校长诞辰110周年！播撒在心里面的种子，一定会生根、发芽、开花、结果的。在清华读书时，其实也没有见过蒋南翔校长几面，偶尔是他在主席台，我们在下面，黑压压的一片中有个我。但是他的言语影响我们许多人的一生，我只是其中的一个受益者，虽然时过46年，心中依然感激不尽！

一、恢复高考，功不可没

如果没有恢复高考，我们很多人至今可能还是在“修地球”。1977年，我在二机部国营八二一厂中学读初三，这个三线军工厂有很多清华毕业的叔叔和阿姨。同年，我姐姐参加刚刚恢复的高考，社会上广泛传说蒋南翔同志积极建议尽快恢复高等学校统一招生考试，虽然他那个时候担任天津市书记，但是对教育界的事情非常上心。1966年中断的高考正是在1977年恢复的。时年教育部在北京召开全国高等学校招生工作会议决定恢复高考，一些工人、农民、上山下乡的知青、复员军人等都可以参加高考。1978年，时任国家科委常务副主任的蒋南翔同志担任全国科学大会秘书长，为制定全国科学技术发展规划和大会的召开，做了大量的领导和组织工作，非常辛苦。与此同时，他受邓小平同志的委托，在清华大学、北京大学、北京师范大学进行调查，系统提出了关于高等教育拨乱反正的建议，并由邓小平亲自批交有关部门贯彻执行，劳苦功高。因此，后来北京大学学生举起的“小平您好”标语牌，便是对我们这种心声的生动诠释，也是对党中央恢复社会公平、正义行为的高度肯定和完全支持。

献身教育，振兴教育。1979年，蒋南翔同志重新出任教育部部长后，他率领教育战线拨乱反正，努力恢复和发展遭到“文革”极度破坏的教育事业。1980年，我终于考上了清华大学机械工程系。我记得1980年7月24日蒋南翔部长在教育部座谈会上的讲话《谈谈当前教育的形势》，当时发表在《人民日报》上面。他特别强调：“十年浩劫说明：在科学领域里，没有什么‘最高指示’。如果说有‘最高指示’，那就是客观规律，它冲破一切障碍，开辟自己的道路。实践证明：不尊重事实，不尊重客观规律，终将通不过历史的严正检验。”蒋南翔同志不愧是新中国高等教育事业的开拓者。在与清华25年的历史渊源中和教育部门领导岗位上，他创造性地提出了一系列教育思想、观点和论断，为丰富社会主义教育理论，推动我国教育事业特别是高等教育事业的改革发展，作出了不可磨灭的伟大贡献。1985年，他最后发表一篇《高等教育要认真解决两个根本问题》。论著仍然强调，中国长期的教育实践告诉我们一条最重要的经验，办高等教育，必须优先考虑和解决两个根本性的问题，一个是方向问题，一个是质量问题。这样的领导真可谓鞠躬尽瘁死而后已。

二、提倡又红又专，培养红色工程师

没有蒋南翔，就没有今天的新清华。一进清华，我们的入校教育就离不开传颂蒋南翔老校长的谆谆话语。因为1965年，蒋南翔曾对清华学生说，“有一句口号，‘清华是培养红色工程师的摇篮’，这句话不全面，应该说，我们不仅是培养工程师的，还是培养党和人民各项事业的接班人的。老师们总爱讲：‘清华毛毛虫，出去一条龙’。你们毕业后，必须争做社会主义事业的接班人。”蒋南翔同志不仅提倡青年学生“又红又专、全面发展”，而且创立了后来在全国高校中推广的“双肩挑”政治辅导员制度。其中，又红又专是对高校学生思想道德与专业知识技能关系的高度概括。“红”就是具有马克思主义世界观、坚定的无产阶级立场和高尚的道德品质，具体体现为全心全意为人民服务的思想；“专”就是专门业务和技能，具体体现为全心全意为人民服务的实际本领。国家教育部1978年出台文件，在高校恢复辅导员制度，因原先“文革”前思想政治工作人才（包括辅导员）转岗严重，于是以专业教师兼职为主担任政治辅导员。记得在清华时，我们班上的辅导员经常由在校的研究生兼任，由于年龄接近，他们像大哥哥大姐姐一样全方位照顾我们，成为最贴心的自己人。进入21世纪，党和国家越发重视思想政治教育工作，2000年和2004年分别发文促进大学生的思想政治教育工作。尤其是2004年16号文件，进一步拓展了辅导员职能，把“帮助学生解决实际问题”作为一项职能写进了文件（包括帮困、心理、就业、生涯规划、人际关系等），并从很多方面拓展了辅导员的出路和保障。《教育部关于加强高等学校辅导员班主任队伍建设的意见》指出，辅导员班主任是高等学校教师队伍的重要组成部分，是高等学校从事德育工作，开展大学生思想政治教育的骨干力量，是大学生健康成长的指导者和引路人，要求各高校专职辅导员总体上按1：200的比例配备。

蒋南翔老校长说：“清华大学是从英美资产阶级式的旧大学改造发展起来的，在学校的各项工作中日益增强和贯彻马克思列宁主义的思想领导，这是胜利完成教学改革的最重要的保证。”他还说：“怎样来加强党在整个学校中的领导作用呢？学校中不应再有党和行政相互分离的两个领导中心，而须建立全校统一的领导核心。”这和在教育领域，坚持党领导一切是一脉相承的！清华是这样说的，也是这样做的。正是因为在校内，“双肩挑”辅导员制度成为学校人才培养中极具特色、极其重要的一项制度，清华的学生走向社会以后，善于求真务实、立场坚定、勤奋劳作、默默奉献。所以，很多人都说，“今天之清华，依然是南翔校长之清华”。

三、锻炼好身体，为祖国健康工作五十年

“无体育，不清华”。我们读书学习就是为了更好地为国家服务、为祖国奉献，国家在我们身上投入这么多的经费，因此没有一个好的身体绝对不行，对不起国家的培养！1953年6月7日，清华举办新中国成立后第一届田径运动会，全校1/4的学生参加了比赛。男生三级跳远和3000米的成绩十分接近新中国成立后的全国纪录。蒋南翔校长在开幕式上致辞：“这次运动会不但检阅我们参加运动的普遍性和各项记录成绩，而且要检阅表现在运动中的新道德，如集体主义、乐观主义精神，机敏、勇敢和纪律性等优秀品质。”1954年2月，蒋南翔校长在参加体育教研室教师和体育积极分子的座谈会上，灵活运用辩证法，提出“在普及的基础上提高，在提高的指导下普及”的学校体育工作方针、指导思想。1961年3月9日，蒋南翔校长就健康等问题与校团委干部谈话，其中谈道：“要争取至少为祖国健康地工作五十年。”实话实说，这个口号在今天依然不过时，而且已经植入每一个清华学子的心田。曾记得1980—1985年，我读清华的时候，每天下午四点半校园广播里都会响起：“同学们，走出宿舍，走出教室，去参加体育锻炼，保持强健的体魄，要争取至少为祖国健康地工作五十年！”一时间，操场上、道路旁，到处都是师生积极锻炼的身影，整个校园充满着生命的活力。

目前“无体育，不清华”成为一种独特的校园文化。在校期间，我坚持参加每年一次的春季万人长跑，最短距离是6000米，最长的距离是一万米，跑出北校门，跑过圆明园，再跑进西校门，最后往往在清华主楼前终止。陈希老学长是1975年级清华化学工程系学生，曾是校田径队员，每当下午4点至5点，我经常看见他在西大操场锻炼的身影。1981年，他在第20届首都高校学生田径运动会上创造男子100米高校纪录。1982年5月27日，第16次校长工作会议正式授予陈希“清华大学模范运动员”荣誉称号。1980年9月，由于自己是大山里面出来的孩子，一入

校的全校新生运动会就被同学把我强制报名参加1500米长跑。自己事先完全不知道，最后只好硬是穿着三接头的皮鞋跑了一个倒数第三。在学校，我们的体育奋斗目标是在各自擅长的领域自得其乐，我选的是体操项目。正是清华大学这些群众性体育活动，明显改善了学生体质健康状况。什么是体育？体育就是强身健体，就是精神意志，目前体育是与智商、情商一起构成现代人完整人格的动商。清华的教育理念站在了现代人才培养智商、情商、动商三位一体的最前列。

四、丰富文艺活动，陶冶个人情操

人生路漫漫，必须有业余爱好。兴趣爱好可以让我们战胜各种困难，培养持久的耐力和毅力。当你的动力是兴趣时，它的力量远比你其他的因素强，在它的驱使下你会不断地克服遇到的困难。因此，蒋南翔校长十分重视清华文艺社团的建设："既要通过生动活泼的文艺活动，宣传党的方针政策，又要通过健康丰富的文化生活陶冶学生美好的情操。"蒋南翔校长还指出，学生文化活动应该"下里巴人"和"阳春白雪"相结合。特别强调普及是提高的基础；提高则能推动普及持久、深入。在蒋南翔校长的大力支持和推动下，全校各系的文艺活动搞得十分火热，各种文艺演出常常进行。针对学校文艺骨干的全面成长，他提出了建设好"两个集体"的口号："文工团员要过好班集体和文工团集体两方面的生活，要处理好两个集体的关系。文工团员要成为学习上、政治上都过得硬的学生。"为此，文工团里先后建立了团总支、党支部，帮助文工团员们安排好学习、生活、工作，培养他们入团入党。

"长跑者，你不寂寞吗？"20世纪80年代初，我在清华参加了一些诗社的活动，许多情景现在还历历在目、记忆犹新。据不完全统计，现在清华共有注册的学生社团超过200家，兴趣涵盖人文社科、科技、公益、文艺、体育五大类别，注册会员总数超过上万人。协会主要分为体育、科技、艺术、人文社科和公益五大类。兴趣爱好可以使我们更加热爱生命，丰富生活。一辈子拥抱兴趣爱好，会让我们更加积极向上、充满希望和正能量。

五、高度重视毕业设计，培养独当一面的工作能力

蒋南翔校长特别强调“给面包还要给猎枪”。20世纪80年代我在清华读本科时，实行的学制是五年制，其中一年专门是搞毕业设计，所以大家到新的工作岗位时，实际上自己相当于已拥有了一年的实习经验，所以比别的学校的学生适应性强，进入工作角色快。在校时大家都觉得有点吃亏，不仅比别人多学一年，而且工龄比别人还短一年。到工作岗位以后，我们才开始真正尝到其中的甜头！20世纪50年代当时苏联专家认为，像历史博物馆、密云水库这样浩大的工程，大学生是不可能完成的。而在当年，蒋南翔校长突破了重重阻力，努力让清华的学生真刀真枪地去做毕业设计。最终，他以自己的远见卓识让这些“不可能”真真切切地变成了现实的可能。正如张光斗院士在回忆文章《为发展新中国的教育事业不倦工作》中写过：“1958年，毛主席讲了‘教育要为无产阶级政治服务，同生产劳动相结合’，南翔同志贯彻这个教育方针，提出要培养学生有共产主义精神，有辩证唯物主义观点、群众观点、劳动观点。水利系开展了‘真刀真枪’做毕业设计，南翔同志大力支持，提出要求教学、生产、科研三结合。水利系师生进行了密云水库、三家店水库、昌平若干小水库的勘测设计，进行了有关科研工作，参加了生产劳动。”

行到水穷处，坐看云起时。毕业设计的目的无外乎有二：一是积极培养学生综合运用所学知识，结合实际独立完成课题的工作能力和责任担当；二是对学生的知识面，掌握知识的深度，运用理论结合实际去处理问题的能力、实验能力、外语水平、计算机运用水平、书面及口头表达能力进行演练和考核。毫无疑问，毕业设计也是学生走上国家建设岗位前的一次重要的实习。时至今日，清华水电系大三学生每年7月份都要到三峡去实习。比如机械创新大赛、挑战杯、SRT等各

类赛事等都是锻炼学生实践能力、培养学生创新精神的好方法，这些举措都是清华人对蒋南翔校长注重实践教学、提倡“真刀真枪”搞毕业设计思想最有力的现实诠释。

六、不忘来自人民，砥砺服务人民、报效国家

1963年初，在清华首创的“政治辅导员制度”实施十周年时，蒋南翔校长就提出，这是一条为国家培养党政干部的有效途径，将来在清华大学毕业生中会出现一批部长、省委书记、副总理。自20世纪60年代以来，越来越多的清华毕业生中成长为国家和省部级领导的，就有不少担任过政治辅导员。据说有一次北京大学校长吴树青问清华大学校长张孝文：“为什么清华大学的毕业生后来做省部级干部的那么多？”张孝文同志回答：“蒋南翔老校长非常重视学生参加社会工作，培养他们为社会服务的意识和能力，鼓励他们到基层去做一名服务于国家的劳动者，并争取早日加入共产党。”清华毕业生乐于从基层做起，无论从事什么行业，都从最基层开始，一步一个脚印，坚定不移脚踏实地往前走。

每一份艰苦的付出，都必会有相应的回报。新时代青年一代要想健康成长，一要像蒋南翔校长一样坚定理想信念，要树立与时代主题同心同向的理想信念，勇于担当时代赋予的历史责任，永远听党话、跟党走。二要像蒋南翔校长一样厚植人民情怀，走又红又专的发展道路，切实从青年所思、所忧、所盼出发，永远善做青年朋友的知心人、青年工作的热心人、青年群众的引路人。三要像蒋南翔校长一样矢志艰苦奋斗，青年同志特别是刚走出“象牙塔”的“三门”干部，要多到社会基层去磨炼、去“接地气”、去“自找苦吃”，在实践中锻炼提高分析问题和解决问题的能力，永做改革开放的探路者。

作者简介：杨宜勇，1980年考入清华大学机械工程系，1985年毕业。国家发改委市场与价格研究所所长、二级研究员。

永远的青年导师

祁金利

2023年是敬爱的老校长蒋南翔同志诞辰110周年。在这个特殊的日子里，我无比怀念他老人家。

我是1987年入学的。蒋南翔同志1988年就逝世了。在他生前，我并没有见过他老人家，但是我们能够感受到他在清华园里的强烈存在。30多年了，南翔同志在我心目中的形象不仅没有模糊，没有遥远，而且越来越清晰，越来越高大，仿佛他就在我的身边。

其实早在中学的时候，学历史就知道清华大学有个前辈叫蒋南翔，在著名的“一二·九”运动中，喊出了“华北之大，已经安放不得一张平静的书桌了”的时代强音，从此我就对南翔同志充满了敬意。

到了清华，在日常的学习工作中，从领导和老师们那里，更多地了解了南翔同志的事迹和思想，感受到了他对清华人、对清华大学和对中国高等教育的重大贡献和影响，也感受到人们对他的敬仰和爱戴。后来随着年级的增长，特别是毕业留校以后，因为工作的关系，我开始更多地关注南翔同志的生平思想。1998年，由陈云同志题名的《蒋南翔文集》出版，我有幸较为系统地学习了南翔同志的著作，感觉受益匪浅。20多年来，工作几经变化，这套文集始终是伴随我的“案头卷”。

长期的学习和实践，加深了我对南翔同志的理解。他是伟大的革命家、教育家、政治家，是一个伟大的马克思主义者。而我，更愿意把他看作是伟大的青年导师。

之所以如此，首先是他一辈子长期从事青年工作，把自己毕生的大部分精力都献给了青年事业，为此建立了卓越的功勋。

南翔同志年轻时就禀赋卓异，性情沉稳，长于思考。国难当头，内忧外患的形势，推动他“这个埋头读书素来不参加政治活动的人，日益关心政治走向革命”。在清华学习期间，他参加了进步组织，接触到了马克思主义，初步认识到马克思的剩余价值学说，比当时清华经济学课本所奉为圭臬的“边际效用”深刻多了，这为他打开了一扇真理的大门，从此就沿着追求真理的道路上坚定地走下去，至死不渝。这在那一代青年当中是属于少数的先进分子。

这应该是南翔同志从事青年学生运动的开端。在著名的“一二·九”运动中，他是主要领导者之一，担任清华党支部书记，后来还担任了北平学委书记。他不仅组织策划了一系列重大活动，而且亲自撰写《清华大学救国会告全国同胞书》，这篇战斗檄文一时广为流传，激励着成千上万的爱国青年投身抗日的洪流。

毛主席对“一二·九”运动给予了高度评价。他指出，“一二·九”运动和五四运动一样，都是值得纪念的。“‘一二·九’运动是动员全民族抗战的运动，它准备了抗战的思想，准备了抗战的人心，准备了抗战的干部。”同时，他也深刻指出，“共产党从诞生之日起，就是同青年学生、知识分子结合在一起的；同样，青年学生、知识分子也只有跟共产党在一起，才能走上正确的道路”，“知识分子不跟工人、农民结合，就不会有巨大的力量，是干不成大事业的。”

南翔同志之所以成为青年运动的领袖，始终走在青年运动的前列，就在于他接受了马克思主义，坚定地按照毛泽东同志的要求，走了一条跟共产党在一起、跟工人农民结合的道路，这使他始终走在了正确的方向上。

后来，他的革命生涯始终同青年联系在一起。不论是在北平还是武汉等地做大后方青年工作，还是奉命撤回延安担任青年工作的重要职务，他都站在青年工作的第一线，围绕“如何将中国青年更广泛更深入的引向革命”，写了不少关于青年工作的文章和调查报告。抗战胜利后，他受党中央派遣，带领青年工作队到东北地区开辟青年工作，为东北根据地建设培养了一大批青年骨干。在新中国成立前夕，他担任新民主主义青年团筹委会副主任，后来被选为团中央副书记，后任书记处书记，创办了《中国青年报》，为新中国成立初期团的组织建设和思想建设作出了重要贡献。

从1952年一直到“文化大革命”爆发，南翔同志一直是清华大学的主要领导。高等教育是上层建筑的重要组成部分，也是青年工作的重要领域。南翔同志在这片沃土上进行了艰辛耕耘和探索，在旧清华的基础上走出了一条成功的办学道路。对于这一点，老一代清华人耳熟能详。

今天的清华已经是一个百年老校，她不光有着自强不息、厚德载物的文化底蕴，更有着贯彻又红又专的教育方针、坚持社会主义办学方向的光荣传承；有着重视思想政治工作，实施“双肩挑”政治辅导员等富有清华特色的制度的光荣传承；有着重视理论联系实际，真刀真枪做论文的科学传承；有着重视体育、为祖国健康工作五十年的光荣传承……我们每个学生从一入学就生活学习在良好的环境中并终身受益。对此，我们身在清华之中，日用而不觉。等离开了学校，站在社会的角度重新审视清华，就会发现这些东西是多么宝贵，而南翔同志作为这些制度的主要开拓者，为一代代青年学生的健康成长作出了立德、立言、立功的不朽贡献。

青春无关乎年龄，青春无关乎顺逆。我之所以把南翔同志看作伟大的青年导师，还在于他不是一般的导师，而是永远以一种青春的姿态战斗着、追求着的战士。

在第二次国共合作前的岁月，在抗日的烽火里，在解放战争的暴风骤雨中，他是跟着党，宣传青年、教育青年、组织青年，向着敌人阵地冲锋陷阵的一员。这不必赘述。而在革命事业中，不论是在朝气蓬勃的青年时期，还是在应该耳顺古稀的垂垂暮年，不论是在高歌猛进的奋斗岁月，还是在举步维艰的多舛逆境，面对着错误的思想和行为，他不唯书、不唯上、只唯实，以对党和人民高度负责的态度，敢于批评，敢于斗争，始终保持了青松一般的战士品质。

针对1943年7月在延安开始的“抢救运动”的做法，他专门给党中央和领导同志写了《关于抢救运动的意见书》，通过翔实深入地分析，指出了对于这场运动形势的估计、性质的判断、采取的手段和措施、取得的所谓成绩等，都存在着严重偏差，提出了原则性否定的意见。他这样做，既遵守了严肃的政治纪律，也实事求是地反映了问题，履行了一个党员干部的忠诚负责的义务。历史证明，他站在了真理的一边。

在“文化大革命”的逆境中，南翔同志多次遭受严厉的批判和迫害。1970年，他还在铸工车间接受“监督劳改”，通过和学校的老师、同学和工人接触，了解到了学校的一些情况。针对当时的学校领导者办学办厂的错误理念，他不顾个人安危，在车间会上旗帜鲜明地表达了自己的意见，他关于理工科大学的办学理念、校办厂与校外专业厂的关系、教学科研生产结合的不同方式及特点等，至今仍然有着深远的启示意义。

在改革开放的初期，在拨乱反正的同时，社会上也出现了一股否定四项基本原则的思潮。他以一个政治家的敏感性，很快看到了这股思潮产生的背景和实质，认为“青年学生中滋长了对共产党的不信任情绪很值得注意”，“如果要闹事，很可能要从大学生闹起”。他没有止步于忧虑发愁和叹息，而是毅然决然挺身而出，奋起战斗。他高举马列主义、毛泽东思想的大旗，贯彻邓小平同志关于坚持四项基本原则的指示精神，利用一切机会，旗帜鲜明地批评错误观点，耐心细致地做干部、师生的说服教育工作，大声疾呼必须对大学生进行共产主义和爱国主义教育，青年学生不能做资产阶级腐朽思想的俘虏。我国将来的前途，只能沿着社会主义道路前进，不能走资本主义的回头路。30多年过去了，历史早已经对南翔同志的判断做出了证实。

为什么南翔同志能够始终保持清醒的头脑和坚定的立场？归根到底取决于他深厚的马克思主义理论素养，使得他政治上无比坚定，目光远大而深邃。读他的文章可以发现，他谙熟马克思主义经典著作，但并不是贴标签喊口号，而且特别善于运用马克思主义的立场观点方法分析现实世界和问题。他观点鲜明，敢于斗争，但绝不是强词夺理，以势压人，比如，他批评在毛主席著作学习上的一些形式主义的做法，批评把党的领导理解成只是组织领导，批评在形势分析上的客观主义、自然主义等等，都是通过摆事实讲道理，用逻辑严密、剥茧深入的分析来以理服人，既充满着战斗的气势，又有高超的战略战术。

南翔同志是一个战斗到生命最后一刻的战士。曾经担任中央党校副教务长的邢家鲤同志回忆说，1988年，他去看望重病在身的南翔同志，在病床上的南翔同志嘱托他，你的岗位在青年学生中，你要到青年学生中去！

这是南翔同志的嘱托，也表明了青年学生在他心目中具有多么重要的位置。没有青年参加的事业，是没有前途的事业。我们相信马克思主义是真理，相信中国特色社会主义事业是壮丽的事业。我们也相信真理能够掌握青年，伟大的事业能够感染青年、成就青年。这需要我们去做大量细致耐心的工作。

让我们也记住南翔同志的嘱托，走到青年学生中去，为了中国特色社会主义的壮丽事业而奋斗！

作者简介：祁金利，1987年考入清华大学化学系，先后获理学学士、法学硕士、法学博士学位，研究员。曾任清华大学新闻中心副主任、电视台主编、学生部副部长、研究生工作部副部长、就业中心主任。现任北京社会主义学院党组书记、副院长。

学习蒋南翔教育思想
大力弘扬教育家精神

吴剑平

蒋南翔同志是杰出的马克思主义教育家，清华大学的卓越领导者和社会主义办学道路的开拓者。

在我进入清华学习的时候，已无缘得见蒋南翔校长，未能亲耳聆听他的教诲，但是又时时处处感受到他的教育实践和教育理念。特别是后来通过研读《蒋南翔文集》《蒋南翔传》《蒋南翔教育思想研究》等书籍文集，通过历届学校领导、师生校友以及南翔同志遗孀吴学昭女士的回忆文章和生动讲述，蒋南翔校长的形象是那样的栩栩如生、和蔼可亲，他的教育思想是那样的立体丰富、鲜活深刻。

古往今来，教育工作者不计其数，优秀者成千上万，而能够被尊为教育家的则寥寥无几。在中国，教育家不但要具有突出的、公认的教育实践成就，要有系统完整、影响深远的教育思想，还要有中国特有的教育家精神。蒋南翔校长就是这样一位深孚众望的社会主义教育家，值得我们永远敬仰和学习。

一、教育实践成就卓著

蒋南翔同志早年在清华大学就读，曾长期从事党的青年工作。1952年11月出任清华大学校长，1956年6月同时担任校党委书记。后来虽然先后担任北京市委常委、北京市高等学校党委第一书记，教育部副部长、党组副书记，高教部部长、党委书记，仍一直兼任清华大学校长、党委书记，主持学校工作长达十四年。

在南翔同志领导下，清华大学完成了社会主义改造，全面贯彻党的教育方针，克服院系调整的不利影响，创办了原子能、无线电、自动控制等一批国家急需的高技术专业，建设了一支新老结合、又红又专的高水平教师队伍，创建了“双肩挑”政治辅导员制度和评选表彰“先进集体”制度，加强对学生的思想政治教育、基础理论教学和实践能力培养，促进德智体美全面发展，大力提高办学质量和水平，迅速发展成为全国最好的多科性工业大学，为我国社会主义建设和改革开放培养输送了一大批各行各业优秀人才，被誉为“红色工程师的摇篮”。蒋南翔校长为建设社会主义的新清华作出了巨大贡献，为清华大学后来的发展奠定了坚实基础，为后人树立了政治家办教育的典范。南翔同志教育实践的累累硕果，有目共睹，有口皆碑，不仅为清华人所深深铭记，也将永载中国高等教育的史册。

二、教育思想博大精深

蒋南翔校长在清华大学工作中，创造性地贯彻党的路线方针政策，提出和实践了一系列符合实际的办学治校理念，形成了博大精深的教育思想。

一是坚持社会主义办学方向，强调“要按照国家的需要办社会主义大学”。他指出“加强党的领导和坚持马列主义方向是办好社会主义大学的关键”，认为“社会主义大学的大师应是相信马克思主义的”，提出“要争取团结百分之百的教师”和“各按步伐，共同前进”，推动“两种人会师”，坚持“两个肩膀挑担子”“两个轮子并重”。他认为，“我们不仅是培养工程师的，我们还是培养党和人民各项事业的接班人的”，包括“党和国家领导人”，要求学生又红又专，政治上争取“上三层楼”。

二是重视提高办学质量和水平，强调“要攀登科学高峰”“占领科学高地”。他认为“在高等教育中，提高质量比发展数量更困难，可是更重要”。深刻洞察世界科技发展趋势，提出“办学校要有特点，清华各系、各专业都应该掌握和应用计算机技术，使它成为清华的特点”。贯彻“提高质量，保证学时”的原则，实行“长学制”，要求学生做到“思想过硬、学习过硬和身体过硬”。提出“面包与猎枪”的著名论述，提倡“真刀真枪”做毕业设计，促使“教学、科研、生产三结合”。重视因材施教，亲自抓“万字号”拔尖生，建设“三支代表队”，号召学生“争取至少为祖国健康地工作五十年”。

三是坚持实事求是，强调“按照教育规律办教育”。他提出“三阶段、两点论”，辩证地认识和对待清华不同历史阶段的长处和不足。认为学习苏联经验“不能简单地照搬和偷懒”，要注意“和本国及本校的实际情况结合”，“同时也要向英美等资本主义国家学习有用的东西”，指出“要在过去经验的基础上，摸索创造新经验”。注重从办学实际出发，提出“基层出政策”，强调“做领导工作的，不能随风飘”。

2011年，胡锦涛同志在庆祝清华大学建校100周年大会上讲话指出：“当时，蒋南翔校长富有创造性的教育思想，刘仙洲、梁思成、马约翰、张光斗等大家名师执教讲坛、垂范学子的风采，令我们受益匪浅、终生难忘。”南翔同志的教育思想，深刻回答了办什么样的大学、怎样办大学和培养什么人、怎样培养人等根本性问题，是党的教育方针同清华大学实际及中国高等教育实践相结合的产物，具有鲜明的中国特色和时代价值，对于我们在新时代新征程上建设中国特色的世界一流大学和高水平高等教育仍然具有很强的指导作用。

三、教育家精神熠熠生辉

2023年9月9日，习近平总书记在致信全国优秀教师代表时首次提出并深刻阐释了中国特有的教育家精神的时代内涵，即“心有大我、至诚报国的理想信念，言为士则、行为世范的道德情操，启智润心、因材施教的育人智慧，勤学笃行、求是创新的躬耕态度，乐教爱生、甘于奉献的仁爱之心，胸怀天下、以文化人的弘道追求”。

南翔同志从中学时代就积极参加爱国活动，在清华大学读书期间加入中国共产党，积极投身“一二·九”爱国救亡运动，发出了“华北之大，已经安放不得一张平静的书桌了!”的呐喊，此后一直走在我国青年运动的前列。新中国成立后，他长期从事高等教育领导工作，探索建立中国特色社会主义教育制度。“文化大革命”结束重新复出工作后，他积极推动恢复高等学校统一招生考试，为制定全国科学技术发展规划和召开全国科学大会做了大量组织领导工作，领导了教育系统拨乱反正，协助王震同志卓有成效地领导了党校工作。

南翔同志理想信念坚定、勇于坚持真理、忠诚党的教育事业的崇高品质，坚持正确办学方向、为人民为社会主义服务的根本立场，以立德树人为根本、引导学生德智体美劳全面发展的育人理念，实事求是、遵循教育规律、创造性开展工作的科学精神，践行群众路线、关心爱护师生员工、团结凝聚各方面力量办学的优良作风，正是当代中国教育家精神的生动写照，是我们建设教育强国、以中国式现代化全面推进中华民族伟大复兴的宝贵精神财富。

作者简介：吴剑平，1987年考入清华大学水利工程系，先后获工学学士、工学硕士、管理学博士学位，研究员。曾任清华大学政策研究室主任、党委办公室主任，现任华侨大学党委副书记、校长。

争取至少为祖国健康地工作五十年

——蒋南翔体育教育思想与实践

刘　波　茹亚伟

清华体育有悠久的传统，自建校以来一直是清华培养人才的重要途径，是中国大学体育教育的一面旗帜。蒋南翔担任清华大学校长后，他发扬清华光荣的体育传统，注重体育教育创新实践，形成了独具特色的体育教育思想，为清华体育的建设与发展作出了卓越贡献。他在1957年提出的“争取至少为祖国健康地工作五十年”口号已传承六十余年，成为了清华的文化符号。蒋南翔体育教育思想有清晰的历史脉络与深刻的时代印记。回顾蒋南翔体育教育思想的形成过程，对他的体育教育思想内涵进行深入阐释，将他的体育教育理念进行升华，可以为当下中国大学体育教育提供宝贵的经验与借鉴。

一、蒋南翔体育教育思想的形成过程

蒋南翔体育教育思想的形成有一个渐进过程，推动这一过程的是清华光荣的体育传统、浓厚的校园体育氛围、与国家命运休戚与共的爱国情怀、清华人行胜于言的优秀品质。从清华体育的受益者到清华体育工作的指导者，身份的转变标志着蒋南翔体育教育思想由萌芽走向成熟，最终形成一套完整的体育教育理论。

（一）蒋南翔体育教育思想的萌芽

清华从建校之初就十分重视学生的身体健康，为此校方采取一系

列强制性的措施，督促学生进行适当的体育锻炼。在学校的积极引导之下，清华人对体育一直钟爱有加。1932年，蒋南翔考入清华大学中文系。在学校浓厚的体育氛围中，他对体育运动展现出极大的热情。据夏翔教授回忆："蒋南翔早在30年代在清华大学读书时期就热爱体育运动，一直很重视锻炼身体，他每天课余时都要到体育馆来参加各种运动，有时玩篮球'斗牛'（'斗牛'是当时学生在篮球场上不按篮球规则进行的一种运动），有时长跑，有时游泳。"

蒋南翔入学的同一年，1932年在美国洛杉矶奥运会上，中国田径选手刘长春单刀赴会，在国际体育舞台为中国发声，开启了中国奥运历史的新篇章。这一行动鼓舞了民众的士气，点燃了爱国主义热潮。中国的奥运之路并非坦途，伴随着民族危机日益加深，体育成为普通民众表达爱国主义的身体语言。1933年，梅贻琦校长在《体魄健康与救国》中指出："我们要将灵敏的脑力，寓寄于健全的体魄之中。而后才能担当艰巨，才能谈到救国。"覆巢无完卵的民族危机意识影响了当时一代有识之士和爱国青年。蒋南翔深处时代剧变的狂潮之中，以体育之名开展的爱国主义行动必然会对其产生影响，这些因素成为培植他体育教育思想的最初土壤。

（二）蒋南翔体育教育思想的发展

新中国成立初期，毛主席特别重视体育的发展，他曾题词"发展体育运动，增强人民体质"。青年学生的健康是毛泽东考虑体育时的一个核心问题，他曾多次强调学生应该"健康第一，学习第二"。1953年6月，他进一步提出"要使青年身体好，学习好，工作好"的要求。在"提倡国民体育"的纲领引领下，清华体育以"民族的、科学的、大众的"为指导方针，开始进行新体育教育模式的探索与改革。1952年年底，蒋南翔到清华后就常和身边同事提及新中国成立前清华优良的体育传统。1953年6月 7 日，在蒋南翔的支持下，清华大学举办了新中国成立后第一届田径运动会。1954年，在他的支持下，清华开始创建体育代表队制度，培养了一大批品学兼优、思想政治素养高、运动成绩名列前茅的优秀学生。1959年，清华第一次夺得北京市高校田径运动会男子总分、女子总分、团体总分三项冠军，给学校的体育工作以极大鼓舞。

（三）蒋南翔体育教育思想的成熟

蒋南翔体育教育思想成熟的标志是“争取至少为祖国健康地工作五十年”口号的提出。1957年，在全校体育干部大会上，他说体育工作是学校工作的一个重要组成部分，因为体育不但能增强人的体质，而且能够锻炼人的意志和毅力，当时马约翰已经75岁，还是面红身健，他希望每个同学要向马约翰看齐，争取毕业后工作五十年。1964年在学校为祝贺马约翰为清华服务50年的大会上，他再次提到马约翰先生本身就是提倡体育运动的一个活榜样，并正式向清华学子提出要求——“争取至少为祖国健康地工作五十年！”“至少”二字体现了清华人追求卓越的突出品质；“为祖国”体现了清华人的拳拳爱国之心；“五十年”体现了清华人脚踏实地、持之以恒的作风。纵观蒋南翔体育教育思想形成的历史过程，从最初单纯以强健的体魄报国到后来重视学生阶段的全面发展，最终形成体魄与人格并重，将爱国主义教育、清华的校风、校训及学校文化融入人生全过程的教育理念。这种反映清华特色、与时俱进、理论联系实际的体育教育观充分体现了他对清华体育的深入思考。

二、蒋南翔体育教育思想的内涵特点

蒋南翔体育教育思想与实践在不断的演进与探索中，形成了一套符合中国国情的大学体育教育理论。这绝不是对西方经验的照抄照搬，而是基于中国社会发展的实际情况总结出的体育教育规律。坚持爱国主义为核心，以实现学生的全面发展为目标，以培养顶尖人才为导向，三者相辅相成、相互促进，是蒋南翔体育教育理论的构成要素。

（一）强调爱国主义

纵观蒋南翔体育教育思想的形成与发展脉络，紧跟时代脉搏与服务国家建设是其体育教育的创新动力。在担任清华校长期间，他把学生的身体锻炼当成一项政治任务来抓，他的爱国主义体育教育理念集中体现在“争取至少为祖国健康地工作五十年”口号中。不难看出，蒋南翔的体育教育理念带有深切的家国情怀。蒋南翔曾在《论在我国大学生中进行共产主义教育和爱国主义教育》中将爱国主义教育作为学校思想政治教育的基础和前提。他强调爱国主义不仅是泛泛的口头宣传，还要落实在教育的实际工作中。他还进一步指出，没有深入的爱国主义教育的思想基础，社会主义、共产主义教育就犹如无根之木，无源之水。

如何在大学体育教育中实现思想政治教育目标，蒋南翔做出了有益探索。无论是始终关注群体活动，还是向体育代表队有所侧重，清华体育一直坚持“又红又专”。“红”是讲政治，“专”是讲专业能力。新中国成立初期，为了满足国家工业化建设的需要，清华师生夜以继日地工作，为保障学生的身体健康，蒋南翔要求充分调动学生的锻炼热情；为了满足国家对体育人才的需要，蒋南翔因势利导，从上到下建立起完善的体育代表队制度。这些举措充分表明蒋南翔的唯物辩证法思维，是马克思主义体育教育观的体现。

（二）重视全面发展

在《体育之研究》中，毛泽东指出，“体育一道，配德育与智育，而德智皆寄于体，无体是无德智也”，并提出了著名的“文明其精神，野蛮其体魄”的观点。蒋南翔校长在任时期，非常重视学生的全面发展。他曾形象地比喻要建立“三支代表队”：辅导员是政治代表队；业务尖子是科学登山队；文艺社团和运动员是文体代表队。“三支代表队”各有特长但都要思想好、学习好、身体好。需要特别指出，他多次强调“三支代表队”必须是全面发展基础上对某一方面特长的充分发挥与培养，这充分体现了蒋南翔体育教育思想中的全面育人观。蒋南翔曾对体育代表队运动员提出“业余赶专业”“争取在几年内出40个运动健将”的目标。同时，他强调体育代表队不能像旧中国一样，在大学里养一批“头脑简单、四肢发达”的“体育棒子”，要求运动员：一要树立高标准；二要实事求是；三要做到“五个心”——信心、决心、恒心、虚心、专心。概言之，他从学校体育教育的实践中，总结认为多种教育渠道殊途同归，都要向着“又红又专、全面发展”的教育目标迈进。

（三）普及与提高相结合

新中国成立初期，蒋南翔依据中国国情，结合清华的体育优势，开始尝试在大学培养竞技体育人才。1954年，他在工字厅召开体育积极分子座谈会，会上指出：“体育运动要‘在普及的基础上提高，在提高的指导下普及’。”“普及”是希望在校学生能100%参加锻炼，使广大学生体质普遍有所增强，并且要逐步争取做到除特殊原因以外，必须通过清华的锻炼标准才能毕业；“提高”是需要培养出一批学习好、道德品质好的优秀运动员作为学校代表队，既依靠他们来带动全校体育运动，也可为国家造就一批优秀的体育人才。1966年，清华已有蓬铁权、胡方纲、李作英等11名运动员获得国家运动健将称号。他们品学兼优，毕业之后在各自的专业领域为国家建设贡献力量，始终以清华体育精神自我激励，不断追求卓越。

三、蒋南翔体育教育思想的实践意义

党的二十大报告提出2035年要把我国建成教育强国和体育强国的目标。以上两个目标的实现都离不开体育对当代青年的培养。新时代如何构建具有中国特色的大学体育理论，如何彰显大学体育的时代价值，蒋南翔的体育教育实践与理论为我们提供了宝贵的经验与借鉴。蒋南翔体育教育思想传承与发展的当代意义，可以总结归纳为以下三个方面。

（一）明确育人目标：强调立德树人

培养什么人、怎样培养人、为谁培养人是教育的根本问题。如何通过体育实现立德树人，蒋南翔在清华作了很好的示范。培养学生的爱国主义和体育家精神一直以来是清华体育的重要内容，以马约翰为代表的老一代体育教育家将爱国主义教育、体育道德教育融入日常工作中。青年时代的蒋南翔耳濡目染，担任清华校长之后将“强身健体，报效祖国”的思想继承下来，“争取至少为祖国健康地工作五十年”的口号就是生动体现。如今，这句话已经成为清华人的口头禅、座右铭，形成了一种清华独有的文化符号。

2014年9月，清华大学时任党委书记陈旭发表《坚持育人至上，体魄与人格并重，大力推进学校体育工作改革创新》的专题文章。文章指出，清华大学在百年办学历程中，形成了致力于培养健全人格的优良传统，并从以下四个方面坚持和弘扬体育传统：一是不断创新体育理念的传统；二是校领导班子重视的传统；三是建立全校“一盘棋”的传统；四是重视体育工作队伍的传统。可以说，“育人至上，体魄与人格并重”是新时期清华体育凝练出的育人目标，是对蒋南翔体育教育思想的传承与弘扬。

（二）落实育人举措：提倡终身体育

清华体育的全员参与、全过程培养是一种终身教育培养。蒋南翔在清华的求学与工作经历，使他对清华体育的传统与文化非常认同。在担任校长期间，他不仅对学校体育工作提出指导性的意见，而且身体力行，积极参加。根据夏翔教授回忆，他平时工作很忙，但是他经常在工作之余积极参加体育锻炼。长跑、游泳都是他喜欢的项目。

蒋南翔曾提出“8-1>8”，也就是说7小时学习加1小时锻炼，其学习效果大于8小时的学习。这句话也一直被清华的广大师生所奉行。清华不断采取创新举措督促学生养成锻炼习惯。2010年，体育部实施“4+2+2”的课程体系，从大一到大四，体育课贯穿了本科教育全过程。2014年，清华恢复“第一堂体育课”的传统，2017年，恢复了“不会游泳，不能毕业”的老校规。这些举措，处处彰显了清华对体育传统的重视和传承。如今，由学生自发喊出的“无体育，不清华”的口号已经广为流传。新一代清华人对体育传统的珍视、尊重、传承、发展，是对蒋南翔体育教育思想的时代回应。

（三）创新育人路径：培养竞技人才

中国的大学体育教育，除了立德树人、培养学生全面发展之外，还有一项十分重要的任务，就是为国家培养竞技体育人才。事实上，早在20世纪50年代蒋南翔就开始在清华整合体育资源与教育资源，探索“体教结合”之路。蒋南翔认为，培养优秀的运动员不是简单的体育训练+文化课，而是两者相辅相成，相互促进。这从本质上来讲，是发挥教育系统的优势培养竞技体育人才。20世纪90年代，清华重新开启了自主培养竞技体育人才之路，开始招收高水平运动员。经过多年的实践探索，已逐渐形成了“清华模式”，取得了令人瞩目的成绩。以清华的三个重点项目为例，射击已获得多枚奥运金牌；田径已收获首都高校运动会的十四连冠，并在全运会上不断收获金牌；男女篮在全国大学生篮球联赛中共获得七次全国总冠军，为职业联赛输送了十多名球员。2023年，在中国本土举办的成都世界大学生运动会上，清华人在田径、射击、篮球项目上勇夺金牌，展现出朝气蓬勃的中国当代大学生风貌。这些成绩的取得，固然与清华优质的生源有关系，但是从竞技能力培养的角度看，清华的教育环境无疑发挥了更大的作用，也是对蒋南翔时期“体教结合”思想的传承与发扬。

四、总结

蒋南翔体育教育理论是清华体育传统与时代相结合的产物。回顾蒋南翔体育教育思想的形成过程，他在体育教育过程中求真、务实、创新的工作作风，以爱护青年、尊重学生全面发展为己任，充分展现了一名马克思主义教育家与无产阶级革命家的风范。蒋南翔体育教育思想与实践从理论层面可以高度概括为：以爱国主义为核心，以学生的全面发展为宗旨，以追求卓越为目标。如今，清华体育已形成有理论、有理念、有目标、有口号、有实践的全方位体育教育体系，这些内容与蒋南翔体育教育思想交相辉映。进入新时代，我们要在党的二十大精神的指引下，继续传承和发扬蒋南翔体育教育思想，构建新时代大学体育理论，实现大学体育高质量发展，努力做到为党育人、为国育才，为培养更多祖国建设的栋梁之材而继续奋斗！

作者简介：

刘波，1990年考入清华大学材料科学与工程系，先后获工学学士、管理学硕士学位。清华大学体育部主任，教授。

茹亚伟，2019—2022年在清华大学体育部博士后流动站工作，现为中国体育报业总社/人民体育出版社编辑。

学习传承蒋南翔同志的精神

张卫华

2023年是蒋南翔同志诞辰110周年。蒋南翔同志担任清华大学校长14年，同时还担任清华大学党委书记10多年，为清华大学的长远发展和世界一流大学建设奠定了坚实基础。蒋南翔同志是马克思主义教育家，是新中国高等教育的主要奠基人之一，为开拓中国特色社会主义办学道路作出了重大贡献。我们应以学习蒋南翔同志的精神来纪念蒋南翔同志，以传承蒋南翔同志的精神来缅怀蒋南翔同志。蒋南翔同志以马克思主义的立场方法，结合新中国的实际情况，遵循社会发展规律和育人规律，解当时时代的边界条件问题。蒋南翔同志的思想对于当今时代的教育发展有着重要的借鉴意义。

一、学习蒋南翔同志精神的心得

1. 立场鲜明，为人民办教育

1952年全国高校院系调整就是为新中国工业化建设服务的。单纯从清华的角度来看，院系调整造成了重大损失；单纯从清华物理系的角度来看，院系调整造成了从“1”到“0”的损失；但是，从国家民族来说，通过院系调整，的确多快好省地培养出了大量合格乃至优秀的工程师，为“经过实施几个五年计划，我国建立起独立的比较完整的工业体系和国民经济体系”提供了人才保障。

在院系调整后的清华，蒋南翔同志非常明确办学要为中国建设社会主义服务，提出要把清华大学办成“红色工程师的摇篮”，把学校建设成为教学、生产、科学研究三者联合的先进基地，形成有中国特色的社会主义高等教育制度。蒋南翔同志倡导“真刀真枪做毕业设计”。1958年全校1400余名毕业生，有70%的毕业设计是结合生产任务进行的，取得许多可喜的成果。这是跨越时代应该一贯坚持的，新时代下提倡的“把论文写在祖国大地上”是与之一脉相承的。

蒋南翔同志强调，高等教育要培养党和国家建设事业的接班人。刘延东同志在纪念蒋南翔同志诞辰100周年座谈会上指出，蒋南翔同志以马克思主义为指导，紧密结合我国国情和教育实践，系统性创造性地回答了社会主义教育的宗旨性质、培养目标以及发展观、质量观等重大问题，特别是“培养什么人，怎样培养人”、“办什么样的大学，怎样办大学”的根本性问题，丰富了中国特色社会主义教育理论的宝库。这也是跨越时代应该一贯坚持的。习近平总书记强调，培养什么人、怎样培养人、为谁培养人是教育的根本问题，也是建设教育强国的核心课题。

2. 方法科学，结合实际办教育

习近平总书记明确提出“坚持把马克思主义基本原理同中国具体实际相结合、同中华优秀传统文化相结合”，坚持实事求是，这是科学的方法。蒋南翔同志一贯强调要从实际情况出发，在工作中坚持实事求是的思想路线。

在学习苏联进行教学改革时，蒋南翔同志就强调学习苏联先进经验要结合中国实际情况，不能满足在形式上，不能满足于简单地抄袭，防止冒进，也防止保守。更为宝贵的是，蒋南翔同志还强调在学习苏联的同时要博采众长，注意学习英美——1956年，蒋南翔同志在《北京日报》联名发表文章，提出“向苏联先进经验学习，这是我国高等教育的主要方向，但并不是它的唯一内容。我们还要向人民民主国家的先进经验学习，同时也要向英美等资本主义国家学习有用的东西”。当今时代，我们主要在学习英美的办学，也应该采取“拿来主义”，运用脑髓，放出眼光，通过系统性研究，批判继承其中对我们作为“社会主义”国家“公立”大学发展有益的部分；同时也不应忘记博采众长，注意学习苏联办学的有益成果，传承新中国成立以来办教育的宝贵经验。

蒋南翔同志重视处理好数量与质量的关系，他说：“在高等教育中，提高质量比发展数量更困难，可是更重要。”如果不解决这个问题，就会造成“我们长时间不能依靠本国培养的专家来独立解决工业建设中的重要关键问题”。遗憾的是，至今好像仍然存在这方面的问题，我国原始创新能力还不够强，一些关键核心技术仍受制于人。我们仍然在加快实现高水平科技自立自强，尽快破解“卡脖子”这类的重要关键问题。

3. 红专结合，培养社会主义建设者和接班人

蒋南翔在学校工作中坚持又红又专，他用生动的语言讲解红专关系：“好比走路，首先要确定方向，要去天安门，要经常注意方向对不对，这就是红；而大量的时间是走路，要走得好、走得快，也就是专。”

面对教师中党组织的力量还很薄弱，学生思想政治工作的任务十分繁重等问题，蒋南翔同志创造性地提出了解决问题的办法：选择一些政治上、业务上优秀的高年级学生担任政治辅导员。1953年清华大学在高校中率先建立了政治辅导员制度，这种政治辅导员制度被形象地称为“双肩挑”，即一肩挑业务学习，一肩挑思想政治工作。政治辅导员制度后来也被在全国高校中推广。1978年6月，邓小平同志在听取清华大学的工作汇报时指示说：“清华过去从高年级学生和青年教师中选出人兼职做政治工作，经过若干年的培养形成了一支又红又专的政治工作队伍，这个经验好。”“双肩挑”政治辅导员制度，是符合规律性的，因而是具有长久生命力的。

二、对“双肩挑”政治辅导员制度的理解

蒋南翔同志认为“双肩挑”的政治辅导员至少有三个好处：一

是这些辅导员本身也是学生，容易与同学打成一片，有利于深入了解学生的思想状况，有针对性地开展工作；二是辅导员与学生吃住在一起，有利于结合学生学习生活的实际，见缝插针地开展思想政治工作；三是还可以防止学生党员骨干一头扎进业务，政治意识和先锋模范作用减弱。这三条清晰体现了认知规律和育人要求。

1. 进入学生的生活，才能真正了解学生。外因要通过内因起作用，教育要遵从认知规律。在规律指导下，匹配时代边界条件（如科技发展、产业革命，又如民族复兴、百年未遇之大变局），找符合当今时代需要的特解；匹配个体边界条件（如作息规律、生活圈子，又如兴趣爱好、事业志向），找适合个体的特解——这就是因材施教。具体的思政工作是“临床”的工作，我们要育的对象是人，人是有独立意识、有情感的。尊重每一位学生的特殊性，才好有针对性地找到问题所在并提出有效建议。如何真正了解每一位学生的情况呢？只有被学生接受、进入学生的生活方可。否则，面对戴着面具的学生，只看到学生的某些侧面，怎么因材施教呢？辅导员本身也是学生，很自然地与学生共情；大家有着共同的生活，辅导员的经验可以为学生成长提供直接的技术性帮助；因此，辅导员较易得到学生认可，进而被接受进入到学生的生活中。在生活中，辅导员能够看到真实的、完整的学生，才能深入了解学生的思想状况、问题需求，进而去做每一位学生的思想工作。

2. 进入学生的思想，才能真正影响学生。思政工作是党的工作，党的工作是做人的工作，做人的思想工作没有捷径，是要以心换心的。有生活中较为频繁的接触，真心相待，真实相处，去交朋友，进入学生的生活，也欢迎学生进入自己的生活，这样产生的信任，对于思想工作是基础性的。所以说一能入生活，二才能入思想。参考系变换到学生，从认知角度来看，老师在讲台上说的和在生活中做的不一样，那么说得多好也白费，生活中做的才是真实的。因此，真实生活中的示范，比在讲台上讲的要重要，身教重于言传。辅导员与学生吃住在一起，拥有相当的生活交集，在生活中能够自然地以身为范，将自己对具体事务的看法、思考，为人处世的做法、态度，遇事时的担当、选择，真实鲜活地展示给学生们，随时随地以自身的实际行动来表达课堂上讲给学生们听的价值取向。有例题，知识方法才好被学生理解；有示范，思政工作才可能真正进入学生思想，塑造学生的价值取向，影响学生的实际行动。

3. 关心大局讲政治，才能真正引导方向。恩格斯有合力论，合力的形成是矢量的合成，每个分力是有方向的；如果分力方向与历史方向呈钝角，那起到的就是反动作用了。因此，育人的方向性是很重要的。担任政治辅导员，从育人视角、政治高度思考问题，胸怀大局，抬起头来看世界，可以防止学生党员骨干一头扎进业务、政治意识和先锋模范作用减弱。另外，“为谁培养人”是教育的根本问题之一，讲政治不只是对党员和积极分子，而应该是要全覆盖的；同时，也是每个个体应该主动思考的。而今，“百年未遇之大变局”加速演进，看清国家民族乃至人类的大方向，对个人小方向的选择是至关重要的。结合前面的两点，“双肩挑”政治辅导员深入学生的生活，进入学生的思想，在发挥政治引领作用方面，能够发挥无可替代的作用。

三、总结

2021年4月19日，习近平总书记在清华大学考察讲话时强调，要坚持中国特色世界一流大学建设目标方向，为服务国家富强、民族复兴、人民幸福贡献力量。作为“高等教育的一面旗帜”，清华大学义不容辞。

蒋南翔同志的教育思想和教育实践贯彻了党的教育方针，是清华大学宝贵的财富，也是全中国教育办学的宝贵财富，为我们在探索中走出一条切合中国实际、适应时代要求、服务民族复兴和国家现代化的大学发展之路做出了示范。而今，我们也在解时代的边界条件问题。站在前人的肩膀上，我们同样要站稳立场，遵循规律，明确方向，传承创新。

以学习蒋南翔同志的精神来纪念蒋南翔同志，以传承蒋南翔同志的精神来缅怀蒋南翔同志！

作者简介：张卫华，1993年考入清华大学物理系，先后获理学学士、理学硕士、理学博士学位。清华大学物理系党委副书记，六级职员。

纪念我国青年运动的著名领导者蒋南翔

——编辑《蒋南翔青年运动与青年工作文集（1932—1952）》的体会

金富军

在清华大学历史上，蒋南翔是一位深孚众望的杰出领导，是清华优良传统和办学风格的重要铸就者，为学校发展作出了卓越贡献。1932—1952年间，蒋南翔主要从事青年运动与青年工作，是我国青年运动著名的领导者。在长期艰苦、复杂的斗争环境中，蒋南翔敏于思考，勤于写作，善于将党中央的政策方针与具体形势、青年特点相结合，并从火热的革命实践中总结提炼青年运动与青年工作的规律，丰富了中国共产党青年运动与青年工作经验和理论。

2023年是蒋南翔校长诞辰110周年，我编辑出版了《蒋南翔青年运动与青年工作文集（1932—1952）》一书。在编辑、出版过程中，阅读那些充满斗志、激情昂扬的文字，蕴藏在文字中的对民族命运前途的艰辛探索、对青年运动与青年工作的深入思考、对广大青年的无私关爱与殷切期望等令人印象深刻，一个青年运动著名领导者的形象跃然纸上。我深深感到蒋南翔关于青年运动与青年工作的思想是一个丰富、系统的体系，有着鲜明的理论和时代特色。

在我看来，蒋南翔青年运动与青年工作思想，有五个鲜明的特点。

一、青年运动和青年工作要始终坚持中国共产党的领导

蒋南翔指出："在共产党的栽培抚育之下，青年运动是找到了自

己生长和发展的最好土壤。”“革命的方向，共产党的方向，就是我们的方向，共产党的纲领，就是我们的纲领。只要坚决地跟着这个方向走就没有错的。”党的领导是青年运动和青年工作沿着正确的方向和取得胜利的根本保证。

1946年3月，蒋南翔在《中国为什么会有共产党》中指出，中国共产党是“中国历史上最进步、最团结、最坚决、最有纪律、最为广大群众所欢迎的革命政党了。就是这个党，要领导中国人民进行翻天覆地的革命斗争，要完成鸦片战争以来多少革命运动所没有完成的彻底解放中华民族与中国人民的神圣任务，要为建立一个独立、自由、民主、统一、与富强的新民主主义国家而奋斗！”

1948年5月，蒋南翔在给哈尔滨青年干部学校第三期学员做报告时，明确指出中国青年运动的主要经验是坚持正确的政治方向、坚持知识分子与工农群众结合，以及建立青年自己的独立组织。他说：“中国青年运动二十多年以来所取得经验，就是要在中国共产党的领导下，团结教育广大青年为实现党的任务而奋斗，只有这样才能使青年运动沿着正确的方向发展。”

二、包括青年运动与青年工作在内的一切工作都要坚持实事求是

无论形势如何变化，蒋南翔都强调从实际出发。他善于将党的政策与实践结合、从丰富的实践中总结青年运动与青年工作的规律，有力地指导了青年运动与青年工作的开展。

蒋南翔在1940年9月发表的《提倡青年朴素与切实的作风》中旗帜鲜明地提出：“我们今天要提倡‘朴素’的工作作风。我们要反对那种‘吹牛’‘夸大’‘粉饰’‘掩盖’‘装腔作势’‘华而不实’‘形式主义’‘风头主义’等毛病。”在长期从事青年运动与青年工作的实践中，蒋南翔将党的方针、政策与斗争实践结合，堪称坚

持实事求是工作作风的典范。

在复杂的斗争中，蒋南翔根据革命形势的发展，及时调整斗争策略，坚决反对机械和教条。他在《我们对于目前学生运动的意见和希望》等文章中，根据党中央新的抗日统一战线政策的精神，及时引导青年运动的斗争方向，分析批评学生中存在“左”或“右”的错误观念，指出：“现在全国上下一致最迫切的要求是抗日救亡”，“我们热诚拥护国家的统一，拥护政府已定的对内外国策的实现。”郑重宣言：“我们愿意勇敢地纠正过去种种错误，控制太放纵的感情，安排有远谋的斗争。努力为学生运动开辟一新的途径，为救亡运动奠下更广大强壮的基础。”这些文章，将中国共产党的最新指示与革命实际紧密结合，对调整青年运动和青年工作与政府、地方、军队、学校、学联内部的各类关系起了重要指导作用，赢得了各界赞许。

蒋南翔任南方局青委书记期间，坚决贯彻执行党中央关于隐蔽精干的政策。他在《论西南的学生运动》一文中分析了大后方学生运动的特点和主要任务，指出要调整青年工作的重心，提出了“为抗战建国而读书”的口号，引导青年正确处理读书与政治的关系。

抗战胜利后，受党中央派遣，蒋南翔率青年工作队到东北，开展青年工作和教育工作。他将马列主义、毛泽东思想创造性地与东北青年实际情况结合，探索建立对新解放地区，尤其是经历了日本帝国主义14年殖民统治的东北青年进行教育的一整套思想方法和工作体系，丰富和发展了中国共产党青年运动的思想、理论与实践，为党培养了一大批青年骨干。

三、青年要树立为人民服务的人生观

蒋南翔十分强调青年要同工农相结合，要树立为人民服务的人生观，并参加实际的为人民服务的工作；强调共产党员更要发挥先锋模范作用：“共产党是无产阶级的政党，作为共产党员没有什么特殊的，只是工作要比群众积极，一切革命事业都要带头干；吃苦得比群众多一些，享受得比群众少一些。”

中华人民共和国成立后，青年工作的重点转移到引导广大青年认真学习和投入国家建设。蒋南翔指出：“新民主主义中国的学校，是要为中国新民主主义的建设事业培养人才。对于这些未来的新中国的建设者，我们不但要求他们具有丰富的知识，而且要求他们具有革命的人生观和明确坚定的政治方向，忠诚地为祖国为人民服务。”

蒋南翔反对机械、教条地理解“为人民服务”，他指出：“有些同志误解了‘为人民服务’的深刻意义，认为共产党员、青年团员要‘为人民服务’，在学校就是要‘为同学服务’，于是把擦地板、倒痰盂，给同学们负担各种勤务，当作主要工作来进行，这是一种舍本逐末的办法。帮助同学做些具体服务工作是需要的，但更主要的，是要保证自己和同学们学习的更好一些，将来能够给国家多做些事，才是最有效的为人民服务。”

蒋南翔还区分了自觉积极的“为人民服务”和消极被动的“为人民服务”。他指出：“如果对中国人民革命事业是坚决拥护的，是把自己的命运和整个国家的命运不可分离地联系在一起的，那么自然就会把革命的利益当作自己的利益，自觉地服从国家的工作需要，积极愉快地接受人民政府的工作分配。”这就是积极主动的为人民服务。反之，“如果对中国人民革命事业不是坚决拥护，而是抱一种冷淡的旁观态度……他们对政治没有兴趣，关心新中国的建设问题不如关心自己个人的职业待遇问题。他们也爱国家，但更爱自己，当国家长远的根本利益和自己暂时的局部利益发生冲突时，往往就首先照顾自己个人的利益，合则留，不合则去，不是把革命的利害得失和自己的利害得失完全看成一体。”这就是消极被动的为人民服务。蒋南翔指出：“进一步清算和抛弃这种残存的个人主义的立场观点，确立集体主义的革命人生观，这是保证每一个同学更好地为人民服务的关键。”“树立集体主义的革命人生观，全心全意为人民服务，就是要求每人都以积极的主人翁的态度，自觉地服从人民政府的工作分配，勇敢坚定地走向政府所指派给自己的工作岗位，成为一个自觉的人民战士和新中国的建设者。”

四、青年运动和青年工作要植根于广大民众

蒋南翔充分认识到广大民众力量的伟大，认为在青年参与的中国人民争取民族独立与国家富强的波澜壮阔的斗争中，广大民众是青年运动与青年工作最大依托和不竭的动力源泉。蒋南翔指出：“民众的地位是更为重要，民众的力量是更为伟大，也只有民众自己，更为忠诚而可靠。”青年运动要融入广大民众运动中，团结各方青年形成革命洪流。

蒋南翔认为，青年读书不忘救国、救国不忘读书，二者并不矛盾。随着形式的变化，青年学生要有所侧重。1935年12月，蒋南翔在传诵一时的《告全国民众书》中，代表青年喊出：“华北之大，已经安放不得一张平静的书桌了！”他还呼吁：“亲爱的全国同胞，中国民族的危机，已到最后五分钟。我们，窒息在古文化城里上着最后一课的青年，实已切身感受到难堪的亡国惨痛。疮（创）痛的经验教训了我们；在目前，‘安心读书’只是中国民族的一帖安眠药，我们决再不盲然地服下这剂毒药；为了民族，我们愿意暂时丢开书本，尽力之所及，为国家民族做一点实际的工作。同时我们要高振血喉，向全国民众大声疾呼：中国是全国民众的中国，全国民众，人人都应负起保卫中国民族的责任！”

在长期领导青年运动与青年工作的革命生涯中，蒋南翔始终坚持在中国共产党的领导下，青年运动与青年工作从广大民众中汲取力量从而使青年运动与青年工作焕发出磅礴力量，为革命作出了重要贡献。

五、在世界革命大背景下审视中国革命和中国青年运动

蒋南翔在长期革命斗争中始终密切关注国际形势，针对一些国际上热点撰写了一系列国际局势分析与评论。蒋南翔不但对国际局势有透彻深入思考和分析，还善于将国际形势思考与分析和中国革命联系起来，深刻分析中国现实问题。

1934年11月，蒋南翔在《华北的危机》中一针见血地指出："'九一八'事变后，中国的对日外交，可说是已尽了退让忍辱的能事，找遍全世界，恐也再难找得出这等宽宏大量的民族的吧?……中国的领土虽大，日本帝国主义的欲壑更深，有限的领土无法填满日本的无底壑，一味地摇尾乞怜，忍辱退让，希冀能邀日本帝国主义者之'怜而顾我'，那是绝对难以办得到的！"1935年6月，在《对华北问题应有的认识》一文中，蒋南翔从经济基础决定上层建筑角度深刻地指出日本侵华的内在原因："在世纪末世界经济不景气的暴风雨震撼之下，先天不足后天失调的日本资本主义社会，便首先遇到内部矛盾无法调和的命运，解决矛盾唯一的方法便只有向外发展。……我们的'友邦'很迫切地要攫取关东和华北，除了经济的原因外，当然还有一个很重要的政治意义，那便是正当全世界资本主义国家闹着恐慌，偏有全世界一向以'怪物'视之的苏联，相反的一切社会事业都在蒸蒸日上，穷途末路的资本主义国家，观之当然不免眼红，尤其是我们的'友邦'，他非摩拳擦掌，从速来准备猎取这只'北方大熊'不可了。"这些分析直指日本侵华的本质，反映了蒋南翔在思想和政治上的逐渐成熟。

1935年6月，他在《日苏空气紧张》一文中，强调华北局势紧张与日苏矛盾加剧的关联。正确地分析并预测到日本在西方反苏统一战线建起之前不敢贸然侵苏，及苏联为全力发展经济不愿轻启战端，因而日苏战争短期不会爆发。1938年3月，蒋南翔发表《艾登辞职后的国际形势》，批评英国张伯伦政府的对德国的绥靖政策。正确地指出：

“英日谈判（或者是英美日谈判）进行解决中日问题时，‘承认已成事实’，将成为成立谅解的基本标准，因为英国（美国也是一样）来和日本交谈解决远东问题，出发点不是为的中国，而是他们本国的利益。……现在世界上的解决国际纠纷是常常只迁就形势而并不是迁就公理，这是帝国主义国家行动的逻辑。”这样深刻的国际问题分析，有助于警醒国人丢掉对帝国主义的幻想，认识到“团结自强”是中国人应该采取的方针。

中国革命是世界革命的重要组成部分，蒋南翔善于从世界革命大背景下审视中国革命和中国的青年运动，体现了他宽广的视野和思想的成熟。

蒋南翔青年运动与青年工作思想植根于中国共产党领导下火热的斗争实践，是马克思列宁主义、毛泽东思想在青年运动与青年工作中的具体运用和生动体现。这些深入、系统的思考，对蒋南翔后来在清华办学，以及出任高教部部长、教育部部长等领导全国教育，有着积极的影响。对照1952年后蒋南翔高等教育思想，能看到作为马克思主义教育家的蒋南翔与作为我国青年运动著名领导者的蒋南翔在思想上的继承与发展。换言之，蒋南翔青年运动与青年工作的思想和高等教育思想在多方面有着内在逻辑上的一致性。这是今后蒋南翔思想研究、清华大学校史党史研究应该注意的地方。

2023年是蒋南翔校长诞辰110周年，谨以编辑《蒋南翔青年运动与青年工作文集（1932—1952）》一书过程中粗浅的学习体会来纪念这位忠诚的共产主义战士、无产阶级革命家、马克思主义教育家、我国青年运动的著名领导者。

作者简介：金富军，1994年考入清华大学现代应用物理系，先后获得理学学士、历史学博士学位。清华大学校史研究室、党史研究室副主任，校史馆副馆长，副研究员。

坚持“又红又专、全面发展”教书育人特色

——学习蒋南翔老校长的教育思想

欧阳沁

2023年是蒋南翔同志诞辰110周年，学校举办了系列纪念活动，向我们敬爱的“老校长”表达崇高的敬意和永远的怀念。蒋南翔教育思想内涵丰富、历久弥新，对清华大学的办学实践乃至中国高等教育的发展都产生了极其深远的影响。在蒋南翔教育思想的体系中，处于核心位置的应当是“又红又专、全面发展”的育人理念。

2021年4月，在学校110年校庆前夕，习近平总书记来学校考察并发表重要讲话。他深刻指出，110年来，清华大学深深扎根中国大地，培育了爱国奉献、追求卓越的光荣传统，形成了又红又专、全面发展的教书育人特色，为国家、为民族、为人民培养了大批可堪大任的杰出英才。

关于清华坚持“又红又专”培养特色，小平同志也曾给予高度肯定。1980年3月12日，邓小平在中共中央军委常委扩大会议上的讲话中说：“清华大学提出一个很重要的问题，就是学生从到学校第一天起，就要对他们进行政治思想工作。学校的党团组织和所有的教员都要做学生的政治思想工作”，“清华大学的经验，应当引起全国注意。又红又专，那个红是绝对不能丢的。”

关于“又红又专”的表述，实际上并不是蒋南翔率先提出的，而是毛泽东同志提出的。1957年10月9日，毛泽东同志在中共八届三次全

会（扩大）上作题为“做革命的促进派”讲话，其中就提出：“我们各行各业的干部都要努力精通技术和业务，使自己成为内行，又红又专。所谓先专后红就是先白后红，是错误的。”

作为一个杰出的政治家和教育家，蒋南翔敏锐把握住了“又红又专”要求对社会主义大学的人才培养也是高度适用的。1957年11月27日，蒋南翔向全体学生和部分青年教师作题为“怎样做一个劳动者，怎样做工人阶级知识分子”报告，实质也是全校“红专关系大辩论”的动员报告。之后5周时间，全校共召开了2000多次小型辩论会，90多次大型辩论会。通过广泛深入的讨论，全校师生都深化了对红与专关系的认识，立足中国社会主义建设的需要，大力培养“又红又专”的人才成为清华人才培养最鲜明的特色。

在“红”与“专”的关系上，蒋南翔强调学生通过参加适当的社会实践及教育活动来提高思想觉悟和修养，但并不是要把大量时间去参加政治活动，他希望学生主要时间是在学习，掌握专业知识、提升专业本领；要求“周不过一”，也就是班级团支部、班会的活动每周不超过一次。他曾形象地举例说：“红和专的关系，就像你从清华西门出发去颐和园，你得经常抬头看看万寿山是否还在前面，这就是你的方向，但你大量时间是走路，应该是花在一步一步走路上。”

1986年7月，蒋南翔在主持中央党校工作期间，发表了他本人最后一篇教育论文《高等教育要认真解决两个根本问题》，其中鲜明提出了高等教育必须优先考虑和解决两个根本性的问题，一个是方向问题，一个是质量问题。方向问题和质量问题，实质上就是“红”和“专”的问题。方向问题是政治问题，“是解决为谁服务的问题，也是教育战线必须解决的首要问题”，“对于我们社会主义教育事业来说，恐怕没有比坚持正确的方向更为重要的了”。而质量问题“是解决怎样更好地为人民、为社会主义建设服务的问题”，也就是“在教育上要求不断提高全民族的文化水平，培养出大量又红又专的具有世界第一流科学水平的各方面人才”。

在强调“又红又专”的基础上，蒋南翔进一步提出要促进青年学生的“全面发展”。他鲜明指出，“不能把学生培养成都像从一个模子里铸出来的一样。”“现在有些同志对全面发展的方针发生了极大的误解，把全面发展误解为各门功课的平均发展。全面发展和个性专长的发展，是并不矛盾的。一个人有了全面发展的基础，不是妨碍而是有助于他的专长的发展。”

在鼓励学生的全面发展上，蒋南翔十分注重针对学生不同的特点特长实行因材施教，并进而达到殊途同归。在他的亲自关心和推动下，清华成立了重要的“三支代表队”：业务代表队是由清华中号称“万字号”“千字号”的同学组成“科学登山队”；政治代表队即学生政治辅导员队伍，蒋南翔于1953年创建了“双肩挑”辅导员制度，他专门指出“年轻时做些思想政治工作，学些马列主义理论，将对终生有益”；此外，还有文艺、体育代表队组成的“文体代表队”，直至今天，文体代表队的同学仍然活跃在校园之中，成为校园开展美育和体育的中坚力量。

蒋南翔十分重视体育教育。他生动指出：“年纪越大，知识、经验也就越丰富。老年应当是收获的季节，但有的人却未老先衰。要想在老年丰收，就必须在青年时代播种。”他推动清华实施体育不及格不能毕业、每天锻炼一小时等重要举措，鼓励同学们要“争取至少为祖国健康地工作五十年”，这些重要的举措和口号，影响了一代又一代的清华学子，也为清华形成“无体育、不清华”的体育锻炼传统奠定了重要的基础。

曾任清华大学党委副书记、教育部部长的何东昌同志指出，“凡是教育家都热爱自己的学生并寄予希望”。蒋南翔就是这样的一位教育家。他事无巨细地关心学生的日常学习生活，解决他们面临的实际问题和困难。60年代初，物价有些上涨，学生的伙食受到影响。蒋南翔让负责食堂的同志将50年代与60年代伙食价格对比材料整理出来，报告给邓小平和毛泽东同志，全国学生的伙食标准由12.5元提高到15.5

元。他关心女同学健康，建了专门的女生食堂；并根据女生的生理特点，在女生宿舍的厕所里增加了厕位。他说：“这些女学生不仅要培养成为红色工程师，将来她们还是母亲，我们共和国的母亲，她们的健康状况直接影响到我们的子孙后代。”和基层的同学们打成一片是蒋校长做事的一贯风格。很多老校友都能回忆起当年和蒋南翔校长在一起的生动场景，让他们津津乐道、难以忘怀。

蒋南翔对清华毕业生也寄予了深厚的期望。他告诫毕业生，“从根本上说，不是人选择好工作，而是工作选择人”；“能够当好领导，还要当好被领导；要能当好主角，还要能当好配角”；“不要去推销‘清华香肠’”，从长者的视角、哲学的高度，要求毕业生处理好个人与其他人的关系，个人与组织的关系，个人与社会的关系，使毕业生终身受益。在蒋南翔校长给1958年毕业同学的毕业赠语中，他满怀深情写道：“祝你们高举红旗，奋勇前进，在伟大的中国共产党的领导下，作一个不屈不挠的红色战士——光荣的共产主义的播种者！”

仔细梳理蒋南翔提出的“又红又专、全面发展”育人理念并考虑其时代意义，我们可以做出如下概括：“红”的内核是要坚持正确的政治方向，要求学生在思想政治上“上三个台阶”，即爱国主义、社会主义和共产主义，每个台阶有不同要求，各按步伐、共同前进。当然，对学生的思想政治要求，不仅仅是政治方向上的，也包括道德修养、待人接物方面的要求，要积极引导青年学子成为重品行、敢担当的谦谦君子。“专”是指要掌握先进的、专业化的科学技术知识，不仅有“面包”还要掌握“猎枪”，理论联系实际，培养发现问题、分析问题和解决实际问题的本领。“全面发展”是将全面发展作为个性专长发展的基础，避免“短板效应”、突出“竹竿效应”，鼓励个性的健康发展，使不拘一格的人才脱颖而出。

今天我们纪念蒋南翔老校长，最为重要的是要继承和发扬“又红又专、全面发展”的教书育人特色，坚持把立德树人作为学校的中心任务，善于把学校办学各方面优势转化为人才培养的优势，坚持扎根中国大地，建设世界一流大学。要进一步深入学习贯彻党的二十大精神和学校第十五次党代会精神，更加深刻领会“科技、人才、创新”在民族复兴、强国建设中的基础性、战略性支撑作用，强化“旗帜”“标杆”意识，弘扬“严谨、勤奋、求实、创新”的学风，深化教育教学改革，创新发展思政课程、课程思政、导学思政等新时期学生思想政治教育，致力于培养可堪大任、能负重任的时代新人。

蒋南翔作为一位集政治家、教育家、哲学家于一身的领导者，其教育思想始终闪耀着辩证唯物主义的思想光芒。老校长已经离开我们35年了，时过境迁，如今学校的内外部的办学环境还有师生特点都发生了巨大变化，这要求我们要准确把握“变”与“不变”的关系，坚持守正创新、锐意进取。作为清华的一名教育工作者，亲眼见证、亲身参与建设中国特色、世界一流大学的伟大事业是一种莫大的光荣和幸福。前辈们已经跑出好成绩，我们要接过接力棒，继续奋力跑下去。这就是对蒋南翔老校长最好的怀念。

作者简介：欧阳沁，1995年考入清华大学热能工程系，先后获工学学士、工学博士学位。曾任清华大学党委组织部副部长、校机关党委常务副书记、社会科学学院党委书记。现任首都经济贸易大学党委副书记，研究员。

服务国家需求，培养又红又专的建设者

——蒋南翔的人才培养观

李锋亮

党的二十大报告指出："教育是国之大计、党之大计。培养什么人、怎样培养人、为谁培养人是教育的根本问题。育人的根本在于立德。全面贯彻党的教育方针，落实立德树人根本任务，培养德智体美劳全面发展的社会主义建设者和接班人。"

清华大学作为"我国高等教育的一面旗帜"，一直注重"全面贯彻党的教育方针"。新中国成立伊始，蒋南翔就将清华的办学目标定位为国家和社会发展服务。本文将梳理蒋南翔在"培养国家急需的人才"和"培养又红又专的建设者和接班人"方面的人才培养观。

一、教学、科研、生产三结合，培养国家急需的人才

蒋南翔坚持教育的社会功能与本体功能的辩证统一。对于大学功能和目标的认识，蒋南翔围绕大学培养什么人、怎样培养人的问题，提出培养适应国家建设实际需要的人才。

蒋南翔任清华校长时，中国的大学正处在重要的转型期，一方面是由旧大学向社会主义新型大学转变；另一方面由于国家百废待兴，对大学人才培养、科学研究和社会服务都提出前所未有的迫切要求。为有力支撑新中国的工业化建设，为培养有利于国家工业化发展急需的科技人才，他亲赴东北实地考察，了解大规模经济建设对高级专门

人才的需要。在了解国家建设需要的基础上，蒋南翔带领清华以理论与实践相结合为突破口，进行了一系列“教育革命”。范围包括学校管理体制、教学计划、教学方法、教学内容等方面。

蒋南翔认为高校既是教育中心，又是科学研究中心，教学工作和科学研究工作的正确结合是保证清华工作正确开展的关键，这样才能既提高人才培养质量又能使得培养的高级专门人才为国所用。①为此，他将科学研究设定为提高教学水平的主要途径之一，让科学研究依靠教学工作来不断训练和提高后备队伍。②他认为教学与科学研究二者绝非对立关系，而是相互促进、相辅相成的。③蒋南翔大力发展科学研究，推动清华教育科学研究的开展和理论水平的提高，极大地提高了清华高质量和拔尖创新人才的培养水平。

在教学与科研正确结合的基础上，蒋南翔要求教学、科研、生产三结合为社会服务。1958年，在国务院提出“教育为无产阶级政治服务，教育与生产劳动相结合”的工作方针后，蒋南翔将之具体化为“教学、科研、生产三结合”思想。在课程设置上，他有计划地安排一系列实践性质的教学内容，把生产实习等实践环节纳入教学计划中，克服旧中国大学里教育与生产完全脱节的弊端。在学生进校伊始，他就告诫学生：清华大学重视工程师的基本训练。不仅要在理论上打好基础，把基本技能打好，而且要有实际能力综合训练，通过课程设计和毕业设计来培养独立工作能力和先进的工程技术。学生必须具备分析和解决实际问题的能力，才能在毕业后独立学习、独立工作、创造性地解决问题，才能不怕改行、不怕跨行。④他还在《红旗》杂志上发表了论述教育与生产实践相结合的署名文章，特别强调了理论与实践相结合的理论意义和实践意义。

---

① 中国高等教育学会，清华大学. 蒋南翔文集（上）[M]. 北京：清华大学出版社，1998：630-631.

② 胡显章. 学习善于哲学思维的马克思主义教育家蒋南翔[J]. 清华大学教育研究，2013，34（06）：5-9+29.

③ 张洪. 刍议蒋南翔对高等教育思想的践行[J]. 兰台世界，2015（07）：60-61.

④ 吴丹. 解读蒋南翔教育思想[J]. 清华大学教育研究，2007（05），16.

他在教学计划中明确规定教学实习和生产实习环节，要求学生以工矿企业和农业部门为实习基地。该措施打开了学校通往工厂、农村等生产劳动部门的大门，让学生不做书本的奴隶，活学活用书本知识，并培养学生的工农感情、劳动习惯、价值观念。①1958年7月，蒋南翔正式提出“把清华大学建成为先进的教学、科学研究、生产的联合基地”。他组织水利系、机械系等紧密结合国民经济建设的需要，接受实际生产任务；工程物理系实施教学、生产与发展高新技术专业及学科建设结合起来，组织师生参加建系、建实验室的专业劳动。蒋南翔根据水利系提出的“毕业设计”要真刀真枪进行的倡议，马上组织建筑、机械、土木、电机等系师生进行支援。他一改以往“纸上谈兵式”的毕业设计，积极总结水利系“毕业设计”经验，并逐步在全校范围内推广。

在1960年全国53所工业院校负责人都参加的专题大会上，蒋南翔概括“真刀真枪做毕业设计是教学、科研、生产的结合点”后，“真刀真枪”的毕业设计在全国迅速推广，到1965年真刀真枪做毕业设计的毕业生占毕业生总数95%。直到今天，“真刀真枪做毕业设计”仍然作为我国高等教育教学中的一个重要形式被继承下来，并且日趋完善合理。②

从国际比较视野看，蒋南翔在处理教学、科研和生产的关系问题上也具有进步性。美国20世纪迅速发展的顶尖高校办学治校方针的许多理念与蒋南翔的举措具有相似性，体现出教学、科研、生产的结合。两次世界大战凸显科学研究的威力后，科研在美国研究型大学中不断制度化和专业化，越来越强调专门化研究，寻求制度上的突破和创新。

可见，蒋南翔以育人为本，教学、科研、生产劳动辩证统一的宗旨是和国际高等教育先进经验有一致性的同时也有适合国情的独创

① 安洪溪. 蒋南翔理论联系实际教育思想在清华的实践[J]. 清华大学教育研究，1999（03）：5-10.

② 安洪溪. 蒋南翔理论联系实际教育思想在清华的实践[J]. 清华大学教育研究，1999（03）：5-10.

性。而他在中国的办学经验，关于办一流大学、培养一流人才的主张，更是回答了大学是做什么的、办怎样的大学的问题。在教学、科研、生产劳动相结合思想的指引下，清华科研工作逐渐在20世纪后期形成了“一个主体两个侧翼”的指导思想，一个主体就是面向经济建设主战场的应用研究，两个侧翼是基础研究和开发研究。清华的教学、科研为经济和社会发展服务无论在层次、领域还是广度都获得了巨大的拓展，在国家和社会中的地位与影响力不断增强。

二、因材施教，培养又红又专的建设者和接班人

蒋南翔用政治家的眼光站在党和国家事业全局立场上思考教育功能的定位。他将新型的教育视为改造社会的有力手段，提出教育应当通过培养的又红又专的社会主义和共产主义新人，为完善和发展社会主义制度服务。①蒋南翔要求明确教育的阶级属性、社会主义和资本主义教育的分界线，社会主义教育的目的是培养有理想、有道德、有文化、有纪律、能够为人民服务的社会主义新一代。②

他旗帜鲜明地针对主张教育“西化”的论调指出：办教育不同于办工厂。工厂设备和技术可以引进，因为这些没有阶级性，高校具有上层建筑的性质，培养的学生有为谁服务的问题。③他从国家需要出发确定人才培养定位，要求我国高校培养的学生应全心全意为人民服务。④他结合新中国大规模工业建设实际，提出清华应成为“红色工程师的摇篮”，并强调红色工程师首先是社会主义建设者，然后才是工程师。他告诫清华的毕业生，应当首先根据人民的需要来考虑自己的工作问题，把自己所学的知识用之于人民，更有效地为人民服务。

蒋南翔认为清华培养对祖国有用的优秀社会主义人才必须具备

① 吴畏. 蒋南翔教育思想和实践简析[J]. 教育研究，1998（12）：36.

② 张洪. 刍议蒋南翔对高等教育思想的践行[J]. 兰台世界，2015（07）：60-61.

③ 周远清. 坚持教育的社会主义方向——在纪念蒋南翔同志诞辰90周年学术研讨会上的讲话[J]. 中国高教研究，2004（02）：1-2.

④ 顾淑霞，陈超群. 蒋南翔留给清华的无尽财富[J]. 北京教育（高教），2014（01）：58-61.

三项基本素质：良好的政治表现、扎实的专业素养、优秀的组织领导能力。他在清华坚持又红又专、全面发展，强调道德修养与知识技能并重，政治觉悟和学术卓越的融合，反对“以红代专”“先红后专”“先专后红”的错误思想。他认为教育和政治的关系是辩证统一的，必须加强党对高校的领导，坚持德育首位的战略思想，做好思想政治教育。蒋南翔提出，学校思想教育的目的，主要在于培养青年学生的唯物主义世界观和历史观，他带领清华大学最早把马列主义作为大学生必修课列入教学计划。①

蒋南翔一方面把培养学生成为“又红又专、全面发展”的人才作为学校的中心任务；另一方面支持对有特长的学生实行因材施教，建立业务、政治和文艺体育代表队。对业务拔尖的学生，安排导师，单独制订教学计划，重点培养。②

他将德育作为系统工程，动员和发挥各方面的教育力量，要求培养教师队伍、政治工作队伍和后勤工作队伍这三支队伍在人才培养过程中发挥各自的作用。在此基础上，他创造性地建设政治、业务“双肩挑”的政治辅导员队伍，选拔思想政治觉悟高、学习成绩优良的高年级学生中的党、团员做学生的辅导员，“半脱产”做同学的政治思想工作，并延长一年毕业，让他们在学习上不受损失完成学业，同时政治上也得到更多的锻炼。他认为这一部分人将来一定会成为我们国家各方面建设的骨干，既能做业务工作，又能做政治工作。

蒋南翔在加强思想政治工作方面，不断扩大思想政治理论课教师队伍，提倡团结百分之百教师，将正规的思想政治理论课作为对学生进行思想政治教育的主渠道。他首创的政治辅导员制度成为中国社会主义教育制度的伟大创举。③此外，蒋南翔还要求学校党组织发展党员必须又红又专，既有先进觉悟，又有知识有文化有特长，这样党的先

① 纪念蒋南翔100周年诞辰座谈会发言摘编[N]. 中国教育报，2013-11-06（008）.

② 纪念蒋南翔100周年诞辰座谈会发言摘编[N]. 中国教育报，2013-11-06（008）.

③ 方惠坚. 践行蒋南翔教育思想培养更多的优秀人才[N]. 新清华，2013-11-08（005）.

进性才能得以体现和保证。

实践表明，蒋南翔引导学生全面自由发展取得显著成效。清华的政治辅导员、体育代表队、文艺社团在学校人才培养中起了积极作用，培养了一批尖子生。这些优秀人才在之后的工作岗位上，不仅包括科学、技术创新和创造性应用方面，而且也包括在管理、文化创新等方面，做出了优异的成绩和贡献。①

蒋南翔的又红又专人才培养理念，聚焦于研究实践和学术氛围的思政教育阵地，根据高年级和研究生的教育特点，统筹教学、科研、实践、实习等各环节，潜移默化地在研究生培养中植入思政元素。

三、总结

蒋南翔是中国特色社会主义教育实践的重要开拓者和卓越领导者，他的教育思想涵盖了教育本质、人才培养、教职工队伍建设、学科建设、思想政治教育等多方面理念。他牢固确立人才培养的中心地位，实行教学、科研、生产的三结合，组织“真刀真枪”的毕业设计，首创“双肩挑”政治辅导员制度，培养“又红又专”人才，反对理工分家，发展高新技术，要求德智体全面发展，提升学生服务国家服务人民的社会责任感，始终把大学命运与国家发展紧密相连。

他的教育思想深刻地反映了社会发展的客观要求与教育教学的规律，他的人才培养观在当今社会依然具有深远的影响。在他看来，一个国家的强盛与否，与其能否培养出一大批“国之大者”息息相关。因此，教育应当紧扣国家的发展战略和社会的实际需求，培养能够为国家发展作出贡献的人才。这一点，对于今天的教育界而言，仍然是一个值得深思和实践的课题。

蒋南翔强调，一个合格的建设者不仅要有深厚的专业知识，更要

① 檀慧玲. 蒋南翔拔尖创新人才培养思想研究[J]. 河北师范大学学报（教育科学版），2013，15（11）：59-64.

有为社会主义事业服务的决心和热情。这种双重要求实际上是对人才培养提出了更高的标准，即在确保政治素质的基础上，还要注重专业技能的培养，使受教育者成为既有理想信念又有实际能力的复合型人才。他的理念至今仍对我国的教育改革和发展产生着积极的影响，特别是在国际形势错综复杂的背景下，为实现中华民族的伟大复兴，培养又红又专的建设者和接班人的重要性历久弥新。

作者简介：李锋亮，清华大学教育研究院副院长，教授。

传承蒋南翔教育思想，以高质量党建引领高质量发展①

白本锋

蒋南翔校长是杰出的马克思主义政治家和教育家，为探索中国特色社会主义大学建设道路作出了重大贡献。他非常重视高校建设中加强党的领导和党的建设，始终强调“加强党的领导和坚持马列主义方向是办好社会主义大学的关键”，强调大学教育为人民、为社会主义服务的根本立场。

进入新时代，党中央对一流大学建设和科技创新工作提出了更高的要求。精仪系始终坚持国家为先、人民至上的价值取向，胸怀“国之大者”，把服务国家战略需求作为最高追求，积极探索工科有组织科研模式创新，为高水平科技自立自强贡献力量。在这一过程中，精仪系党委带领全体师生应对挑战，积极探索党建引领学科建设的新方法，很多做法深深体现了对蒋南翔教育思想的传承和发展。

一是坚持“又红又专”的传统，把党支部建在科研团队上，形成党支部和团队有机融合的“双螺旋”。通过对精仪系优秀党支部调研发现，凡是工作成绩突出的党支部，都建在对应的大团队上，即“一团队一支部”的模式。然而，在推进有组织科研转型中，原有的基于研究所的党支部设置方式与大团队不再对应，党的领导出现弱化现象。针对这一情况，精仪系党委除了继续加强部分团队已有党支部

① 本文系作者于2023年11月10日在纪念蒋南翔同志诞辰110周年座谈会上的发言。

的建设，还探索在没有党组织的大团队中建设功能型党支部，在全校率先创建了第一个建在工科大团队上的功能型党支部“纳米光学课题组党支部”，之后又推广经验，在类脑团队和生物医学团队也建立了功能型党支部。这些党支部成立以来，充分发挥了把方向、管大局、聚人心的政治作用，打造了团队党政核心“不漏气的发动机”，并发挥了党组织教育党员、团结师生、组织攻关的重要作用。团队将思想建设摆在首位，师生共同研学，提升思想认识水平，形成导学相长、教研互促的生动党建新局面；在急难险重的任务面前，师生党员亮身份、做表率，带头迎难而上，自觉将国家需求、团队目标和个人发展紧密结合，充分发挥党组织的战斗堡垒作用。

二是始终坚持“从政治上看问题”和“唯实求是”的作风，将党组织的领导作用充分体现在对团队重大科研方向的把握和重大科研任务的组织中。在大团队建设中，党组织充分发挥把握方向、凝聚人心、组织动员的关键作用。通过加强党支部建设，团队负责人和核心成员不断提升政治站位和战略判断能力，敏锐捕捉到国家急需的重点领域和学科发展的前沿方向，做出前瞻性的战略判断，做到团队发展始终与国家重大战略需求同频共振、同向同行；同时，党组织在重大科研任务实施中充分发挥协调各方、动员组织的作用，确保重大攻关任务的如期完成。

三是探索新时代“两种人会师”的新模式，充分发挥党组织的政治引领作用，团结凝聚广大师生同心奋斗。党的领导还体现在团结一切可以团结的力量，即蒋南翔同志提出的“团结百分之百”“各按步伐，共同前进”理念。精仪系党委高度重视对非党员学科带头人和科研骨干的政治关怀，支持帮助他们的成长。2023年新认定5名学科带头人为无党派人士，将他们紧紧团结在党的周围；党组织和党员在各项急难险重任务中充分发挥引领作用，如新冠疫情防控期间成立了多支党员突击队，带领广大师生奔赴防控一线，涌现出一大批典型人物和感人事迹；系党委还高度重视系关工小组和离退休党支部建设，离退休教师在团队建设、精神传承、科研咨询、人才培养等方面发挥了不可替代的重要作用。

这些工作有力推进了精仪系的有组织科研顺利转型，各团队在承担国家重大任务、科研成果产出等方面都取得“井喷式”发展。例如，2019年以来各团队发表的高水平论文数激增，其中发表在*Nature*、*Science*及其子刊上的论文多达17篇（之前历史上为0）；进系科研经费、获授权发明专利数、科研成果转化总额都比之前成倍增长。此外，精仪系党委还在构建国家战略科技力量、推进工科大平台建设等方面加强战略部署，充分发挥了统领作用，取得了显著成绩。

我们体会到，虽然时代一直在发展变化，但蒋南翔教育思想历久弥新，不断焕发出新的力量，就是因为它深刻洞察和把握了高等教育规律且经受住了时间检验，从而不断与时俱进，是清华大学办学治校的灵魂。我们要努力做蒋南翔教育思想的实践者和传承者，将其发扬光大，加快推进一流学科建设和一流人才培养，为中华民族复兴伟业作出更大贡献。

作者简介：白本锋，1997年考入清华大学精密仪器与机械学系，先后获工学学士、工学博士学位。撰文时任清华大学精密仪器系党委书记，现任清华大学党委副书记、副校长。

向蒋南翔学习党的思想方法、领导方法、工作方法

凌　云

蒋南翔同志是无产阶级革命家、马克思主义教育家、我国青年运动的著名领导者，是新中国高等教育的主要奠基人之一。他担任清华大学校长14年期间同时担任党委书记10年，以富有创造性的教育思想和唯实求是的政治品格，带领清华大学实现了向社会主义大学的成功转型，树立了鲜明的人才培养特色，为党和人民培养了一大批学术大师、兴业英才、治国人才，为开拓中国特色社会主义教育发展道路作出了卓越贡献。

今天，我们纪念蒋南翔，不仅要学习他的教育智慧和精神品质，更要学习他的思想方法、领导方法、工作方法。方法是我们实现目标的现实路径，也是完成任务的必要手段。要实现具有政治意义的目标、完成具有政治性的任务，就必须掌握具有政治性的方法。蒋南翔精准地掌握了党的思想方法、领导方法、工作方法，并将其深入而灵活地运用在清华大学的办学实践中，为党积累了领导社会主义大学、办好社会主义高等教育的宝贵经验。

一、坚持实事求是的思想方法

习近平总书记指出，实事求是，是马克思主义的根本观点，是中国共产党人认识世界、改造世界的根本要求，是我们党的基本思想方法、工作方法、领导方法。

坚持实事求是，就是要从实际情况出发，探求事物的发展规律。这种规律是客观事物固有的，而不是人主观臆造的。实事求是的态度是党性的表现，是马克思主义学风的体现。毛泽东同志在《改造我们的学习》中指出，“共产党领导机关的基本任务，就在于了解情况和掌握政策两件大事，前一件事就是所谓认识世界，后一件事就是所谓改造世界”，“没有调查就没有发言权，夸夸其谈地乱说一顿和一二三四的现象罗列，都是无用的”。

蒋南翔在主持清华工作的14年中，将实事求是的思想方法贯穿于办学治校的始终，运用于清华工作的方方面面。他在1952年11月受命担任清华大学校长后，没有立即赴任，而是带队到东北考察，全面了解新中国工业化建设对高级专门人才培养的要求。他用“三阶段、两点论”一分为二地分析清华不同发展阶段的特点，强调对每个阶段的成绩都要予以肯定、对缺点都要加以克服。针对当时在学习苏联教育制度的过程中产生的教条主义倾向，他鲜明地提出必须正确学习苏联经验，将苏联经验与中国实际相结合；同时也要虚心地学习英美等资本主义国家的有益经验，批判地加以吸收。他指出，对于老清华的好传统要善于继承，只有善于继承，才能更好地发展；同时要敢于超越，开创我们自己新的道路。他注重遵循学科发展规律，指出“工科和理科是有密切联系的，当代最新的技术科学都需要坚实的理论基础”，“兼办理科与工科，未尝没有好处”，积极推进理工结合，敏锐地抓住国家经济建设、国防建设对尖端科学技术发展的迫切需要，战略性地部署了一批应用理科，极大地促进了清华工科的发展，也为改革开放后清华理科的复建奠定了坚实的基础。面对“大跃进”中的浮夸风，他要求干部要从实际出发，独立思考，不要人云亦云，指出“在别人头脑发热时，我们要冷一些；当别人发冷时，我们要热一些”。他既主张要发挥主观能动性、积极主动适应环境，又强调要划清主观能动性与主观主义的界限，反对不顾客观条件的冒进和停滞不前的保守。“文革”中，他据理驳斥迟群等人炮制的以偏概全、不切实际的所谓教育经验，强调“彻底的唯物主义者是无所畏惧的，一定要实事求是”。

习近平总书记指出，坚持实事求是不是一劳永逸的，在一个时间一个地点做到了实事求是，并不等于在另外的时间另外的地点也能做到实事求是，在一个时间一个地点坚持实事求是得出的结论、取得的经验，并不等于在变化了的另外的时间另外的地点也能够适用。

我们要向蒋南翔同志学习，努力做到时时处处坚持实事求是、坚持一切从实际出发，对世情、党情、国情、校情有正确而清醒的认识，全面客观地分析工作中的机遇和挑战、成绩和问题，辩证地看待历史经验和历史局限，敢于坚持真理、修正错误，及时纠正偏差、化解矛盾，依靠正确的见解领导群众，依靠正确的见解勇于担当。

二、用好马克思主义的科学的领导方法

毛泽东在《关于领导方法的若干问题》中指出，“我们共产党人无论进行何项工作，有两个方法是必须采用的，一是一般和个别相结合，二是领导和群众相结合”，同时强调“在任何一个地区内，不能同时有许多中心工作，在一定时间内只能有一个中心工作”。两个“结合”、一个“中心”高度概括了我们党的领导方法。

毛泽东认为，一般号召和个别指导相结合、领导和群众相结合，是马克思主义的科学的领导方法，是能够克服主观主义和官僚主义的领导方法。如果没有一般号召，就不能动员广大群众行动起来；而如果只有一般号召、没有个别指导，就无法取得具体经验。如果只有领导骨干的积极性，而无广大群众的积极性相结合，那便是少数人的空忙；如果只有广大群众的积极性，而无有力的领导骨干去恰当地组织群众的积极性，那么群众的积极性既不可能持久，也不可能走向正确的方向和有所提高。主观主义和官僚主义问题，恰恰就是脱离群众、不善于总结群众经验、空发议论而不切实际的表现，就是不善于在一般号召之后进行个别指导，导致号召仅仅停留在口头上、纸面上、会

议上而无法落实。

蒋南翔在工作中非常注重将一般号召与个别指导紧密结合。他将党的教育方针贯彻落实在清华办学实践中，提出了又红又专、全面发展的教育理念。在提出这样的一般号召后，他以建好政治、业务、文体“三支代表队”为抓手加强个别指导，通过因材施教实现殊途同归。可以说，“三支代表队”从不同的角度实现了对又红又专、全面发展内涵的具体化、人格化阐释，使又红又专、全面发展的要求在不同的学生群体中得到有效落实。蒋南翔推动创立“双肩挑”政治辅导员制度，选拔学生中政治素质过硬、学习成绩优秀、综合能力突出的优秀代表，让他们一肩挑学生思想政治工作，一肩挑自己的业务学习，树立了“两个肩膀挑担子”的榜样。这样一批政治上、业务上的骨干，就学习工作在群众身边，不仅向群众证明了红与专、政治与业务可以实现高度统一，还可以十分自然地把思想政治工作与教学、科研等日常工作结合起来做，产生了非常好的示范带动作用。

蒋南翔在清华任职期间，还在一段时间内先后兼任了北京市委、教育部、高教部的领导职务，这使得他既有宏观视角又有基层经验，能够把很多在清华这块“试验田”中探索、检验、积累的好经验好做法，上升到更高的层面加以推广实施。1961年，兼任教育部副部长的蒋南翔主持起草《教育部直属高等学校暂行工作条例》（以下简称《高校六十条》）。《高校六十条》全面总结了1958年以来高等教育战线落实党的教育方针、积极探索自主办学道路的初步成果，凝练了经验，也分析了问题，被毛泽东称为“总算有了自己的东西”。《高校六十条》中，能看到许多清华做法的影子。比如，蒋南翔在清华积极倡导并推动结合社会生产实际“真刀真枪做毕业设计”；考虑到全国高校的多样性，《高校六十条》提出“毕业设计在可能的条件下，应该结合生产实际，选择现实的题目，同时也可以做假拟的题目”。清华建立政治辅导员制度的经验被写入了《高校六十条》：“为了加强思想政治工作，在一、二年级设政治辅导员或者班主任，从专职的党政干部、政治理论课教师和其他青年教师中挑选有一定政治工作经验的人担任。”蒋南翔充分运用一般号召与个别指导相结合的领导方法，将党的教育方针紧密结合清华办学实践加以贯彻，又从清华实践中提炼正确经验，上升为全国高校可落实的一般性要求加以推广，形成了对高等教育办学的普遍指导。

在党的领导方法中，很重要的一条是抓住中心工作，即依照每一具体地区的历史条件和环境条件，正确地决定每一时期的工作重心和工作秩序，并把这种决定坚持地贯彻下去。毛泽东称之为“一种领导艺术”。准确地把握一个阶段的中心工作，是把两点论与重点论有机结合的科学做法，有利于抓住主要矛盾，明确主攻方向，推动工作向着正确的方向稳步前进。

抓住中心工作离不开实事求是的思想方法，离不开对具体历史条件、环境条件的正确分析。蒋南翔对清华大学的中心工作始终都有非常准确而清醒的认识。在来校工作三个月的一份向上级的报告中，他明确写道：“在院系调整以后，清华大学的中心工作，是要进一步深入教育改革和学习苏联经验，来实现为国家培养工程师及高等工业学校师资的任务。”正因为学校的中心工作是培养人，所以蒋南翔多次强调清华党组织不仅要在一般政治性的活动中发挥作用，而且必须在经常的教学工作中发挥作用，要加强党在整个学校工作中的领导作用。他深入分析了解放前、解放初期和院系调整后学校政治思想教育和业务学习之间关系的变化，指出“政治思想教育和业务学习，由对立、分离而到结合，乃是一个必然的趋势”，提出“应该逐渐地在各项课程中贯穿马克思列宁主义的思想观点，使学生通过课程学习，受到更深入的马克思列宁主义的教育”。正如我们现在所强调的加强党对学校的全面领导、推动党建与业务深度融合、深入推进课程思政，其根本原因就在于党的领导要与学校中心工作紧密结合。

要把中心工作从众多同时推进的工作中突出出来，就必须辩证地分析各项工作轻重缓急，把握好主次关系。蒋南翔用小政治与大政治阐释政治活动与教学工作的关系，指出学校最大的政治任务是“要保证学生既有高度的政治觉悟，又完成了学习任务，有高度的业务水平和健康的身体”，社会工作、政治活动是小政治，如果搞得很多、妨碍教学计划的进行，或者使教学工作完成得不好，那就没有完成大政治任务。在贯彻党中央“教育必须与生产劳动相结合”的方针、推进教学改革的过程中，清华大学开创了“教学、科研、生产三结合”的教育模式。蒋南翔理性地指出，教学、科研、生产可以有三种不同的结合方式，分别是以学为主、以生产为主和以科研为主，三者各有不同的重点、不同的主从关系、不同的实际效果，是有原则区别的。清华大学所要求的三结合应当是以学为主，校办工厂是以服从和服务于学校的教学和科学研究的需要为前提的。蒋南翔多次强调，方向和质量是办高等教育必须优先考虑和解决的两个根本性问题，方向是解决为谁服务的问题，质量是解决怎样更好地为人民、为社会主义建设服务的问题。他主张应当在保证质量的前提下积极发展数量，因为没有质量的数量是虚假的数量，盲目追求虚假的数量将造成巨大浪费，并留下各种后遗症。

我们向蒋南翔学习科学的领导方法，就是要坚守职责使命、聚焦主要矛盾，把更多的精力投入在主责主业上，坚持红与专的统一，坚持政治与业务的深度融合；就是要抓住中心工作、注重点面结合，坚持基层出经验、基层出政策，既要提要求，也要抓落实，既要加强顶层设计，也要学会解剖麻雀，实现由一般到个别再到一般的波浪式前进。

三、掌握善于团结的群众工作方法

群众工作是党的一项根本性、基础性工作。习近平总书记指出，群众工作是我们的看家本领，我们党靠群众工作起家，同样要靠群众工作实现长期执政。

我们党在长期奋斗中积累了丰富的群众工作经验，创造了行之有效的群众工作方法，其中尤为突出的特点是善于团结。团结源于党的群众观点，源于党同人民群众的血肉联系。我们党把全心全意为人民服务作为根本宗旨，并以此为一切行动的根本出发点和落脚点，把密切联系群众视为党的最大政治优势，把脱离群众视为党执政后的最大危险。毛泽东在《工作方法六十条（草案）》中指出，要以真正平等的态度对待干部和群众，“必须使人感到人们互相间的关系确实是平等的，使人感到你的心是交给他的”，“任何人不论官有多大，在人民中间都要以一个普通劳动者的姿态出现”。毛泽东强调，对待人民内部矛盾，采用的方法不是压服而是说服。在《党委会的工作方法》中，毛泽东也强调“不仅要善于团结和自己意见相同的同志，而且要善于团结和自己意见不同的同志一道工作”，对于犯过很大错误的人，不要嫌弃，要准备和他们一道工作。

蒋南翔在年轻时就投身革命，具有丰富的青年运动经验。到清华工作后，他广泛团结师生员工，在正确落实党的知识分子政策过程中，创造了一系列好方法好经验。他对老教师给予充分的尊重，多次讲高等学校最宝贵的财富，不是巍峨的高楼大厦和贵重的仪器设备，而是富有科学知识和教学经验的教师，办好高等学校一定要充分发挥老教师的作用。他把当时清华教师中有副教授职称以上的108位教师称为“一百单八将”，称他们是学校的稳定因素，强调对老教师不是团结多数或团结少数的问题，要团结全体、团结百分之百。还多次对学校干部讲，用人不能有“洁癖”，要有团结百分之百的胸怀。同时他也强调，团结百分之百不是无原则的团结，不是表面的客气或虚伪的敷衍，不是市侩的拉拉扯扯、庸俗的一团和气，而是正确地建立在马列主义思想基础上的团结，并不是要求老教师都成为马克思主义者，但一定要向着马克思主义者的方向前进。蒋南翔认为学校组织老教师进行政治学习的“神仙会”是个很好的经验，“不抓辫子，不扣帽子，不打棍子，自己提出问题，自己分析问题，自己解决问题”。在坚持正确方向的前提下，创造适当宽松的环境，让知识分子进行自我教育，实际上是充分调动了群众的积极性，使党的正确主张变成了群众的自觉行动，这不仅使党的要求得到有效落实，还让党赢得群众真心的拥护和支持。

蒋南翔非常注重有针对性地开展群众工作。他提出“两种人会师”的主张，要求党员教师努力提高学术水平，帮助非党员的教授、副教授提高政治思想觉悟，使两种人在又红又专的方向上共同前进、实现会师。他注重发挥老教师中积极分子的带动作用，介绍刘仙洲教授入党，提出“共产党是先进科学家的光荣归宿”。在这样的影响带动下，张维、张光斗、张子高、梁思成等教授、科学家陆续加入中国共产党，成为“又红又专”的学术带头人。到20世纪80年代，清华大学在职教师中的中国科学院学部委员（后称院士）80%以上是中国共产党党员，为青年教师和学生树立了“又红又专”的榜样。蒋南翔多次强调“各按步伐、共同前进”，指出希望大家进步，但步伐不能要求一律，无论在身体健康方面、业务方面、政治方面，都有一个各按步伐的问题，有各按步伐，才有心情舒畅，有团结。他坚持工作中要有民主作风、群众路线作风，强调信任群众是工作的出发点，既然信任群众那就只能用民主说服的态度，不能用压服的态度。他生动地说：“所谓压服，没有一个是服的，结果是一个不服。”用说服的态度开展工作，才能使大家更好地团结一致共同奋斗、共同进步。他多次叮嘱毕业生，要谦虚谨慎，“不要有推广‘清华香肠’的想法”。要求毕业生到了工作岗位以后，不要有大学生的优越感，尤其不要有清华毕业生的优越感，要能当主角，也能当配角；能当领导，也能被领导，真正和群众打成一片。

蒋南翔同志的群众工作方法，对我们今天开展工作依然具有深刻的启示意义。我们要牢固树立党的群众观点，时刻不忘党的根本宗旨，扎实践行党的群众路线，发自内心地尊重群众、信任群众，把自己真正视为人民群众中的普通一员，真诚平等地对待身边每一个人，团结争取每一份力，坚持从群众中来、到群众中去，坚持各按步伐、共同前进，不断增强做群众工作的能力本领和耐心韧劲。

2023年是蒋南翔同志诞辰110周年，也是他逝世35周年。今天的中国已经迈上了加快建设教育强国的新征程，今天的清华大学正加快迈向世界一流大学前列。在这条我们引以为豪的中国特色社会主义教育发展道路上，蒋南翔是具有远见卓识的开拓者，他高超运用党的思想方法、领导方法、工作方法，把党的教育方针坚定不移而又富有创造性地运用在办学实践中，无愧为“政治家办教育的典范”。这也启示我们，出经验、出示范不是推销“清华香肠”，而是要与时俱进地把党的要求与不断变化的发展条件紧密结合，善于解决新问题、勇于创造新经验，发挥好引领示范的作用，把“我国高等教育的一面旗帜”打得更稳、举得更高。

作者简介：凌云，2002年考入清华大学新闻与传播学院，先后获文学学士、文学硕士、文学博士学位。清华大学机关党委副书记。

又红又专、全面发展

——“双肩挑”政治辅导员制度所带给我的

吕子亮

自从我2018年在清华园开始研究生学习以来，“双肩挑”政治辅导员的光荣身份便伴随着我直到博士毕业，对我的价值观念和人生选择产生了深远的正面影响，而这都得益于蒋南翔校长于1953年创立的“双肩挑”政治辅导员制度。历经70年风雨洗礼，尽管高校思想政治教育工作和人才培养工作面临着新形势、新问题、新机遇，但“双肩挑”政治辅导员制度及其背后所蕴含的“又红又专、全面发展”教育理念在新时代仍然历久弥新、生机勃勃。我自己亦是结合所在辅导员岗位的实际情况，不断从蒋南翔校长的教育思想和辅导员群体先进经验中汲取精神力量、把握客观规律、借鉴工作方法，以“双肩挑，两促进”为目标，在全心全意服务同学成长成才的过程中提升自身、坚定理想。在清华园里作为辅导员的每一个日出与深夜，是我一生铭记的青春记忆。

一、用唯物辩证的方法开展集体建设工作

唯物辩证法作为马克思主义哲学的核心组成部分，是在知识和科技持续变革背景下，保持客观全面深入地观察事物、分析解决问题能力的根本方法。蒋南翔校长便是自觉使用矛盾分析法处理各种矛盾的典范，他对如何正确处理高等教育方向和质量两个根本性问题等方面

提出了一系列深刻见解，尤其是“根据学生的具体情况进行教育”的理念对我有很大启发。

在担任研究生带班辅导员的四年中，我经历了三个情况完全不同的研究生集体。第一个集体是低年级集体，由刚入学的博士新生组成（经博18）；第二个集体是中年级博士班，同学普遍面临科研压力、受到新冠疫情影响（经博19）；第三个集体是高年级集体，35名博士“全员延毕、原因各异”（经博16）。集体所处阶段不同、同学成长需求分化，集体建设的目标和挑战也在改变，因此更需要辩证分析集体建设的矛盾症结所在，精准实现“因班施策”。担任经博18带班辅导员期间，我和班委细致开展调研、深入了解新生需求，科学制订学期工作计划。针对新生集体凝聚力不强的痛点，我组织“党群1+1小饭桌”，通过聚餐强化不同系别同学之间的联系，先后有200余人次参与，许多新生表示“大家一起吐槽学业科研压力，似乎一整周的烦恼事都逐渐消散了”。负责经博19带班工作期间，一方面为帮助同学克服对疫情的恐慌，我同支委班委组织同学为湖北医护人员捐赠安心裤、以集体名义报名校园防疫志愿者；另一方面为缓解同学科研焦虑，我组织博士生资格考试备考会、朋辈分享复习资料和备考经验，探索“党建+积极心理团体辅导”新形式，开展党史学习教育的同时缓解同学焦虑。高年级博士集体经博16的情况则又是不同，我与35名延毕博士生逐一谈话沟通、翻查过往学籍记录，根据其毕业难度区分档次，协调院系资源提供毕业帮助和就业信息。当听到比自己年纪稍长的博士师兄师姐说“谢谢吕导”时，我面上蛮不好意思，但心里却很踏实，因为我知道这些事情做对了。

基于上述工作，经博18和经博19先后取得北京市先进班集体、北京高校红色“1+1”一等奖、清华大学先进集体等集体荣誉，但更让我欣喜的是看到同学们在集体中的不断成长，先后有13人担任德育助理、14人参与建设党百年专项活动、60余人次报名疫情防控志愿者。

二、把握主要矛盾，紧紧牵好思政工作“牛鼻子”

蒋南翔校长一贯坚持历史唯物主义和辩证唯物主义的思想方法，在校期间多次亲自为学生和教师讲授马克思主义哲学课，他对高等教育的数量与质量、需要与可能、重点发展与平均发展的关系，学生的政治与业务、个人与集体、全面发展与个性发展的关系等方面的认识与论述，都体现了科学的思想方法，即在辩证地分析和思考问题之后，抓好主要矛盾，“紧紧牵着牛鼻子”，从而贯彻推进工作。

破解高质量研究生教育这个大命题，需要我们不断提高政治站位来思考“培养什么样的人”。2021年4月习近平总书记到清华大学考察时强调，教师要成为“大先生”，做学生为学、为事、为人的示范。相较其他学生，研究生群体思想更为成熟、社会角色更为多元。导师作为研究生培养第一责任人，导学关系是研究生在校期间最为核心的社会关系。大量调研和事例证明，推动“导学思政”工作，将导师对学生的理想信念教育、政治追求引领、全面发展培养贯穿研究生培养全过程，便能够抓住研究生教育的“牛鼻子”。

良好的导学关系离不开校园氛围的熏陶，而要营造尊师重教的导学氛围并非一朝一夕之事。在校研究生会担任辅导员期间，我和研会的辅导员战友们有三个学期都在为这一目标努力着。2020年春季学期，我和学术部的同学们正激烈讨论着如何完善“良师益友”评选办法。“良师益友”评选始于1998年，每两年一次的评选都会根据时代背景和师生特点来调整，这次也不例外，需要在导学思政工作背景下结合疫情防控要求而改进。为此，我和同学们研读了过去22年的评选资料，面向40个院系研会调研征求意见。2020年秋季学期，我们开发线上投票专区，在朋友圈引发了“为导师打call”的热潮，共有9262名研究生参与投票，61场师德师风宣讲传递导学正能量、实现院系全覆盖。不少同学纷纷点赞“‘良师益友’评选就像一场校园感恩节”，获奖教师、医学院张林琦教授也给予了肯定：“我得过很多奖，但

‘良师益友’是同学们对我的肯定和鼓励，这是我希望和家人汇报、分享快乐的奖项。”

评选办完了，接下来该是颁奖典礼。我和文化部的同学们又喜又忧地发现，颁奖典礼赶上了清华110周年校庆：喜的是我们有机会用一场颁奖典礼献礼校庆；忧的是要总结好110年清华导学精神，将典礼办得“隆重、生动、感人”，可不是一件容易的事儿。在主管教师的支持下，我和同学们每周都要开数次专项会，严抠每处细节，文件总是改了又改，方案时常推翻重来。2021年春季学期，我们以“师途”为主题，在大礼堂举办“良师益友”特别活动，邀请43位获奖教师和从教超过50年教师代表上台接受父母、导师、爱人、子女或学生的颁奖，首映导学主题光影秀《大先生》，精心编排四世同堂导学团队分享、给老师的一封信等感人节目，“谢谢老师，我们爱您”的欢呼声在大礼堂穹顶久久回响。幕后，熬了几个大夜的我和同学们虽然疲惫，但由衷欣喜，我们用三个学期的坚持和付出，做好做实了一件有意义的事情——调研结果显示，2022年清华研究生群体对良师益友型导学关系的认同率较两年前提高10%。

三、做追求卓越、求真务实的青年奋斗者

蒋南翔校长在长期的办学治校实践过程中为清华大学和中国高等教育发展作出了卓越贡献，这既源于他丰富的教育思想，也与蒋南翔校长一生追求卓越的教育理念和踏踏实实的办学精神离不开关系。在蒋南翔校长的影响下，清华辅导员队伍也形成了诸多优良工作传统，而我最为看重的是追求卓越、求真务实。无论是运营“小研在线”公众号，还是在研工部负责材料撰写，和我共事的骨干常常有这样的“困惑”：文件从初稿到定稿，常常带着v10以上的版本编号；推送马上要发了，却为修改一处宁肯再花10分钟校对审核。而每每这时，我便会分享自己的“惨痛教训”。有好几次，当我信心满满、以为自己能“又快又好”交差时，却发现老师返还给我的文件改满了修订和批

注——平时不该犯的纰漏，由于疏于检查而纷纷露出马脚。尽管老师总是鼓励包容，但我自己颇为羞愧，因为主观的不严谨，呈现的便是不完美的客观结果。“文经我手无差错，事交我办你放心”由此成了我时刻提醒自己和骨干们的工作准则。在我们的工作群里，词频最高的是“再改改”，而第二高的往往是“文件保留了批注，我们一起学习修改逻辑”。一学期坚持下来，大家发现文件的编号在缩短，推送的审核在变快，而骨干们的文字功底也肉眼可见地提升了。

这也正是我常和骨干们提及的：在清华参与学生工作是“第二课堂”，工作完成与否固然重要，但并不是唯一的标尺；参与工作的每个人如果能得到锻炼，工作成效也便是顺其自然的结果，人的成长始终是最关键的。每学期开始，我都会和骨干们整理研读过往工作资料，通过务虚确定工作重点，倘若遇到历史遗留问题，那还要找前辈请教个清楚。我也特别注重带给骨干来自工作的正向反馈，每办完一次重要活动，我都会带着骨干进行复盘，既要肯定成绩、提炼出经验做法，也要看到问题、找出值得改进之处，学期末我们还会组织集体述职，再从全局角度总结一学期的得与失。许多同学说到，平日总沉在事务性工作里头，而这样的分享让自己能够跳出来思考，真正有了工作的获得感。对此，我想说：“辅导员的工作既是育人，也是育己，工作任务的完成终归是一时的，而严谨细致、追求卓越的处事习惯却能在我们每个人的一生发挥关键作用。”

进一步地，我和研会辅导员们也在思考，如何让求真务实的工作风气在学生组织内长久留存。我们认为，关键在于建设干净纯粹的组织文化，而这需要以作风建设和制度建设作为着力点。为此，我和内联部的骨干们依托功能型党支部，围绕思想作风、学习作风、工作作风开展组织生活；在工作例会前进行每周一学，为工作开展提供理论基础；组织自查自纠，分析工作经验与不足；开展谈心谈话，和骨干畅谈心里话。此外，我们根据工作实际完善并定期更新财务、文档、会议、场地等一揽子制度，推进制度简化“一页纸”、制度宣贯培训、工作违规机制设立等配套落实举措。也曾有同学跟我建议，这些工作不显眼、见效慢、讨人嫌，能不能少做、晚做、不做。而结果导向地看，针对院系研会改革发展难题，研会同学们坚持小研面对面座谈走访，整理百余条待办台账，每个月都向院系反馈落实情况，即使问题无法解决，也逐一向院系解释清楚。“感谢战友们冒着寒风来我们院系指导与交流”“校研会有始有终，希望我们都能求真务实”，来自院系的反馈也让我和同学们坚信，只有求真务实、久久为功，才能在同学中始终维护好朝气蓬勃、风清气正的辅导员形象。

四、辅导员既能冲锋陷阵，亦可润物无声

蒋南翔校长除了留给我们实事求是、唯物辩证、以人为本等哲学品格，贡献了丰富的中国特色社会主义教育思想以外，他不仅能在国家危亡时刻毅然勇敢带头喊出爱国学生的呼声“华北之大，已经安放不得一张平静的书桌了”，也能提出要“像园丁栽培花木那样”无微不至地关心和关爱青年，这样刚柔相济、宽严并包的品格与风骨尤其值得辅导员和每一位清华学生见贤思齐。在这里，我也想讲讲我的故事。

“我将带头冲锋！”一年一度的研究生迎新就要在第二天上午开始了，但北京9月突如其来的狂风和暴雨，给夜里摆放在C楼的物资带来不安稳的因素。于是我和其他辅导员们选择用轮班守夜的方式，和物资“睡”一晚，来确保新生们都能有完好的迎新体验。每每在这类“紫操守夜人”时刻，我都能深刻感受到，辅导员群体所凝练传递着的“冲锋陷阵打硬仗”的担当与勇气是一笔多么宝贵的财富，激励着后人继承和发扬。2021年春节，在得知5000余名同学因疫情滞留学校时，本可回家过年的我在跟家人商量后，毅然申请留校服务同学。问题很快摆在台前：如何让留校同学过个好年？克服时间紧、任务重、人手不足等困难，我和研团研会的辅导员们加班加点，迅速策划落实一系列新春慰问活动，设计春联贺卡、组织集体观影、征集家书、发

起互动打卡，为就地过年的同学带来家般的年味。尤其是组织新春扫楼慰问，我和百余名志愿者连夜“赶工”，在除夕早晨走进同学宿舍，将包裹春联福字糖果的5000余份福袋一一送到同学手中。有同学的家人打趣说：“我家孩子在学校过年比在家还热闹，明年我也要到园子里过年。”我现在都还记得，大年二十九我在清芬地下的打印店蹲守了一整天，生怕员工下班了给同学的福袋来不及制作。除夕夜，我和辅导员战友们在学校吃了顿年夜饭，吃了什么已不太记得，但那种欢愉的“饱腹感”一直难以忘怀。

正如蒋南翔校长时刻体现着倾心育人的教育家情怀那样，辅导员要引领和服务同学，不仅要勇于攻坚克难，在宏大处感召精神，也要有“春风化雨润物无声”的内涵底蕴，善于在细微处润泽人心。2021年5月，袁隆平院士逝世，每个人的心情都无比沉重悲痛。看着清华师生的哀思在朋友圈不断刷屏，我和研会辅导员们商量着在这个时候能做点什么。第二天一早，图书馆老馆前的草坪便摆上了袁老的相框和纪念花丛，旁边放有留言卡和白菊。我们没有对此作任何宣传，但当第一个人路过、驻足，来到花丛前鞠躬、献花、留言后，很快，从清晨到深夜，花丛前的人群络绎不绝。有的老师带着孩子在花丛前讲述袁老的故事，有的同学抹着眼泪、不愿离去。留言卡补充了好几拨，不一会儿便布满了花丛，有的写着“从泥土里来，到白云中去”；有的留了长信，结尾是“我们无法抵御浪潮，但会永远记得灯塔”；还有的写上了袁老生前最爱的《七律·长征》，画上了袁老在稻田里拉小提琴的画。后来回顾时，我和研会辅导员们都非常感慨，既感慨于自己有幸能用实际行动致敬袁老，也感慨于同学在过程中能被潜移默化地教育引导。某位参加纪念的同学说的一段话，也一直激励着我们：“不知道是哪个学生组织做的这件事，但这才是社工的意义、才是有意义的社工，要影响很多人！”

五年的辅导员时光里，沉淀着我的许多情感与回忆。我感谢成为“双肩挑”政治辅导员的每一个难忘瞬间：即使远在大洋彼岸，所带集体的同学也愿意找自己吐槽生活的烦恼；“导学热线”交流会上，老专家们亲切地认出我就是“热心的小吕同志”；鸟巢焰火的照耀下，和其他建党百年专项志愿者激动地喊出“百年接力，强国有我”……我更感谢和自己一路同行成长的师长与伙伴：自己犯错时，师长“没事，放心吧”的包容，与“希望每次你都能勇敢地第一个发言”的鼓励；在宿舍与朋友促膝畅谈，听对方诚恳地为自己指出不足……在辅导员的岗位上，我付出了时间与精力，但我所收获的，要远远多得多。对我来说，“双肩挑”政治辅导员所从事的并不是机械的工作，而是一份光荣壮丽幸福的育人事业。在辅导员的岗位上，我时刻感受到梦想、青春、友谊的力量。正如吴邦国学长所说：“做辅导员不吃亏！”

饮其流者怀其源。我无比感谢敬爱的蒋南翔校长在困难重重的办学条件下，为清华和中国高等教育的发展建设留下一大笔宝贵财富。对我们每一位清华师生而言，蒋南翔校长都是令人尊敬的前辈学长、备受爱戴的良师益友、深孚众望的杰出领导。蒋南翔校长也是清华优良传统和办学风格的重要铸造者，是当之无愧的“清华之魂”，他所创建的“双肩挑”政治辅导员制度培养造就了一大批符合中国特色社会主义大学人才培养方向的骨干人才，使得“又红又专、全面发展”成为清华园高高飘扬的一面旗帜。作为首届蒋南翔奖学金获得者，我也会学习弘扬蒋南翔校长坚定理想信念的崇高品质、为社会主义服务的人民立场、实事求是的思想品格和深入群众的工作作风，努力成为堪当民族复兴重任的时代新人，让青春在为祖国、为民族、为人民、为人类的不懈奋斗中绽放绚丽之花。

作者简介：吕子亮，2018年考入清华大学经济管理学院，获管理学博士学位。现就职于温州市财政局。

蒋南翔教育思想的政治属性

孔奕淳

作为新中国高等教育的奠基人和当代马克思主义教育家，蒋南翔创新运用马克思主义基本原理，贯彻执行党的教育方针政策，形成了独具特色的教育思想，政治属性是蒋南翔教育思想的鲜明特质，“又红又专”则是其教育思想中最具政治意义的理论成果。继承和发扬蒋南翔教育思想的政治属性，对于新时代下高等教育坚定社会主义办学方向、提升思想政治教育效果有重要指导意义。

一、政治方向：坚持社会主义办学方向

蒋南翔在总结高等教育基本经验时指出，第一就是“要坚持社会主义办学方向，要按照国家的需要办社会主义大学”。正如曾任清华大学党总支书记的彭珮云所说：“南翔同志始终坚持教育的社会主义方向，认为教育战线必须解决的首要问题是方向问题，是为谁服务的问题。”清华大学老领导刘冰也认为，坚持社会主义办学方向是蒋南翔教育思想的核心。具体来讲，体现为两个方面：一是坚持党对教育事业的全面领导。蒋南翔始终高度重视加强党对高校的领导，到学校的第一天就强调：“加强党的领导，日益巩固和扩大马克思主义在学校中的阵地，这是我们学校胜利完成教育改革的关键。”他认为“坚持党的领导是一个不可动摇的根本原则”，是社会主义教育与资本主义教育最根本的区别之一。同时，他注重加强学校党政领导班子的政治团结和思想建设，对德高望重的第一副校长刘仙洲给予了极高的尊

重，每当刘老提出意见，他都会尽可能地采纳，并明确指出这是“刘老的意见”，每次党委常委会会议，他都会提出请刘老列席，并嘱咐“刘老可以不来，但一定要请到”，关照得非常周到。通过营造这种讲政治、重团结的工作氛围，充分发挥了清华大学党政领导班子的带头作用，切实将党的领导贯彻到了高校教育各个方面。这既表达了蒋南翔鲜明的政治立场，也同时展现出其卓越的政治领导能力和工作水平。

第二是坚持社会主义办学方向。正如蒋南翔在《高等教育要认真解决两个根本问题》一文开头所说的，办高等教育必须优先考虑和解决方向与质量这两个根本性的问题。他始终把搞清楚“教育为谁服务”作为首要问题，强调只有明确了方向，才能更好地集中力量、达成目标，同时把坚持社会主义教育方向视为“红”的核心内容，并把“红”与“专”的关系比喻为“方向”和“走路过程”的关系。为了坚持高等教育为人民、为社会主义建设服务的方向，蒋南翔在校期间坚持亲自讲授思想政治课，用鲜活生动、富有感染力的语言传播马克思主义理论。1953年，他在清华大学创建了“双肩挑”政治辅导员制度，指出这是为国家培养党政干部的有效途径，后来的事实证明，这一制度为党和国家事业培养了一大批优秀党政领导干部。

二、理论基础：坚持马克思主义指导

蒋南翔教育思想继承和发扬了马克思主义教育思想。马克思主义理论认为，教育不仅是改造社会的手段，它还能进一步转化为物质力量。正如马克思所言，“理论一经掌握群众，也会变为物质力量。”列宁也曾提出“没有革命的理论，就没有革命的运动”的思想。毛泽东则在此基础上进一步指出，代表先进阶级的正确思想，一旦被群众掌握，就会变成改造社会、改造世界的物质力量。可见，思想政治教育对提升干部政治素养、业务水平的重要意义。

作为教育家的蒋南翔，进一步阐述了思想政治教育在人才培养方面的重要意义，他认为，思想政治教育的核心目标是在大众中产生影响，并转化为推动革命进步的实质力量，在国家建设阶段，学校的思想政治教育工作主要聚焦于激励学生为党和国家事业发展努力奋斗。蒋南翔注重强化高校马克思主义理论教育。蒋南翔上任第一天就在全校欢迎会上明确指出，“加强党的领导，日益巩固和扩大马克思列宁主义在学校中的阵地，这是我们学校胜利完成教育改革的关键。”

蒋南翔为了确立和扩大马克思列宁主义的思想阵地，深入开展了教师队伍的思想建设和组织建设。考虑到少数知识分子对社会主义和共产主义道路的认识还不够清晰，蒋南翔提出了一个观点，即“社会主义大师应该是信仰马克思主义的”。为了提高全体教师的理论水平，蒋南翔引导他们加强政治理论学习，极大提高了他们的思想认识水平。同时，对于教师队伍中的党员和团员干部，蒋南翔则提出了更高的要求，他认为，能否优秀地完成工作，能否虚心并坚定学习马克思列宁主义和业务，这是检验其党性的重要标准。

三、教育目标：培养“又红又专”的人才

确立“又红又专”的人才培养目标。1957年2月毛泽东在《关于正确处理人民内部矛盾的问题》一文中提出了“没有正确的政治观点，就等于没有灵魂”的重要思想。同年10月，在中共八届三中全会上，毛泽东在阐述“政治和业务”关系问题基础上明确提出了“又红又专”思想，他指出，政治和业务是对立统一的，“政治是主要的，是第一位的，一定要反对不问政治的倾向；但是，专搞政治，不懂技术，不懂业务，也不行”。尽管最初提出“又红又专”的思想是针对干部培养而言，但蒋南翔敏锐意识到这一思想对于高校人才培养的重要意义，他迅速在全校推广这一思想，并据此确立了“又红又专”的人才培养目标。1957年11月，蒋南翔向全校学生作了题为《怎样做一个劳动者，怎样做一个工人阶级知识分子》的报告，由此在全校范围

内掀起了一场历时5个星期、近万名学生参加的“红与专”大辩论。蒋南翔把“坚持社会主义方向”作为“红”的基本要求，他指出，所谓“红”，就是成为工人阶级的知识分子，要与工人阶级共命运；我们说一个人“红”了，就是他有了坚定的社会主义方向，明确的工人阶级立场和集体主义的思想。与此同时，他还不仅继承了毛泽东提出的“政治是灵魂”的思想，而且还根据学生实际，把二者比喻为“定性和定量”的关系，把“红”看作是“专”的动力和条件，从而生动形象地揭示出二者的对立统一关系。蒋南翔不仅提出了“要做工人阶级的知识分子”，而且明确指出“我们学校所要培养的，也正是这种‘又红又专’的人”，突出强调了坚持正确政治方向的重要性。

提出“三层楼”思想。在突出政治重要作用的同时，蒋南翔还基于学生思想认识实际，提出了“上三层楼”思想。1965年6月，他在一次毕业生演讲中首次提出了这一理论，强调毕业生需要坚定思想，创新性地提出了“上三层楼”的概念：第一层是爱国主义；第二层是社会主义；第三层是建立共产主义世界观。他指出，大多数学生已经达到了前两层，但能够达到第三层的只有少数。这一理论，客观评估了清华学生的思想状况，还通过形象的比喻为学生指明了努力方向，鼓励他们一层一层逐步提升，将个人理想融入党和国家事业建设浪潮。同年8月，蒋南翔再次提出了“上三层楼”理论，这次他使用了“政治上的三种境界”的表述方式，但其核心含义与之前完全一致。他强调建立共产主义世界观是一个需要终身奋斗的过程，并指出，一个真正具有共产主义世界观的人不仅在学校得到好评，在工作中也能经受住人民的检验，在整个人生中能经受住历史的检验。

蒋南翔教育思想中的政治属性是其教育思想的理论精华，集中展现了蒋南翔作为一个马克思主义教育家对培养学生树立正确政治立场和政治方向的政治敏锐性和洞察力，体现了他对做好立德树人工作的深厚使命情怀，正是由于他在那个时代对思想政治教育工作的高度重视和采取的有力举措，清华大学为党和国家事业培养了一批又一批优秀人才、骨干栋梁。作为新时代思想政治教育工作者，我们缅怀蒋南翔为教育事业作出的突出贡献，更要继承和发扬蒋南翔教育思想的政治属性、理论精华，为做好新时代思想政治教育工作接续奋斗、勇毅前行。

作者简介：孔奕淳，2017年考入清华大学经济管理学院，获管理学博士学位。2022—2024年在清华大学马克思主义学院博士后流动站工作。清华大学经济管理学院党委学生组组长。

辅导员工作的“三堂课”①

赵晋乙

作为第一届蒋南翔辅导员奖的获得者，很荣幸能够在蒋南翔校长诞辰110周年，也是辅导员制度设立70周年之际，谈谈学习蒋南翔校长宝贵精神财富的体会。

辅导员身份，是一腔热血的初心，也是未曾停歇的求索。2019年，我申请成为新闻学院9字班的新生辅导员。当时的想法很朴素，因为本科时所认识的优秀学长都在辅导员队伍里，能成为其中的一员，我倍感荣幸。在接下来的四年里，辅导员工作让我切身体会到了“一肩挑学生思想政治工作，一肩挑业务学习”的不易和不凡，给我上了至关重要的“三堂课”。

第一课，掌握“双肩挑”的“工作法”。蒋南翔校长很早就有“干粮与猎枪”的精辟论述。解决同学日常问题，就是给“干粮”；通过价值塑造，帮助同学获得出众的能力和开阔的视野，就是给“猎枪”。辅导员不仅是“陪伴者”，解决好“干粮”问题；更要当“领路人”，帮助同学拿好用好“猎枪”。我们班上有位来自蒙古国的国际学生，她母亲同时也是北京一所高校的在读研究生。疫情期间，母女二人在北京失去收入来源，陷入经济困难。我和学生组同事们第一时间想办法，帮助她申请了临时困难补助，解了燃眉之急。同时，通过新闻学院本科生学习与发展支持计划，以40多次读书会、集体自习、短期实践、友伴结对等活动，促进国际学生融入班团集体、了解

① 本文系作者于2023年11月10日在纪念蒋南翔同志诞辰110周年座谈会上的发言。

中国国情。此后，这位同学积极当起了中蒙友谊的使者，打磨新闻专业技能，讲好中国故事，成为学校党委宣传部学生记者团骨干，创作的作品曾获得高校思政类重点建设公众号十佳原创内容。

第二课，锻炼“双肩挑”的“两促进”。蒋南翔校长提出，“又红又专、全面发展”是“在共产党领导下社会主义国家对人才的要求”。辅导员理应实现思政工作和业务学习的“双向赋能”。2022年北京冬奥会，我担任贵宾助理志愿者联络人，负责闭环内志愿者组织协调。63天内，我利用工作之余抓紧搞学术，以“冰墩墩”的火爆流行现象和中华文化国际传播为主题，发表一篇核心期刊论文，同时还完成一篇学院优秀硕士毕业论文。2011年，担任过辅导员的吴邦国委员长回校时说：“从我自己的经历，无论是做技术员、工程师，还是担任科长、厂长、经理、书记，工作中都深感在学校时社会工作锻炼对我的帮助。做辅导员不吃亏，是一种很好的锻炼。”学校每年对全体新上岗辅导员进行集中培训，组织“辅导员读书会”“研思工作坊”，帮助我们快速把握工作要点、厘清工作思路、找准工作节奏；还支持辅导员到国际顶尖高校开展短期海外研修，设立“紫荆学者”计划支持开展博士后研究。我深深感受到，学校对辅导员成长的帮助支持是全方位、全过程的。

第三课，领略辅导员的“大舞台”。担任辅导员期间，我有幸参与了三次重大专项活动，从新中国成立70周年“伟大复兴”方阵游行，到建党百年庆祝大会合唱团，再到2022年北京冬奥会、冬残奥会志愿者，带动班级内同学一起在“大舞台”之上共同感受祖国的繁荣昌盛。以辅导员和参与者的双重身份加入重大专项活动，我真正体会到了和祖国、和学生的同频共振。我也曾带领院系支队赴沙特阿拉伯开展社会实践，与当地高校青年热烈互动，登上《人民日报》海外版头版，讲好用青年力量书写文明交流互鉴的中国故事。作为因材施教计划“思源计划”的辅导员，组织开展“本土情怀”“中国力量”“国际视野”三次暑期实践，助力乡村振兴，感悟中国经验，情系人类命运共同体建设。在与学生相处的过程中，我自己也收获了丰富的活动经历、扎实的工作能力和坚定的理想信念，不断向“又红又专、全面发展”的理想目标靠近，“与学生共成长”。

四年的辅导员经历，让我深刻感受到，辅导员育人育己、责任重大、使命光荣。蒋南翔校长高屋建瓴的思想理念、70年一脉相承的厚重文化，永远是清华人茁壮成长、踔厉奋发的制胜法宝。进入强国建设、民族复兴的新时代，作为辅导员中的一员，我们要学习好贯彻好传承好蒋南翔校长的精神财富，带领青年学生成长为可堪重任的时代栋梁。路漫漫其修远兮，吾辈当躬身入局、砥砺前行！

作者简介：赵晋乙，2015年考入清华大学新闻与传播学院，博士研究生在读。清华大学团委副书记。

加强班团集体建设，促进学生全面发展

——纪念蒋南翔校长诞辰110周年

张　旭

2023年是蒋南翔老校长诞辰110周年。虽然距离蒋校长在清华大学任职已经过去了50余年，这位伟大的无产阶级革命家、马克思主义教育家的教育思想一直在清华延续、发展。时至今日，清华大学依然坚持着很多蒋校长在任时主张、开创的工作，其中一项与每一位清华学生息息相关的就是坚持班团集体建设。

1954年，在清华大学青年团第二次代表大会上的讲话中，蒋校长根据学校工作实际经验，指出正确地进行评选“先进集体”的工作可以“使学生的主动性、积极性得到充分发挥与正确地加以运用”。清华也是全国第一个设立“先进集体”评选制度的高校，足以看出蒋校长教育思想的先进性。在“先进集体”评选制度之后，学校进一步针对班团集体建设的不同方面设置了“团支部等级评估”“优良学风班”等评比制度，起到了很好的以评促建的作用。蒋校长总结“先进集体”评选制度的作用有三：“第一，它能使学生工作更加深入，能充分发挥并正确运用学生的自觉性、积极性和创造性”；“第二，可以解决政治和业务、工作和学习、‘干部’和群众等矛盾”；“第三，可以更好地发挥同学们团结友爱的集体主义精神”。

我本科的时候曾担任班团骨干，对蒋校长总结的这三点感触颇深。

第一，在当前的班团集体建设工作中，由校团委组织各支部在每学年初规划的“支部事业”已经成为打造班团文化的重要载体，我所在的航九二班大一时结合同学们对专业认知的实际需求，班委和班级同学们集思广益，将支部事业的主题确定为“时代洪流中的清华航空人”，并一起设计了采访优秀校友、排演班团话剧、与艺术团联合共建等一系列活动，同学们在这一过程中畅所欲言，充分发挥了自觉性、积极性和创造性。

第二，在具体活动的开展中，同学们团结协作密切配合，在完成班级工作的同时，也在生活、学习上相互关心、互相监督，不知不觉中做了彼此的思想政治工作。

第三，各种以班团集体为单位开展的评奖工作都可以使同学们增强集体的责任感、义务感和荣誉感。还记得我们班级第一次参评“优良学风班”时，所有同学都到现场为自己的班级加油，为代表班级展示的同学鼓劲。作为代表班级展示的同学之一，我在台上看着班级的同学们，真切地感受到了浓烈的集体主义精神。

在《清华大学怎样执行“培养学生全面发展”的教育方针》中，蒋校长将“先进集体”评选作为经验向高教部和其他高校的同志分享。蒋校长指出，先进集体的标准不能规定得很机械，先进集体的形成是一个生动的发展的过程。他列举了测专四二班、机械制造系八一班（工农班）、房屋建筑专修科五二班的成长故事，证明了“先进集体”评选制度起到了鼓励同学们全面发展的积极作用。在清华大学第十次教学研究会上，蒋校长明确讲到“在我校学生工作中，奖励以班为单位的‘先进集体’的工作，使青年团的工作能够更深入地同本班的实际情况相结合，更充分地发挥工作中的主动性，这对推动学生的自我教育和全面发展，起了很大作用”。

在现今的各项班团集体荣誉评选中，基本都涉及对班级学业成绩、文体活动开展情况、科技创新工作情况、社会实践及志愿劳动参与情况、社会工作参与情况等多方面全方位的考察，客观上促进了学生的全面发展。

我所在的航九二班在本科四年的时间里，荣获了清华大学毕业生先进班集体、北京市先进班集体、清华大学先进班集体及三次校甲级团支部、一次校级优良学风班。我们在集体建设中关注个人发展——班级中有同学热爱社会实践，我们就以班团为单位组织策划了“外通内联　通村畅乡”交通扶贫主题实践，在同学们收获真知的同时，班团集体获得了清华大学学生社会实践金奖的荣誉；面对同学们课程学习需求，我们学习航院前辈航七四班提出的“19个人学一门课，总比一个人学得好”，采取集体自习、划分学习小组等措施，使得班级学业成绩连续提升，在大三学年位列航院年级第一；很多同学对社会工作充满热爱，我们在班级和学院的各个岗位上彼此配合，将集体的力量注入院系，大四学年时，在航院社工系统主要负责人的11个岗位中，我们班级的同学承担了其中8个……我认为我们这个集体前进的过程实际上就是个人的全面发展与集体发展相辅相成的过程。

加强班团集体建设，促进学生全面发展，这一直是清华大学的优良传统，也始终没有背离蒋南翔老校长的教育思想。在新时代，我们需要牢牢把握青年人的时代特点，守正创新，持续发挥集体主义的育人功能。

在撰写本文的过程中，我第一次尝试更加全面地了解蒋南翔校长的教育思想，粗浅地阅读了一些老校长的文稿，其中蕴含的思想的深刻性以及现实意义令人由衷敬佩，除了集体建设理念之外，还有如1953年《关于学校的政治思想教育工作问题》中提到的通过建立正确的劳动观点来解决不安心专业、学习纪律不好、争分数等问题，对于我们在新时代实现德、智、体、美、劳“五育并举”仍然具有指导意义。

在蒋南翔老校长诞辰110周年之际，我们深入学习老校长的教育思想，守正创新，持续用其宝贵的思想成果灌溉新时代清华的教育事业，这是对老校长最深切的缅怀。我作为一名清华学生，也作为一名“双肩挑”学生思想政治辅导员，将在工作与学习中继续深入体悟老校长的教育思想，为学校的学生工作贡献自己的力量！

作者简介：张旭，2019年考入清华大学航天航空学院，博士研究生在读。

后　记

2023年是蒋南翔同志诞辰110周年。蒋南翔同志是忠诚的共产主义战士、无产阶级革命家、马克思主义教育家、我国青年运动的杰出领导者，是新中国高等教育的主要奠基人之一，为开拓中国特色社会主义办学道路作出了重大贡献，为清华大学的长远发展和世界一流大学建设奠定了坚实基础，他的许多办学理念至今仍发挥着十分重要的作用。

为深切缅怀蒋南翔同志，继承发扬蒋南翔同志的坚定信念、优良作风、教育思想，激励全校师生员工传承弘扬学校优良文化传统和光荣革命传统，踔厉奋发、勇毅前行，清华大学举办了纪念蒋南翔同志诞辰110周年系列活动。本书收录了清华校友和师生在纪念蒋南翔同志诞辰110周年座谈会上的主题发言，有关领导、校友、师生和亲友撰写的纪念文章，以及部分专家围绕蒋南翔教育思想进行研究所取得的成果。

本书的顺利出版，离不开书中全体作者的积极撰稿和倾心支持。一些老领导、老校友虽年事已高，但仍坚持高质量完稿，并十分关心本书的编辑和出版工作。他们认真负责的态度令人钦佩，他们对蒋南翔校长的深深怀念令人动容。

本书得到了清华大学党委书记邱勇同志的关心支持和悉心指导。校史编委会成员张再兴、胡显章、韩景阳、王孙禺、王赞基、田芊、白永毅、陈刚、裴兆宏同志认真审核文集并提出了许多十分宝贵的修改意见。党委常务副书记向波涛同志统筹文集编辑出版。党委宣传部刘涛雄、任怀艺、刘书田、李海明、徐铭拥、林萍、许雪菲，校史研究室范宝龙、金富军、刘惠莉，校友办唐杰、董吉男、黄文辉、解红岩，马克思主义学院博士后刘东浩、余瀚等同志作为编辑组成员，负责文章约稿、资料收集整理和编辑校对等工作。

由于时间和编辑工作原因，本书可能还有不完善之处，望广大读者批评指正。

编者

2024年12月

附　　录

蒋南翔同志生平介绍及图集

蒋南翔（1913—1988），江苏宜兴人。忠诚的共产主义战士、无产阶级革命家、马克思主义教育家、我国青年运动的著名领导者，新中国高等教育的主要奠基人之一。

1932 年入清华大学中文系学习，1933 年加入中国共产党，曾任清华地下党支部书记，作为“一二·九”运动重要领导人之一，起草清华大学救国会《告全国民众书》，喊出“华北之大，已安放不得一张平静的书桌了”。后担任全国学联党团书记、中央青委宣传部部长、哈尔滨市委常委兼宣传部长、团中央书记处书记等职。

1952 年，任新中国成立后清华大学第一任校长；1956 年，当选为校党委书记。后又担任北京市委常委兼北京高校党委第一书记、教育部副部长、高教部部长等，并一直兼任清华大学领导职务。“文革”中受到打击迫害。1977 年后，任天津市委书记、国家科委常务副主任、教育部部长、中央党校第一副校长等。当选为党的七大候补代表、八届中央候补委员、十一届和十二届中央委员、中央顾问委员会委员，一届全国政协委员，一至三届全国人大代表、五届全国人大常委会委员等。

蒋南翔曾长期从事青年工作，热爱青年，关心青年成长。蒋南翔担任清华和教育部门领导工作几十年，创造性地贯彻落实党的教育方针，形成了一系列独具特色的重要教育理念和成功办学经验，带领师生把清华大学办成“红色工程师的摇篮”，为国家培养了一大批又红又专的人才，为开拓中国特色社会主义教育发展道路作出卓越贡献。

在蒋南翔校长诞辰 110 周年之际，清华大学校史馆、档案馆举办纪念展览，回顾他不平凡的人生历程，展现他投身青年运动和教育事业的重要贡献，缅怀和学习他对党和人民无限忠诚、坚持真理、不唯书不唯上、一切从实际出发的优秀品格和优良作风，激励广大师生为清华大学迈入世界一流大学前列而努力奋斗。

从宜兴走出的热血青年

1913 年 10 月 6 日（农历九月初七），蒋南翔出生于江苏宜兴高塍镇。他自幼接受了良好的学校教育，先后就读于宜兴县立中学、镇江高级中学。在中学读书期间，受革命英烈事迹的影响，成为一名关心国家命运的热血青年。

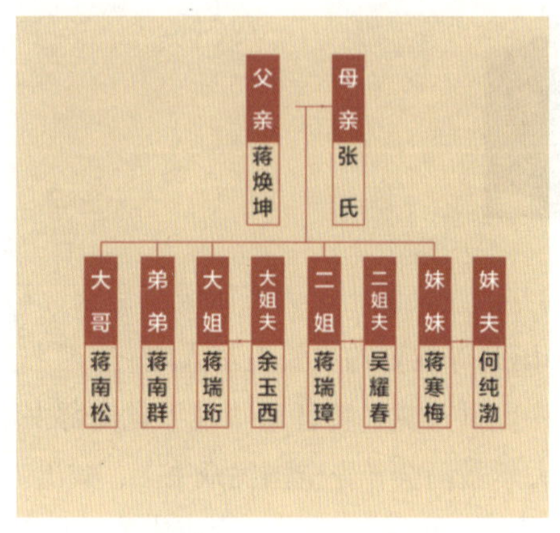

蒋南翔家族成员概况

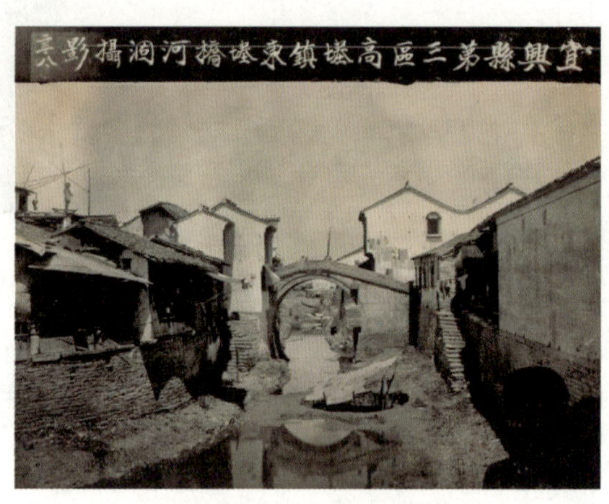

蒋南翔家乡高塍老街

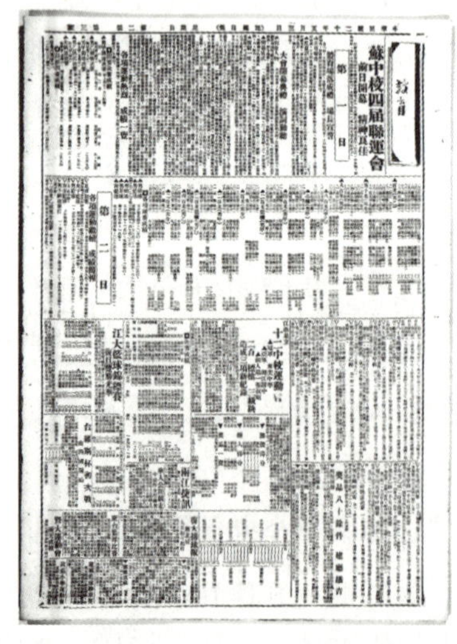

1931 年 5 月 1 日，在江苏省第四届中学运动会上，蒋南翔在高栏比赛中获第二名。图为《民国日报》对比赛的报道

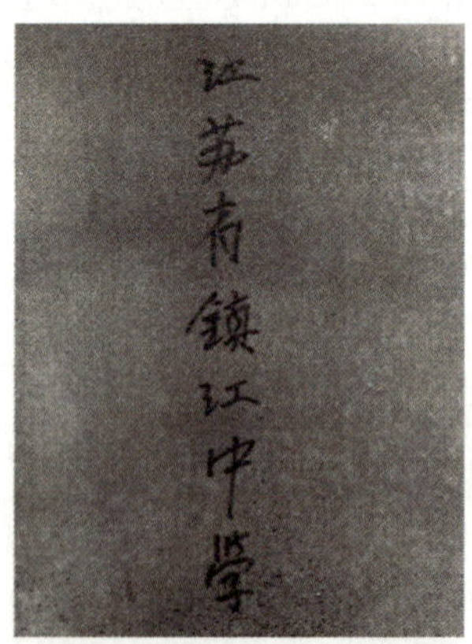

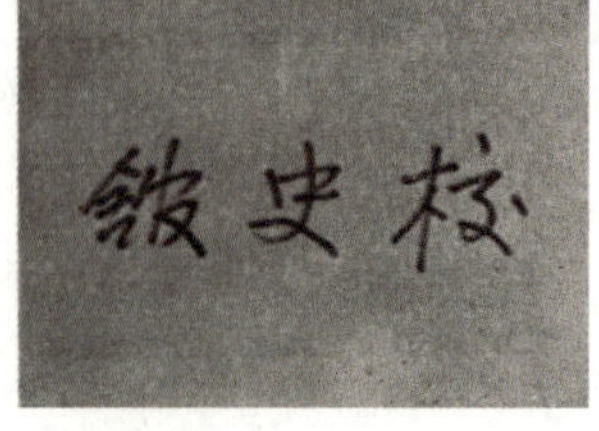

1985 年，蒋南翔为母校江苏省镇江中学题字

求学清华　开始革命生涯

1932年9月，蒋南翔考入清华大学中国文学系。次年秋加入中国共产党，先后任清华党支部书记、北平西郊区党委委员、北平学委书记。作为“一二·九”运动的重要领导人之一，他起草了“一二·九”“一二·一六”两个宣言等一系列重要文件，唤起全国爱国学生奋起抗日救亡。

1934年，清华中国文学会师生合影。前排左5为中文系主任朱自清，后排右3为蒋南翔

1936年，蒋南翔（左）与何凤元（中）、宗亮东在北平合影。何凤元（1934年毕业于外文系，曾任清华党支部书记）是蒋南翔走上革命道路的引路人

1935 年 5—10 月，蒋南翔担任《清华周刊》主编，以此为舆论阵地，团结同学和扩大进步思想影响。图为编辑部合影，前排左起：孙兰、吕若谦、杨述、蒋南翔、唐宝鑫、王馨迪、蒋弗华；后排左起：吴承明、姚依林、章惠中、华道一、吕凤章

1934—1935 年，清华学生会干事会成员合影。左 1 为地下党支部书记蒋南翔

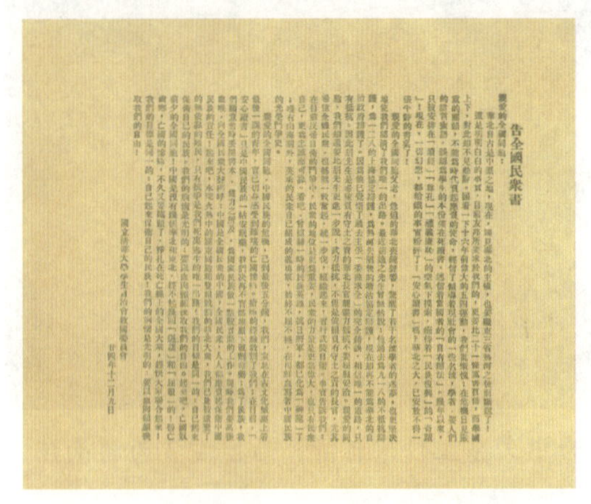

告全國民衆書

“一二·九”运动中，蒋南翔起草了清华大学救国会《告全国民众书》，其中“华北之大，已安放不得一张平静的书桌了”这一呐喊声传诵全国

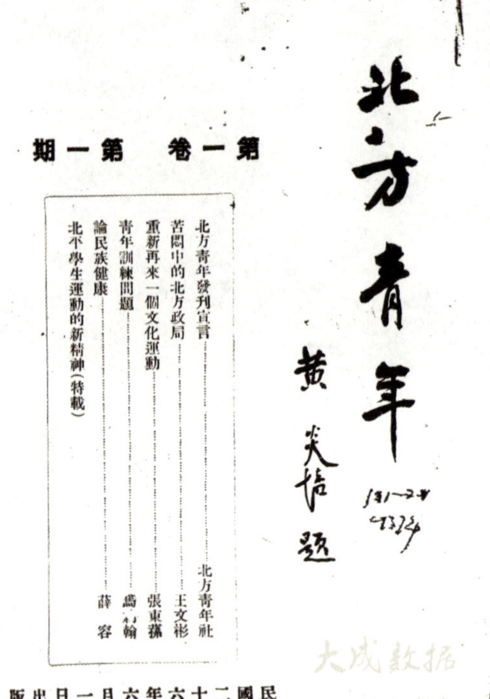

北方青年

黄炎培题

第一卷　第一期

北方青年發刊宣言……北方青年社

苦悶中的北方政局……王文彬

重新再來一個文化運動……張東蓀

青年訓練問題……禹 翰

論民族健康……

北平學生運動的新精神（特載）……薛 容

民國二十六年六月一日出版

1937 年，蒋南翔主编的公开进步刊物《北方青年》，宣传抗日爱国思想

1936 年 2 月 29 日，国民党军警闯入清华园搜捕共产党员。学生们和军警展开搏斗，夺回了被抓捕的蒋南翔、姚依林、方左英。图为学生们捣毁军警车辆

投身民族解放　领导青年运动

抗日战争全面爆发后，蒋南翔离开清华，历任中共北方局青委委员、长江局青委委员、全国学联党团书记、南方局青委书记、中央青委委员兼宣传部部长，哈尔滨市委常委兼宣传部部长、市教育局局长，东北局青委书记等职。1949 年年初，蒋南翔担任中国新民主主义青年团筹委会副主任，后任团中央副书记兼组织部部长、团中央书记处书记等，在领导青年工作中卓有建树。

1938 年，蒋南翔在武汉筹备和主持召开第二次全国学联代表大会，并在武汉、重庆主编刊物《战时青年》

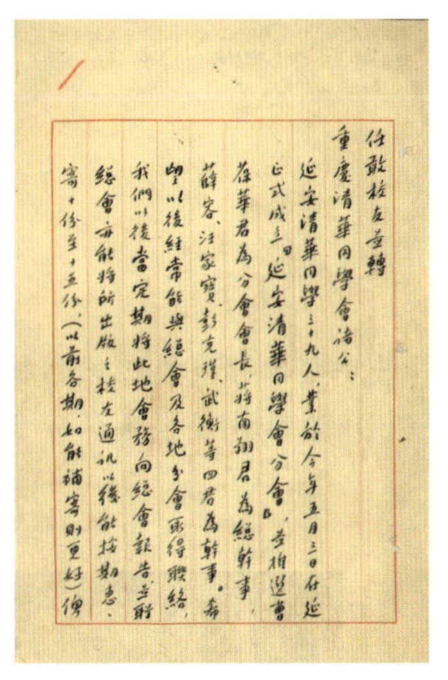

[illegible]致校友並轉
重慶清華同學會諸公：
延安清華同學三十九人，業於今年五月三日在延
正式成立"延安清華同學會分會"，並推選曹
葆華君為分會會長，蔣南翔君為總幹事，
薛容、汪家寶、彭克撲、武衡等四君為幹事。希
望以後經常能與總會及各地分會取得聯絡，
我們以後當定期將此地會務向總會報告，並盼
總會亦能將所出版之校友通訊以後能按期惠
寄十份至十五份（以前各期如能補寄則更好）俾

1941 年 5 月，在延安的清华同学成立“延安清华同学会分会”，推选蒋南翔为总干事

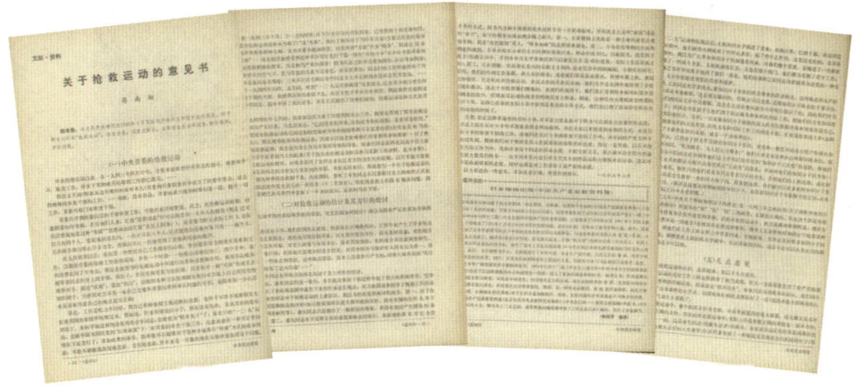

文献·资料

关于抢救运动的意见书

蒋南翔

1942 年，蒋南翔参加了延安“整风”运动，并向中央写出《关于抢救运动的意见书》。图为 1988 年《中共党史研究》公开发表的该意见书

《辽北群众》发刊词

（1946年3月）

十四年来的东北，是没有声音的东北。在日本法西斯的血腥统治下，一切真实的人民的呼声，完全深深地被压抑下去了。

现在，人民到了翻身和可以说话的时候，《辽北群众》的出版，主要就是准备作为长久受着压迫的各阶层人民底喉舌而和读者相见的。

这是辽北人民自由说话的地方。勤劳的工农大众，热情的男女青年，各部门的工作人员，各中小学校的教师，与绅商各界的父老先生们，请冲破多少年来笼罩在这块土地上的沉默空气，不要有任何顾虑地前来倾吐自己的心声吧！黑暗可以控诉，光明可以歌颂，新闻可以报导，疑难可以咨询，工作可以讨论，新的经验可以交换介绍。——这样，希望在广大读者的热心赞助下面，这个刊物能够忠实的反映辽北各阶层广大人民的意愿和情绪，生活和斗争，形成一个公众的健全的舆论，一个推动辽北新民主主义建设的力量。

亲爱的读者们，这个刊物是无保留地为广大辽北人民的利益服务的。“保卫和建设辽北人民的和平民主事业”，这就是我们的奋斗方向。请根据这一个标准，给我们援助。

9

1946 年，中共辽北分省委机关刊物《辽北群众》创刊，这是蒋南翔作为分省委宣传部长撰写的发刊词

1947 年，蒋南翔在哈尔滨

1949 年 4 月，蒋南翔在中国新民主主义青年团第一次全国代表大会上作关于团章的报告

新中国高等教育事业的开拓者

1952 年 12 月，蒋南翔担任清华大学校长；1956 年 6 月起，兼任校党委书记。他以唯实求是的精神，带领全校师生员工，积极探索社会主义多科性工业大学建设之路，使清华大学得到迅速发展和提高，为国家培养了大批优秀人才。其间，他还担任了北京市委和教育部、高教部领导工作，参与领导了新中国高等教育的开创和建设发展。

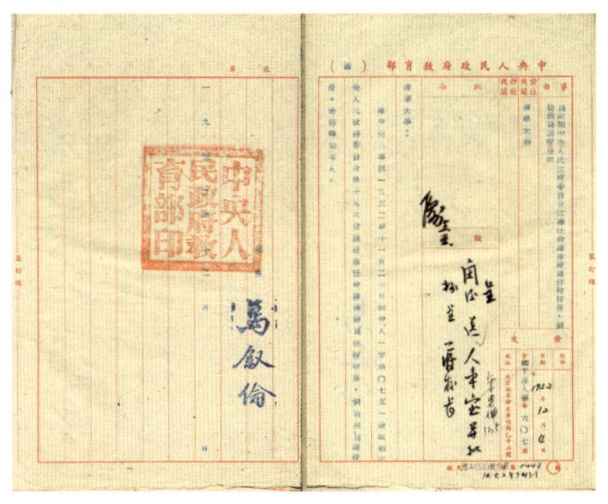

1952 年 12 月 4 日，教育部关于中央人民政府委员会批准蒋南翔任清华大学校长、刘仙洲任副校长的函

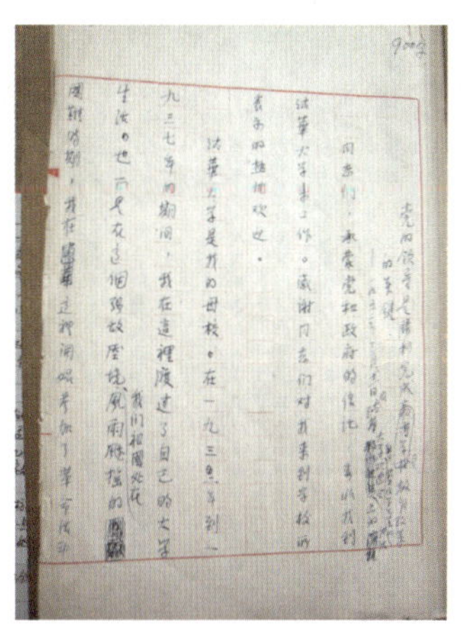

1952 年 12 月 31 日，蒋南翔在清华大学教职员工及学生代表欢迎会的讲话。他怀着对母校的深厚情意，抱着虚心学习的态度，走上清华大学领导岗位

1956 年 6 月 3 日闭幕的清华大学第一次党代会上，蒋南翔当选为校党委书记。图为党代会现场

1952 年起，清华大学进行了以“学习苏联教育经验”为主要内容的教育改革。图为 1953 年，用于师生研究学习的校内水利枢纽开工典礼，蒋南翔（右 3）与苏联专家萨多维奇（右 5）、高尔竞柯（右 4）等出席

为满足国家建设需要，紧跟世界科学技术发展，清华兴建了一批新技术学科。图为 1955 年蒋南翔（中）率团访问苏联，就培养原子能人才进行考察，在门捷列夫化工学院的欢迎大会上

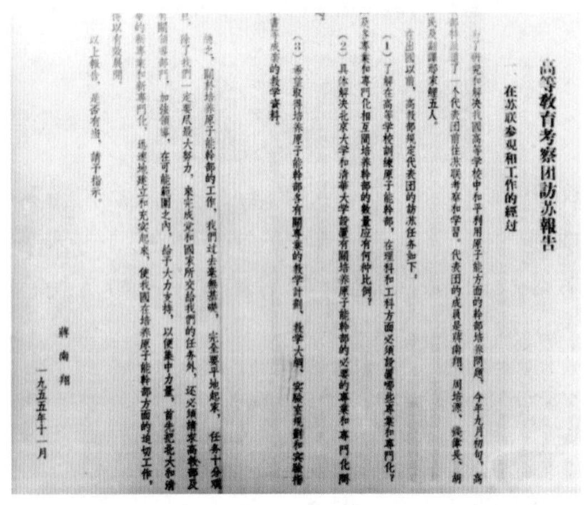

高等教育考察团訪苏報告

一、在苏联参观和工作的經过

为了研究和解决我国高等学校中和平利用原子能方面的干部培养問題，今年九月初旬，高教部派遣了一个代表团前往苏联考察和学習。代表团的成員是蔣南翔、周培源、錢偉长、胡濟民及翻譯鄂家耀五人。

在出国以前，高教部規定代表团的訪苏任务如下：

（1）了解在高等学校訓練原子能干部，在理科和工科方面必須設置哪些專業和專門化？各專業和專門化相互間培养干部的數量应有何种比例？

（2）具体解决北京大学和清華大学設置有關培养原子能干部的必要的專業和專門化問

（3）希望取得培养原子能干部各有關專業的教學計劃、教学大綱、实驗室規劃和实驗指導书等成套的教学資料。

總之，關於培养原子能干部的工作，我們过去素無基础，完全要平地起家，任务十分艰巨。除了我們一定要尽最大努力，来完成党和國家所交給我們的任务外，还必須請求高教部及有關領導部門，加強領導，在可能範圍之內，給予大力支持，以便集中力量，首先把北大和清華的新專業和新專門化，迅速地建立和充實起來，使我國在培养原子能干部方面的迫切工作，得以有發展。

以上報告，是否有当，請予指示。

蔣南翔

一九五五年十一月

访苏回国后，蒋南翔向中央提出清华拟建实验核物理等 10 个兼有应用理科的新科学技术专业。图为《高等教育考察团访苏报告》

1956—1958年新成立的系及新科学技术专业

系	成立年份	专　业
工程物理系	1956	天然性及人工放射化学工艺学、实验核物理、同位素分离、反应堆设计与运转、金属物理
工程化学系	1958	塑料
工程力学数学系	1958	流体力学、固体力学、计算数学
自动控制系	1958	电子计算机、飞行器自动控制、核能生产及利用自动控制

为贯彻党的教育方针，清华创造性地提出教学、科研、生产三结合。图为 1958 年 6 月，蒋南翔向全校作关于“教育与生产劳动相结合”的动员报告

水利系学生在教师指导下，结合密云水库等水利工程，“真刀真枪做毕业设计”。图为蒋南翔（右 2）在密云水库建设工地上

蒋南翔（左 3）、刘仙洲（左 4）、刘冰（左 2）、陈士骅（右 3）、李寿慈（右 2）、张维（右 1）等校领导观看建筑系师生完成的国家大剧院设计方案

蒋南翔关于人才培养的理念

- 我们办学校，就是要为国家培养又红又专、体魄健全的建设人才
- 第一层楼是爱国主义，即爱我们伟大的中华人民共和国；第二层楼是社会主义，即愿意为社会主义服务，拥护社会主义制度；第三层楼是树立共产主义世界观
- 在大学里要逐渐更多强调独立钻研的精神
- 给干粮，更要给猎枪
- 争取至少为祖国健康地工作五十年
- 政治代表队、科学登山队、文体代表队，殊途同归、全面发展

蒋南翔（左 4）在基础课蹲点，与基础课负责人刘绍唐（左 3）、李卓宝（左 1）交谈

蒋南翔参加水利系毕业设计答辩会，中间站立者为水利部副部长张含英

蒋南翔亲自兼任哲学教研组主任，为学生讲授“马克思主义哲学原理”“自然辩证法”等大课

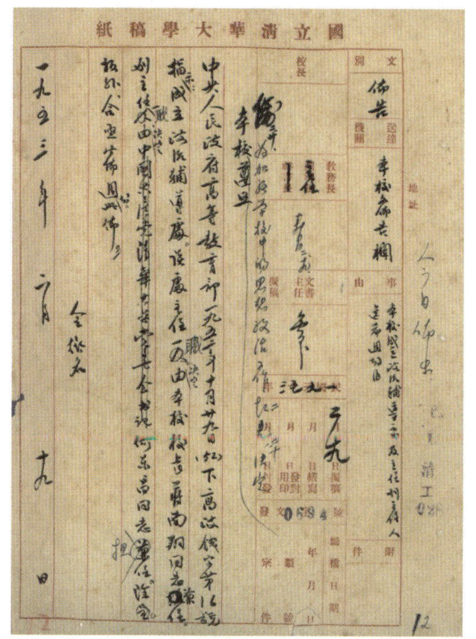
國立清華大學稿紙

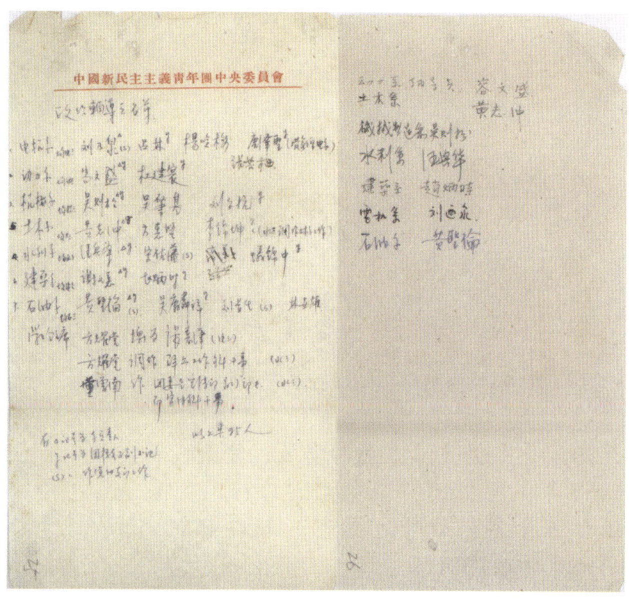
中國新民主主義青年團中央委員會

1953 年，清华大学首创的政治辅导员制度，成为培养人才的重要途径之一。图为 1953 年 4 月学校设立政治辅导处并由蒋南翔亲自兼任主任的布告稿和首批辅导员名单

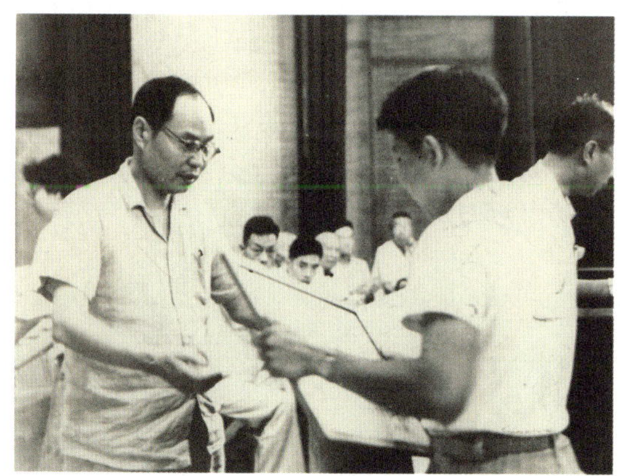

1954 年，清华大学创立“先进集体”评选制度。图为蒋南翔给 1961 年毕业生先进集体颁奖

1959 年 5 月，在纪念五四运动 40 周年营火晚会上，蒋南翔（左 1）、高沂（左 2）给学生授火炬，希望他们继承和发扬中国青年的革命传统

蒋南翔一贯倡导学生全面发展、健康成长。1957 年，他提出“争取至少为祖国健康地工作五十年”口号。图为下午四点半，清华师生的锻炼队伍

在蒋南翔建议下，清华专门成立女生工作委员会。他对相关负责同志说：“这些女生不仅要培养成红色工程师，将来她们还是母亲，我们共和国的母亲。”图为被评为“五好”战士班的清华女生们

1959 年 10 月 15 日，蒋南翔及马约翰、夏翔等与优秀运动员座谈后合影

清华学生文艺活动十分活跃。图为 1963 年军乐队在大礼堂举办音乐会，蒋南翔等观看演出后与队员合影

蒋南翔和新生座谈

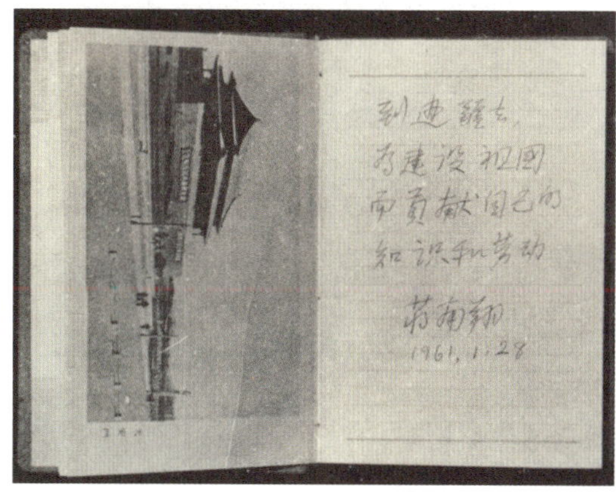

1961 年，蒋南翔为毕业生题字

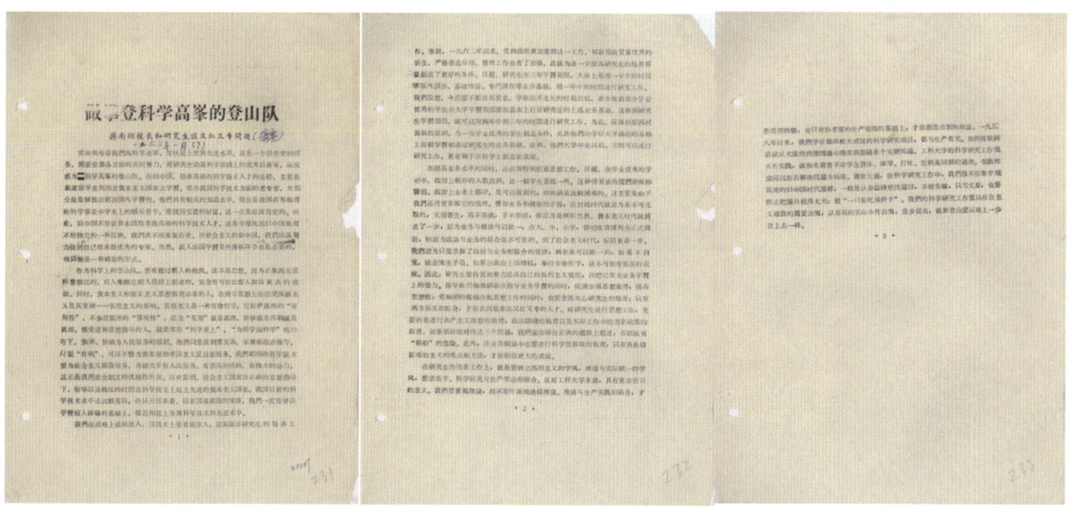

做攀登科学高峯的登山队

蒋南翔校长和研究生谈又红又专问题

1963 年，蒋南翔与研究生谈又红又专问题的讲话摘要《做攀登科学高峰的登山队》

1959 年，蒋南翔接见第十四届学生代表大会的与会代表

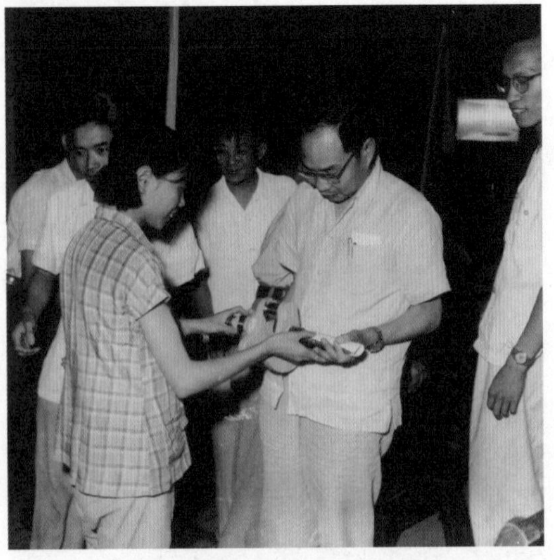

清华大学结合教学、联系实际，积极开展科学研究，并取得丰硕成果。图为机械系研制成功球墨铸铁曲轴，向蒋南翔报喜

蒋南翔亲自向中央建议在清华建造试验原子反应堆，并努力筹措经费、争取特殊材料，组织队伍与校内外大协作。图为清华大学在昌平兴建原子能实验基地初期，平均年龄只有 23 岁半的年轻师生们

1963 年，越中友好代表团访问清华，向蒋南翔献旗

蒋南翔说：“一百单八将是清华的稳定因素。”图为老教授们在一起学习交流，左起：梁思成、张子高、刘仙洲、施嘉炀

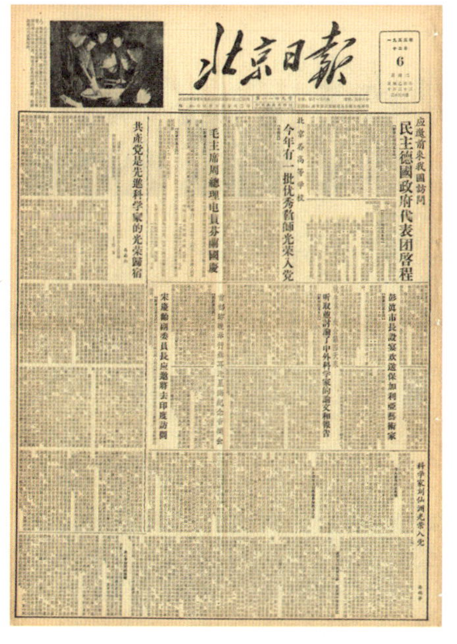

北京日報

6

应邀前来我國訪問 民主德國政府代表团啓程

北京市高等学校 今年有一批优秀教師光荣入党

毛主席周總理电賀芬蘭國慶

共產党是先進科学家的光荣歸宿

彭眞市長設宴欢送保加利亞藝術家

听取並討論了中外科学家的論文和報告

宋慶齡副委員長应邀將去印度訪問

科学家刘仙洲光荣入党

蒋南翔亲自介绍刘仙洲教授入党，引起强烈反响。图为蒋南翔在刘仙洲入党支部会上的发言《共产党是先进科学家的光荣归宿》，后发表于《北京日报》

1961 年 11 月，学校举行马约翰教授 80 寿辰及工作 50 周年祝贺会，蒋南翔（右）和国家体委副主任荣高棠（中）向马约翰表示祝贺

1964 年 4 月，蒋南翔与清华大学工会第九届代表大会第二次会议上表彰的“五好”教研组和“四好”实验室代表合影

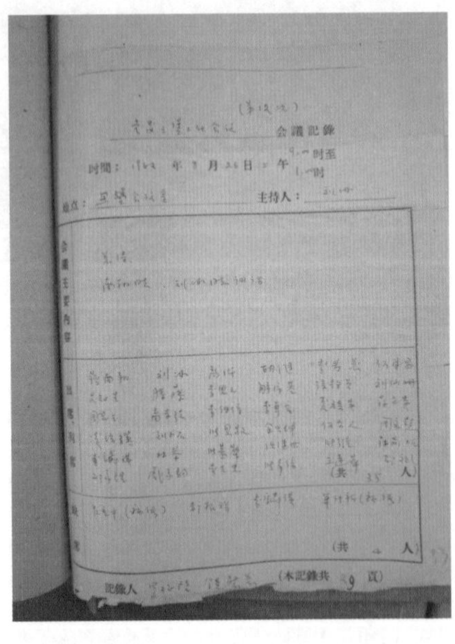
会議記錄

时間：

主持人：

記錄人

（本記錄共 页）

蒋南翔坚持辩证唯物主义的思想方法，1962 年 8 月在党委工作会议上指出，我们做过的好的要有勇气坚持，不合适的也要有勇气来否定。需要比较彻底地总结工作，应该是“三阶段，两点论”，要一分为二地总结学校历史经验

总起来说，在这个工作转弯的时候，我们必须实事求是地肯定成绩，毫不含糊地改正缺点，加强党内和全校的团结，继续稳步前进。领导干部必须心中有数，决不要做墙上草，随风倒。

——1961 年 7 月 26 日蒋南翔在清华大学党委工作会议上的讲话

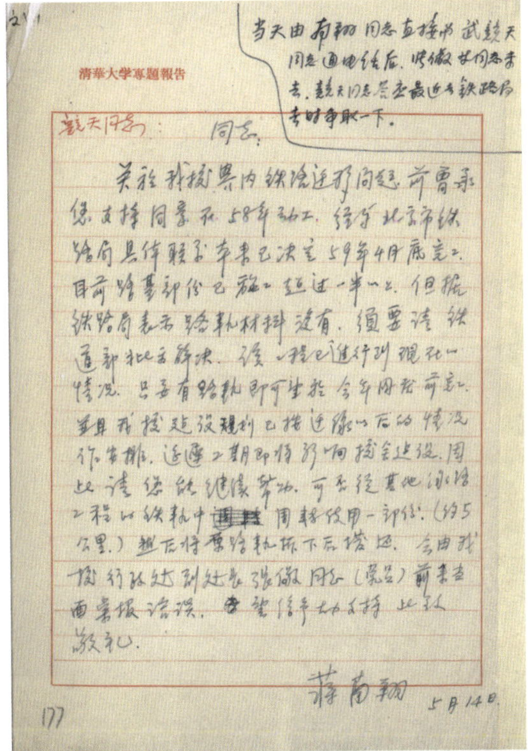
清華大學專題報告

当天由南翔同志直接与武竞天同志通电话后，张儆同志来去，竞天同志答应最近与铁路局专门争取一下。

竞天同志：

关于我校界内铁路迁移问题，前曾承您支持同意于58年动工。经与北京市铁路局具体联系，本来已决定59年4月底完工。目前路基部份已施工超过一半以上。但据铁路局表示路轨材料没有，须要请铁道部批示解决。该工程已进行到现在情况，只要有路轨即可望于今年国庆前完工。并且我校建设规划已按迁移以后的情况作出安排，迁移工期即将影响校舍建设。因此请您能继续帮助，可否从其他派修工程的铁轨中周转借用一部份（约5公里），然后将原路轨拆下后换还。今由我校行政处副处长张儆同志（党员）前来面案报请示，希望给予大力支持。此致

敬礼。

蒋南翔

5月14日

177

蒋南翔担任清华大学校长期间，学校规模与建设得到空前发展，由院系调整后的 8 个系 22 个专业，发展为 12 个系 40 个专业，在校学生人数超过万人，校园面积扩大了一倍，新建了一批教学科研楼，办学条件明显改善。图为 1958 年蒋南翔为京包铁路迁出清华校园致铁道部副部长武竞天的信函底稿

关于高等教育工作中的几个問題

蒋南翔　杨　述　宋　硕

1955 年，蒋南翔担任北京市委常委、北京市高等学校党委第一书记。图为 1956 年 8 月北京市第二次党代会上，蒋南翔与杨述、宋硕联名作的《关于高等教育工作中的几个问题》的发言，其中特别提出高等教育发展要注意数量和质量的关系等问题

1960 年，蒋南翔任教育部副部长；1965 年，任高教部部长。他主持起草了“高教六十条”“中学五十条”“小学四十条”3 个条例，为我国社会主义教育体系的建立和完善打下了基础

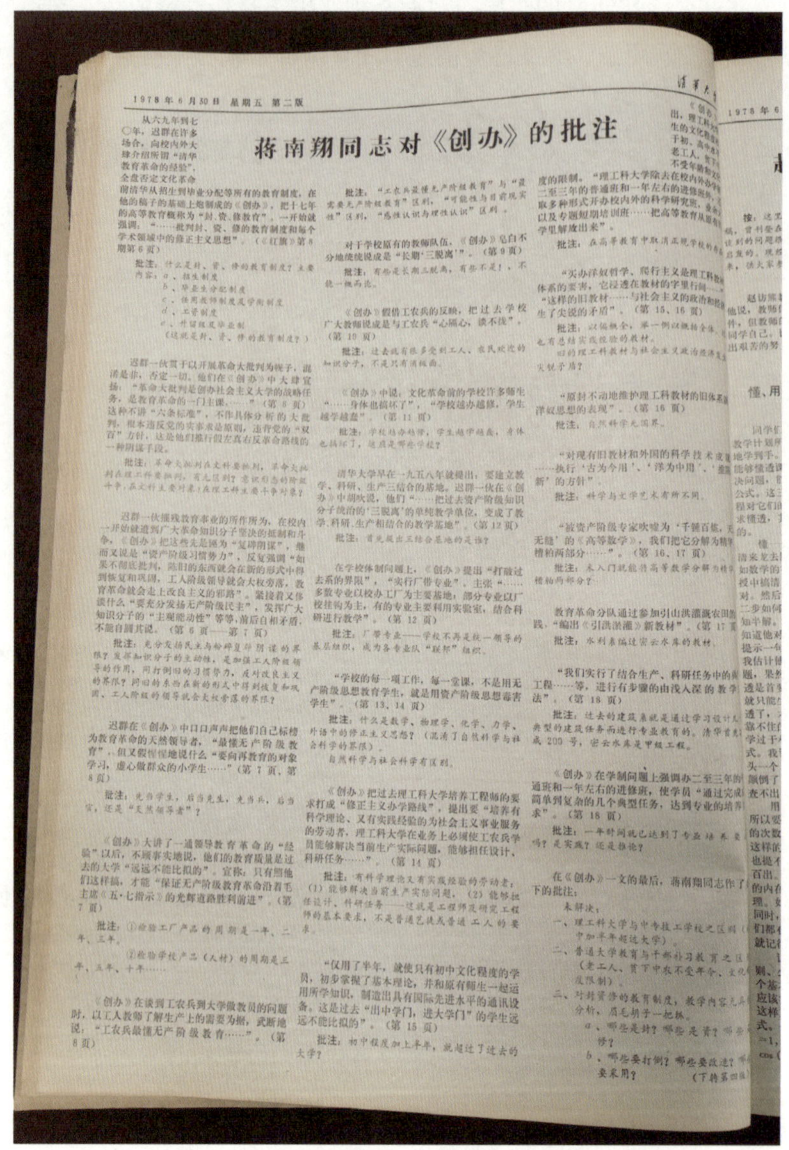

1978 年 6 月 30 日　星期五　第二版

蒋南翔同志对《创办》的批注

从六九年到七〇年，迟群在许多场合，向校内外大肆介绍所谓“清华教育革命的经验”，全盘否定文化革命前清华从招生到毕业分配等所有的教育制度，在他的稿子的基础上炮制成的《创办》，把十七年的高等教育概称为“封、资、修教育”。一开始就强调：“……批判封、资、修的教育制度和每个学术领域中的修正主义思想”。（《红旗》第 8 期第 6 页）

批注：什么是封、资、修的教育制度？主要内容：a、招生制度
b、毕业生分配制度
c、任用教师制度及学衔制度
d、工资制度
e、升留级及毕业制
（这就是封、资、修的教育制度？）

迟群一伙贯于以开展革命大批判为幌子，混淆是非，否定一切。他们在《创办》中大肆宣扬：“革命大批判是创办社会主义大学的战略任务，是教育革命的一门主课，……”（第 5 页）这种不讲“六条标准”，不作具体分析的大批判，根本违反党的实事求是原则，违背党的“双百”方针，这是他们推行假左真右反革命路线的一种阴谋手段。

批注：革命大批判在文科要批判，革命大批判在理工科要批判，有无区别？意识形态的阶级斗争，在文科主要对象？在理工科主要斗争对象？

迟群一伙摧残教育事业的所作所为，在校内一开始就遭到广大革命知识分子坚决的抵制和斗争，《创办》把这些先是诬为“复辟阴谋”，继而又说是“资产阶级习惯势力”，反复强调“如果不彻底批判，陈旧的东西就会在新的形式中得到恢复和巩固，工人阶级领导就会大权旁落，教育革命就会走上改良主义的邪路”。紧接着又侈谈什么“要充分发扬无产阶级民主”，发挥广大知识分子的“主观能动性”等等，前后自相矛盾，不能自圆其说。（第 6 页——第 7 页）

批注：充分发扬民主与粉碎复辟阴谋的界限？发挥知识分子的主动性，是加强工人阶级领导的作用，同打倒旧的习惯势力，反对改良主义的界限？同旧的东西在新的形式中得到恢复和巩固、工人阶级的领导就会大权旁落的界限？

迟群在《创办》中口口声声把他们自己标榜为教育革命的天然领导者，“最懂无产阶级教育”，但又假惺惺地说什么“要向再教育的对象学习，虚心做群众的小学生……”（第 7 页、第 8 页）

批注：先当学生，后当先生，先当兵，后当官，还是“天然领导者”？

《创办》大讲了一通领导教育革命的“经验”以后，不顾事实地说，他们的教育质量是过去的大学“远远不能比拟的”。宣称：只有照他们这样搞，才能“保证无产阶级教育革命沿着毛主席《五·七指示》的光辉道路胜利前进”。（第 7 页）

批注：①检验工厂产品的周期是一年、二年、三年。

②检验学校产品（人材）的周期是三年、五年、十年……

《创办》在谈到工农兵到大学做教员的问题时，以工人教师了解生产上的需要为据，武断地说：“工农兵最懂无产阶级教育……”。（第 8 页）

批注：“工农兵最懂无产阶级教育”与“最需要无产阶级教育”区别，“可能性与目前现实性”区别，“感性认识与理性认识”区别。

对于学校原有的教师队伍，《创办》皂白不分地统统说成是“长期‘三脱离’”。（第 9 页）

批注：有些是长期三脱离，有些不是！，不能一概而论。

《创办》假借工农兵的反映，把过去学校广大教师说成是与工农兵“心隔心，谈不拢”。（第 10 页）

批注：过去就有很多受到工人、农民欢迎的知识分子，不是只有消极面。

《创办》中说，文化革命前的学校许多师生“……身体也搞坏了”，“学校越办越修，学生越学越蠢”。（第 11 页）

批注：学校越办越修，学生越学越蠢，身体也搞坏了，这是是哪些学校？

清华大学早在一九五八年就提出：要建立教学、科研、生产三结合的基地。迟群一伙在《创办》中胡吹说，他们“……把过去资产阶级知识分子统治的‘三脱离’的单纯教学单位，变成了教学、科研、生产相结合的教学基地”。（第 12 页）

批注：首先提出三结合基地的是谁？

在学校体制问题上，《创办》提出“打破过去系的界限”，“实行厂带专业”，主张“……多数专业以校办工厂为主要基地，部分专业以厂校挂钩为主，有的专业主要利用实验室，结合科研进行教学”。（第 12 页）

批注：厂带专业——学校不再是统一领导的基层组织，成为各专业队“联邦”组织。

“学校的每一项工作，每一堂课，不是用无产阶级思想教育学生，就是用资产阶级思想毒害学生”。（第 13、14 页）

批注：什么是数学、物理学、化学、力学、外语中的修正主义思想？（混淆了自然科学与社会科学的界限）。

自然科学与社会科学有区别。

《创办》把过去理工科大学培养工程师的要求打成“修正主义办学路线”，提出要“培养有科学理论、又有实践经验的为社会主义事业服务的劳动者，理工科大学在业务上必须使工农兵学员能够解决当前生产实际问题，能够担任设计、科研任务……”。（第 14 页）

批注：有科学理论又有实践经验的劳动者：（1）能够解决当前生产实际问题，（2）能够担任设计、科研任务——这就是工程师及研究工程师的基本要求，不是普通艺徒或普通工人的要求。

“仅用了半年，就使只有初中文化程度的学员，初步掌握了基本理论，并和原有师生一起运用所学知识，制造出具有国际先进水平的通讯设备。这是过去‘出中学门，进大学门’的学生远远不能比拟的”。（第 15 页）

批注：初中程度加上半年，就超过了过去的大学？

度的限制。“理工科大学除去在校内外办学……二至三年的普通班和一年左右的进修班……取多种形式开办校内外的科学研究……以及专题短期培训班……把高等教育从……学里解放出来”。

批注：在高等教育中取消正规学校的……

“买办洋奴哲学、爬行主义是理工科教材体系的要害，它渗透在教材的字里行间……”“这样的旧教材……与社会主义的政治和经济发生了尖锐的矛盾”。（第 15、16 页）

批注：以偏概全，举一例以概括全体……也有总结实践经验的教材。

旧的理工科教材与社会主义政治经济是尖锐矛盾？

“原封不动地维护理工科教材的旧体系就是洋奴思想的表现”。（第 16 页）

批注：自然科学无国界。

“对现有旧教材和外国的科学技术文献……执行‘古为今用’、‘洋为中用’、‘推陈出新’的方针”。

批注：科学与文学艺术有所不同。

“被资产阶级专家吹嘘为‘千锤百炼，天衣无缝’的《高等数学》，我们把它分解为精华和糟粕两部分……”。（第 16、17 页）

批注：未入门就能将高等数学分解为精华和糟粕两部分？

教育革命分队通过参加引山洪灌溉农田的实践，“编出《引洪淤灌》新教材”。（第 17 页）

批注：水利系编过密云水库的教材。

“我们实行了结合生产、科研任务中的典型工程……等，进行有步骤的由浅入深的教学方法”。（第 18 页）

批注：过去的建筑系就是通过学习设计大型典型的建筑任务而进行专业教育的。清华有名的成 200 号，密云水库是甲级工程。

《创办》在学制问题上强调办二至三年的普通班和一年左右的进修班，使学员“通过完成……简单到复杂的几个典型任务，达到专业的培养要求”。（第 18 页）

批注：一年时间就已达到了专业培养要求吗？是实践？还是推论？

在《创办》一文的最后，蒋南翔同志作了……下的批注：

未解决：

一、理工科大学与中专技工学校之区别（中加半年超过大学）。

二、普通大学教育与干部补习教育之区别（老工人、贫下中农不受年令、文化程度限制）。

三、对封资修的教育制度，教学内容无具体分析，眉毛胡子一把抓。

a、哪些是封？哪些是资？哪些是修？

b、哪些要打倒？哪些要改进？哪些要采用？

（下转第四版）

“文革”期间，蒋南翔被打倒。1970 年，迟群等人炮制出《为创办社会主义理工科大学而奋斗》一文，提出了违背学校教育客观规律的所谓“六条基本经验”。蒋南翔针锋相对，逐条批注，驳斥谬论

为党的教育事业奋斗终身

粉碎“四人帮”后，蒋南翔先后担任天津市委书记（当时设有第一书记）、国家科委常务副主任等职。1979 年，由邓小平亲自提名任教育部部长，主持推动教育战线拨乱反正，在加强学校思想政治教育、提高教育质量、建立学位制度等方面，做了大量工作。1982 年，蒋南翔任中共中央党校第一副校长，协助校长王震领导了党校教育正规化建设，开创了干部教育事业的新局面。

1978 年，全国科学大会召开，为科学家们带来了“科学的春天”。蒋南翔作为大会秘书长，为会议的筹备召开和全国科学技术发展规划的制定等，做了大量的组织领导工作

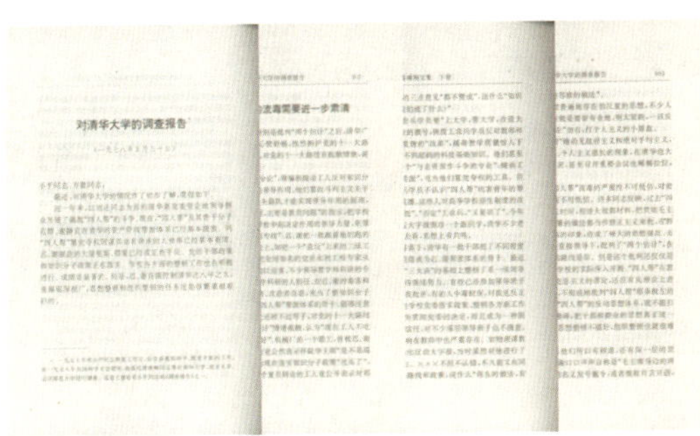
对清华大学的调查报告

1978 年，蒋南翔组织调研，写成清华大学、北京大学等校调查报告，上报邓小平同志。此后，邓小平召集会议，对清华及全国科教战线面临的许多问题作出一系列重要指示

人民日报

RENMIN RIBAO

中华人民共和国学位条例

五届人大常委会令

1980 年，蒋南翔主持起草了《中华人民共和国学位条例》，经全国人大常委会通过，在我国正式建立了学位制度

1979 年，蒋南翔访问荷兰时与小学生交流

1985 年，蒋南翔在中央党校工作照

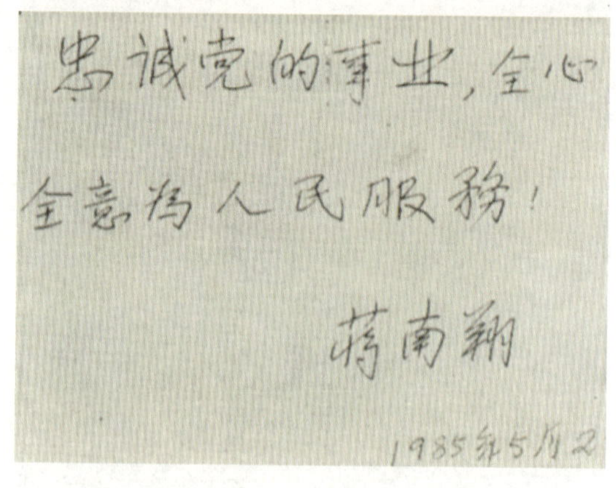

忠诚党的事业，全心全意为人民服务！

蒋南翔

1985年5月2

蒋南翔在中央党校工作期间的手迹

在党校工作期间，蒋南翔仍然十分关心高教发展，参与创建了中国高等教育学会，并当选为首任会长

心系清华

蒋南翔对清华大学一直充满感情，始终关注着清华的建设发展、关心着清华师生，直到生命最后一刻。

1980 年校庆，蒋南翔、荣高棠与校长刘达、副校长何东昌和张维等，观看运动会入场式

1981 年 4 月 26 日，蒋南翔在 70 周年校庆大会上讲话

1981 年秋，蒋南翔参观清华大学研究生毕业论文展览

1984 年，蒋南翔参加清华核能所落成 20 周年科学报告会

1985 年，蒋南翔、荣高棠和学校领导在“一二·九”运动 50 周年前夕与学生干部座谈

永远的怀念

1988 年 5 月 3 日，蒋南翔与世长辞，终年 75 岁。他对我国教育事业和清华大学所作出的杰出贡献，永远值得我们缅怀。

邓小平为《蒋南翔纪念文集》题写书名

陈云为《蒋南翔纪念文集》题词，宋平为《蒋南翔传》题写书名

姚依林为《蒋南翔纪念文集》题词

胡乔木为《蒋南翔纪念文集》题词

人民日报　科教·文化·体育

共产主义战士　青年运动领袖　教育事业功臣

蒋南翔同志为真理奋斗一生

1988 年 5 月 25 日，《人民日报》发表《共产主义战士　青年运动领袖　教育事业功臣——蒋南翔同志为真理奋斗一生》，对其作出高度评价

蒋南翔
(1913—1988)

矗立在清华大学校史馆的蒋南翔纪念铜像

1989 年，清华大学设立“蒋南翔奖学金”。图为 2010 年校友梁伯彤、杨向阳为蒋南翔奖学基金捐赠仪式

1998 年，清华大学举行蒋南翔教育思想研讨会

2013 年 11 月 5 日，清华大学举行纪念蒋南翔诞辰 100 周年座谈会。中共中央政治局委员、国务院副总理刘延东出席并发表讲话

2023 年 11 月 10 日，清华大学举行纪念蒋南翔同志诞辰 110 周年座谈会